Raymond Keene
Shaun Taulbut

Wie spielt man Nimzo-Indisch?

Walter Rau Verlag
Düsseldorf

Aus dem Englischen übersetzt von Marlen Rinderknecht

Titel der bei BT Batsford Ltd., London, erschienenen Originalausgabe: How to Play the Nimzo-Indian Defence

1. Auflage 1983

Umschlaggestaltung: Arnfried Haupt
Buchausstattung: Friedrich Kohnke
Satz: Reinhold Schaefers, Waldbröl
Druck und Bindearbeiten: Druckerei Rasch, Bramsche
Printed in Germany
ISBN 3-7919-0209-1

Inhalt

Vorwort		5
Zeichenerklärung		6
1	Der Entdecker	7
2	Wichtige positionelle Themen im Nimzo-Inder	15
3	Weiß im Besitz des Läuferpaares	16
4	Weiß läßt im Zentrum die Bauern aufmarschieren	21
5	Schwarz fianchettiert am Damenflügel	24
6	Die Sämisch-Variante	26
7	Die Botwinnik-Variante	38
8	4.e3 – Einführung und Normal-Variante	41
9	Die Normal-Variante mit 7...dxc4	53
10	Hübners Blockadeplan	63
11	Die Rubinstein-Variante	69
12	Die Reshewsky-Variante	74
13	4. e3 b6 (Das Damenflügelfianchetto)	77
14	4.e3 Sc6 (Die Taimanow-Variante und andere Abspiele)	88
15	4.Dc2 (Die Klassische Variante)	91
16	4.Db3 (Die Spielmann-Variante)	98
17	4.Lg5 (Die Leningrader-Variante)	103
18	4.Sf3	112
19	4.f3	119
20	4.g3	121
Partienverzeichnis		126

Vorwort

Dieses Buch ist hauptsächlich als Reaktion auf die enzyklopädischen, Varianten auflistenden Eröffnungsbücher geschrieben worden, die seit einiger Zeit den Markt beherrschen. Wie nützlich solche Theoriesammlungen für Großmeister, Meister oder Spieler, die ständig Wettkämpfe austragen, auch sein mögen, wir meinen, daß sie für die meisten Spieler weder notwendig noch wünschenswert, sondern langweilig und verwirrend sind. Besonders dann, wenn der Leser mit einem Meer von Abweichmöglichkeiten konfrontiert wird, und dies in einer Form, die Computerlisten ähnelt. Solche Bücher sind reine Werkzeuge für den praktischen Kampf und können keinerlei Grundprinzipien oder strategische Pläne vermitteln. Selbst Eröffnungsbücher, die den Anspruch erheben, Ideen aufzuzeigen und nicht nur einzelne Züge aneinanderzureihen, beschränken sich unserer Meinung nach oft auf das Zitieren von Kapiteln und Varianten.

Der einzig sichere Weg, sich vor diesem Trend zu schützen ist, das Material in Form von zusammengehörenden, kompletten Partien darzubieten, die die wichtigsten Eröffnungsanalysen enthalten, ohne dabei den Leser mit zu zahlreichen Abzweigungen zu überfordern. Eben darum haben wir uns in diesem Buch bemüht, und wir hoffen, daß es für Großmeister und Clubspieler gleichermaßen hilfreich sein wird.

Wir sind fest davon überzeugt, daß das Verfassen von Schachbüchern eine äußerst dankbare Aufgabe sein kann, wenn man darunter Forschung und Interpretation versteht und nicht nur fleißiges Variantensammeln. Wir hoffen, daß unsere Methode dazu beiträgt, daß dieses Buch auch noch nach Jahren Gültigkeit besitzen wird und ihm nicht das allgemeine Schicksal theoretischer Werke zuteil wird, in 5, 10 oder 20 Jahren nur noch als überholter Unsinn zu gelten.

Raymond Keene und Shaun Taulbut

Zeichenerklärung

+	Schach
⩲	Weiß steht etwas besser
⩱	Schwarz steht etwas besser
±	Weiß steht besser
∓	Schwarz steht besser
±±	Weiß steht auf Gewinn
∓∓	Schwarz steht auf Gewinn
=	das Spiel ist ausgeglichen
∞	das Spiel ist unklar
!	ein guter Zug
!!	ein ausgezeichneter Zug
!?	ein interessanter Zug
?!	ein Zug von zweifelhaftem Wert
?	ein schwacher Zug
??	ein grober Fehler

1 Der Entdecker

Mit Nimzo-Indisch bezeichnet man gewöhnlich die Nimzowitsch-Indische Verteidigung. Wir nehmen an, daß viele Schachanfänger diese Abkürzung unkritisch übernehmen, ohne sich darüber im klaren zu sein, welche Bedeutung dahinter steckt. Wir wollen deshalb den Leser zunächst einmal mit dem Entdecker dieser Eröffnung bekannt machen, dessen Name, wenn auch verstümmelt, sie heute noch trägt.

Aron Nimzowitsch wurde am 7. November 1886 in Riga geboren und starb am 16. März 1935 in Kopenhagen. Über 25 Jahre lang zählte er zu den führenden Großmeistern der Welt. 1926 bis 1931 war er erster Anwärter auf die Weltmeisterschaft, obgleich er nie die Gelegenheit zu einem Wettkampf gegen Capablanca oder Aljechin erhielt. Nimzowitsch, in Riga geboren und aufgewachsen, floh nach dem Ersten Weltkrieg und der Russischen Revolution nach Dänemark.
Seine bedeutendsten Turniererfolge waren:
1912 San Sebastian, geteilter 2. – 3. Platz (mit Spielmann hinter Rubinstein).
1914 St. Petersburg, Russische Meisterschaft, geteilter 1. – 2. Platz (mit Aljechin).
1925 Marienbad, geteilter 1. – 2. Platz (mit Rubinstein).
1926 Dresden, 1. Platz (8½ Punkte aus 9 Partien, 2. war Aljechin mit 7 Punkten)
1927 New York, 3. Platz (hinter Capablanca und Aljechin).
1927 London, geteilter 1. – 2. Platz (mit Tartakower).
1929 Karlsbad, 1. Platz (vor Capablanca, Spielmann, Rubinstein, Euwe, Bogoljubow).
1930 San Remo, 2. Platz (hinter Aljechin).
1931 Bled, 3. Platz (hinter Aljechin und Bogoljubow).

Nimzowitsch war nicht nur in Turnieren erfolgreich, sondern betätigte sich auch als bedeutender Schachtheoretiker. Seine Erkenntnisse (sowie seine berühmte Auseinandersetzung mit Tarrasch) legte er in seinen Werken „Die Blockade“, „Mein System“ und „Die Praxis meines Systems“ nieder. Diese Werke machten ihn zu einer Art Vaterfigur des modernen Schachs. Nimzowitschs Spiel, so sagt man, soll seinem „System“ der positionellen Strategie entsprochen haben. Auf seine Zeitgenossen machte es jedoch einen fantasiereichen, originellen Eindruck, wobei bei jenen, die seinen Stil zu beschreiben versuchen, häufig Ausdrücke wie dämonisch und rätselhaft fielen.

Nimzowitsch und seine Vorgänger

Nimzo-Indisch beginnt mit den Zügen
1. d4 Sf6 2. c4 e6 3. Sc3 Lb4
(Diagramm 1).

1

Wie aus dem Diagramm zu sehen ist, beruht die Verteidigung von Schwarz auf dem Kampf ums Zentrum (besonders um das Feld e4) aufgrund von Figurenkontrolle. Nimzowitsch selbst beschrieb seine ursprüngliche Idee folgendermaßen: „Man spielt ein ideales Damengambit, wenn Schwarz völlig darauf verzichtet, das Zentrum mit Bauern zu besetzen."

Nimzowitschs Verteidigung war im wesentlichen eine Erweiterung der Prophylaxetheorie, die für sein „System" grundlegende Bedeutung besaß. Sie sollte verhindern, daß sich Weiß ein mächtiges Bauernzentrum mit Bauern auf c4, d4 und e4 errichtet. Und falls dies Weiß dennoch gelingen sollte, dann nur auf Kosten eines schwachen Doppelbauern auf der c-Linie. Wie zu erwarten, ist dem Doppelbauern in „Mein System" ein spezielles Kapitel gewidmet, und Nimzowitsch war ein besonderer Kenner, wenn es darum ging, die Schwächen dieses Doppelbauern auszunützen.

Zum ersten Mal stellte Nimzowitsch sein „ideales Damengambit" in 20 - 25 Übungspartien vor, die er im Sommer 1913 gegen Agronom Giese, seinem Schüler und „Sekundanten", spielte. Bedauerlicherweise ist das Ergebnis dieser Partien nicht bekannt. Das „offizielle" Debut war die Partie Gregory – Nimzowitsch in der 4. Runde der Allrussischen Meisterschaft 1914 in St. Petersburg: 1. d4 Sf6 2. Sf3 e6 3. Lg5 h6 4. Lxf6 Dxf6 5. e4 g6 6. Sc3 De7 7. Lc4 Lg7 8. 0–0 d6 9. d3 0–0 10. Tae1 a6 11. a4 b6 *(Diagramm 2).*

2

Diese Eröffnung würden wir heute auf keinen Fall mehr mit Nimzo-Indisch bezeichnen, bestenfalls mit Damenindisch, eine Eröffnung, die ebenfalls auf das Konto von Nimzowitsch geht. Mit der Fianchettierung des schwarzen Damenläufers unterstützte Nimzowitsch die Strategie seines „idealen Damengambits", obwohl Weiß die Fesselung Lb4 nicht zugelassen hatte. Nimzowitsch war nicht der erste Schachmeister, der sich mit dem positionellen Gedanken der Zentrumskontrolle von der Ferne aus befaßte. Sein besonderer Beitrag war jedoch, daß er einen genauen Plan ausarbeitete, mit dessen Hilfe sich sehr erfolgreich Stellungen herbeiführen ließen, in denen Blockade, Prophylaxe und Verursachen eines Doppelbauern die logische Konsequenz der Eröffnungszüge waren. Es überrascht deshalb wohl kaum, daß eine seiner Lieblingsverteidungen auf 1. e4 folgende Variante der Französischen Verteidung war: 1. e4 e6 2. d4 d5 3. Sc3 Lb4 *(Diagramm 3).*

3

Nimzowitsch trug sehr viel dazu bei, daß diese in Vergessenheit geratene Variante wieder auflebte. Deshalb wird sie heute auch Nimzowitsch-Variante genannt. Die Ähnlichkeiten mit Nimzo-Indisch liegen auf der Hand.
Schon Mitte des 19. Jahrhunderts konnte man in einigen Partien englischer Meister wie Staunton und Elijah Williams ein langsames Aufkeimen dieser Ideen entdecken. Hierzu einige Beispiele:
Staunton-Schachclub Bristol 1844 (Fernschachpartie): 1. f4 d5 2. Sf3 c5 3. e3 Sc6 4. Lb5! *(Diagramm 4).* Damals machte es keinen großen Unterschied, ob man eine Variante mit Schwarz oder

4

mit Weiß spielte. 4. . . a6?! 5. Lxc6+ bxc6 6. 0–0 e6 7. c4 Sh6 8. De2 Ld6 9. Sc3 De7 10. b3 f6 11. d3 0–0 12. e4, und Staunton ging einem Sieg entgegen, indem er sein Spiel gegen den Doppelbauern mit einem Angriff am Königsflügel kombinierte.

Löwenthal – Williams, Internationales Schachturnier London 1851: 1. d4 e6 2. e3 f5 3. c4 Sf6 4. Sf3 Lb4+ 5. Sc3 Lxc3+ 6. bxc3 c5 7. Ld3 De7 8. 0–0 0–0 9. a4 d6 10. Dc2 Sc6 11. La3 b6 12. Tfe1 La6 *(Diagramm 5)*, und Schwarz gewann schließlich.

5

Williams – Staunton, 13. Wettkampfpartie London 1851: 1. d4 f5 2. c4 Sf6 3. Sc3 e6 4. e3 Lb4 5. Ld2 Lxc3?! (dies ist verfrüht, auch wenn Nimzowitsch manchmal 1. d4 Sf6 2. c4 e6 3. Sc3 Lb4 4. Dc2 Lxc3 + ?! spielte) 6. Lxc3 b6 7. Sf3 0 – 0 8. Ld3 *(Diagramm 6).*

6

Die schwarze Stellung ist durchaus spielbar, trotz des verschenkten Tempos. Staunton verschlechterte jedoch seine Chancen, indem er es versäumte, den Damenläufer zu fianchettieren. Nach ähnlichen Erfahrungen geriet die

Idee der Zentrumskontrolle durch Figuren außer Mode, lediglich einige wenige Beispiele aus der Ära Steinitz sind noch bekannt.
Englisch – Blackburne, London 1883: 1. d4 e6 2. c4 Sf6 3. Sc3 Lb4 (eine zufällige Eingebung Blackburnes, die er aber nicht zur Gewohnheit werden ließ!) 4. Ld2 0–0 5. Sf3 b6 6. e3 Lb7 7. Le2 d5 8. 0–0 Sbd7? 9. Sxd5! Sxd5 10. cxd5 Ld6 11. dxe6 fxe6 *(Diagramm 7).*

7

Trotz des dummen Schnitzers im 8. Zug gelang es Blackburne, remis zu spielen. Bedauerlicherweise tendierten die positionellen Lehren von Steinitz, die später von Tarrasch zu einer Art Dogma ausgearbeitet werden sollten, dazu, solch unorthodoxes Spiel auszumerzen. Gegen Ende des 19. Jahrhunderts wagten nur „Rebellen" wie Tschigorin oder deutlich schwächere Meister, Eröffnungen zu spielen, in denen frühzeitig auf das Läuferpaar oder auf die Besetzung des Zentrums mit Bauern verzichtet wurde.
Dennoch belebten Anfang des 20. Jahrhunderts vitalere Gemüter wieder den Geist des Experimentierens, und die Zeit war schließlich reif für Nimzowitschs Entdeckung. Obwohl er Stauntons Partien sicherlich nicht gekannt hat, darf man dessen Einfluß nicht unberücksichtigt lassen, der z.B. in den Partien Tartakowers sichtbar wurde. Hier der Beginn einer der eindrucksvollen Partien des polnischen Meisters, gespielt mit Schwarz gegen Salwe, Karlsbad 1911: 1. d4 e6 2. c4 f5 3. Sc3 Sf6 4. e3 Lb4 5. Ld3 Lxc3+ 6. bxc3 c5 7. Se2 d6 8. 0–0 e5 9. La3 b6 *(Diagramm 8).*

8

Offensichtlich waren die neuen Ideen nicht das alleinige geistige Eigentum von Nimzowitsch. Ganz sicher jedoch war er es, der sie zu einer schlagkräftigen Waffe gestaltete.
Zum Schluß noch die Eröffnungszüge der Beratungspartie Aljechin und Rosanow – Bernstein und Urayev, Moskau 1910: 1. d4 d5 2. c4 e6 3. Sc3 Lb4 4. e3 Sf6 5. Sf3 0–0 6. Ld3 c5 7. 0–0 Sc6 8. a3 Lxc3+ bxc3. Damit ist die Ausgangsstellung einer der Hauptvarianten der modernen Nimzo-Indischen Verteidigung erreicht *(Diagramm 9).*

9

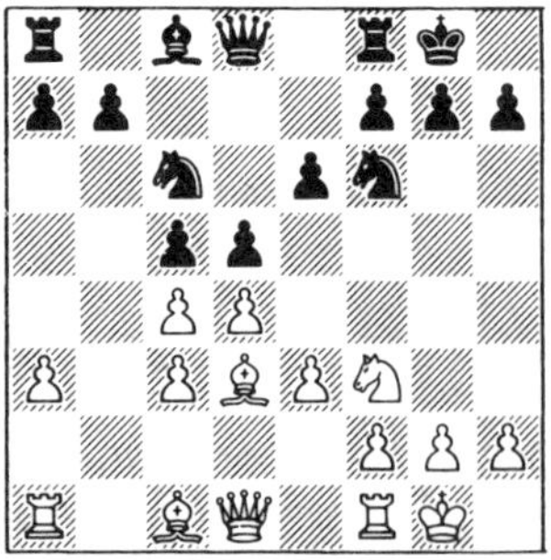

Ironischerweise hätte Nimzowitsch selbst diese Stellung kaum als Nimzo-Indisch anerkannt, da Schwarz das Zentrum skrupellos mit seinen Bauern besetzt hat. Um mit Donner zu sprechen, dies ist kein Nimzo-Inder, sondern ein Nimzo-Tarrasch!

Eine Auswahl von Nimzowitschs Partien

Das erste Mal, daß Nimzo-Indisch in einer bedeutenden Turnierpartie gespielt wurde:
Bernstein – Nimzowitsch, 4. Runde St. Petersburg 1914. **1. d4 Sf6 2. Sf3 e6 3. c4 b6 4. Sc3 Lb7 5. e3 Lb4 6. Db3.** Gewöhnlich wird hier 6. Ld3 gespielt. **6. .. De7 7. a3 Lxc3+ 8. Dxc3 d6 9. b4 Sbd7 10. Lb2 a5.** Nimzowitsch kombiniert seine Bemühungen auf der a-Linie mit dem Plan eines Angriffs am Königsflügel, der von dem fianchettierten Damenläufer unterstützt werden soll. **11. Le2 axb4 12. axb4 Txa1+ 13. Lxa1 0–0 14. 0–0 Se4 15. Dc2 f5 16. Sd2 Sxd2 17. Dxd2 Ta8 18. Lc3 De8?** *(Diagramm 10)*

10

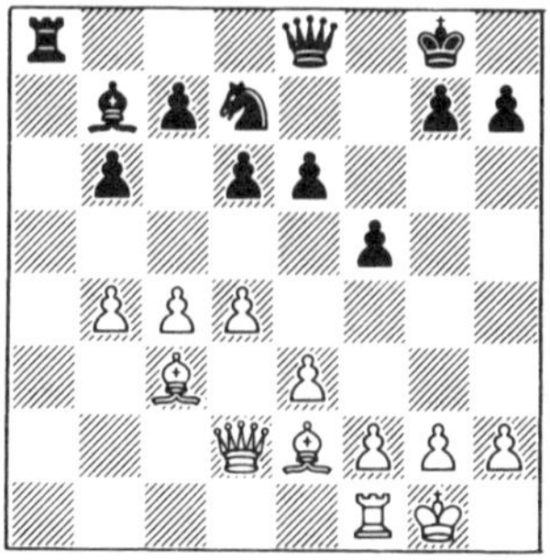

Mit diesem Zug wollte Nimzowitsch zweifellos die Dame zum Königsflügel überführen. Genauer wäre jedoch 18. .. Df7! gewesen, was den nächsten lästigen weißen Schlag verhindert hätte. **19. d5! e5 20. f4 Lc8 21. Db2 De7 22. fxe5 Sxe5 23. Ld4 Ld7 24. Ta1 Te8 25. Ta7 Dd8 26. Da1?** Hier irrt nun wieder Weiß. Sein positioneller Vorteil war offensichtlich – er beruhte hauptsächlich auf der Stärke des zentralisierten schwarzfeldrigen Läufers – der Vorstoß des schwarzen f-Bauern hätte jedoch verhindert werden müssen. **26. .. f4! 27. exf4 Sg6 28. Lf3 Sxf4 29. Lxg7 Dg5.** Immer wenn Nimzowitsch in Gefahr geriet, positionell ausmanövriert zu werden, hatte er eine Menge taktischer Tricks in der Hinterhand. **30. Lh8 Sd3.** Mit diversen Mattdrohungen – unter anderem einem erstickten Matt – wenn Weiß seinem König kein Luftloch verschafft. **31. h4! Dg3 32. Ta8 Lc8 33. Le4 Df2+ 34. Kh2 Dxh4+ 35. Kg1 Se5.** Nun spielt Schwarz auf Gewinn, Weiß verteidigt sich jedoch zäh. **36. Lxe5 Dxe4 37. Lh8 De3+ 38. Kh2 Df4+ 39. Kg1 Dg3 40. Lc3 De3+ 41. Kh1 Df4 42. Dd1 Dh6+ 43. Kg1 De3+ 44. Kh1 Dh6+ 45. Kg1 De3+ 46. Kh1 Dxc3 47. Txc8 Txc8 48. Dg4+ Kf7 49. Dxc8 Dxc4 50. Df5+** und remis wegen Dauerschach.
Aljechin begriff sehr rasch und besiegte in St. Petersburg in der 5. Runde Rubinstein mit Nimzo-Indisch: 1. d4 e6 2. c4 Sf6 3. Sc3 Lb4 4. e3 b6 5. Ld3 Lb7 6. f3?! c5 7. a3 Lxc3+ 8. bxc3 mit absolut zufriedenstellender schwarzer Stellung.
Die folgende Runde war Zeuge eines historischen Ereignisses – Nimzo-Indisch in reinster Zugfolge hatte seinen ersten Auftritt (die Partien der 4. und 5. Runde gingen über in die Nimzo-Indische Verteidigung):

Janowski – Nimzowitsch, 6. Runde St. Petersburg 1914. **1. d4 Sf6 2. c4 e6 3. Sc3 Lb4 4. e3 b6 5. Ld3 Lb7 6. Sf3 Lxc3+.** Der charakteristische Zug, Fischer spielte hier jedoch meist 6. .. 0–0 7. 0–0 Lxc3+ 8. bxc3 Le4. Insgesamt gesehen ist 6. .. Se4 zur Zeit am populärsten. **7. bxc3 d6 8. Dc2 Sbd7 9. e4 e5 10. 0–0 0–0 11. Lg5 h6 12. Ld2 Te8.** Ein für Nimzowitsch typischer, rätselhafter Zug. Er will Weiß zu d5 provozieren, um so in c5 für seinen Springer ein herrliches Blockadefeld zu gewinnen. **13. Tae1 Sh7 14. h3 Shf8 15. Sh2 Se6 16. Le3.** Weiß tut ihm nicht den Gefallen, d5 zu spielen. Deshalb muß Nimzowitsch nun selbst ...c5 spielen, um die Blockierung des Zentrums zu erzwingen. **16... c5 17. d5.** Es ist als positioneller Erfolg anzusehen, daß Schwarz diesen Vorstoß erzwingen konnte. denn nun laufen die weißen Läufer Gefahr, lebendig begraben zu werden. Allerdings war es für Nimzowitsch immer nur eine Notlösung, wenn ein schwarzer Bauer und nicht ein schwarzer Springer nach c5 gelangte. **17... Sf4 18. Le2.** Ein verheerender Fehler wäre 18. Lxf4? exf4, und Schwarz hätte aufgrund seiner überragenden Kontrolle der schwarzen Felder ein gewonnenes Spiel. **18... Sf8.** Nimzowitsch beginnt, seine Streitkräfte auf dem Königsflügel zu konzentrieren, um einem eventuell drohenden weißen Bauernvorstoß vorzubeugen. **19. Lg4 Lc8 20. Dd2 La6 21. g3 S4g6 22. Le2 Sh7 23. h4.** Janowski möchte gerne f4 spielen, doch Nimzowitsch verhindert dies, indem er Kräfte auf der e-Linie sammelt. **23. .. Sf6 24. Ld3 Tab8 25. De2 Tb7 26. Lc1 Tbe7 27. Kh1 Lc8 28. Tg1.** Der Vorstoß des g-Bauern ist das beste Gegenmittel. **28... Kf8 29. h5 Sh8 30. g4 Sh7** *(Diagramm 11).*

11

Eine lehrreiche Stellung. Geschickt hat Nimzowitsch die aggressiven Absichten von Weiß im Keime erstickt. Janowski kann die Stellung nicht mit f4 aufrollen, da Schwarz g5 mit mindestens 5 Figuren verteidigen kann. Die Partie sollte Remis enden, doch der verbissene Kampf beider Seiten führte noch zu großer Aufregung, bevor das logische Ergebnis erreicht wurde. **31. Lc2 Tb7 32. f4 f6 33. fxe5 dxe5.** Weiß besitzt zwar einen Freibauern, aber das Blockadefeld d6 wirkt geradezu einladend auf einen schwarzen Springer, was mehr als einer angemessenen Kompensation entspricht. **34. Sf3 Sf7 35. Tef1 Kg8 36. Sh4 Sd6 37. Sf5 Lxf5 38. gxf5 Sg5 39. Lxg5 hxg5 40. La4 Tf8 41. Lc6.** Ein kühner Gewinnversuch. Janowski nimmt den Verlust seines h-Bauern in Kauf, damit er seinerseits über die a-Linie in die schwarze Stellung einbrechen kann. **41... Tb8 42. a4 Kf7 43. Kg2 Th8 44. Th1 Th6 45. Ta1 Dc7 46. Kf2 Tbh8 47. Ke3 Kg8 48. Kd3 Df7 49. a5 Txh5 50. Txh5 Txh5 51. axb6 Th3+ 52. Kc2 axb6 53. Ta8+ Kh7 54. Td8 Da7** *(Diagramm 12)* **55. Ta8!** Natürlich nicht

12

55. Txd6? wegen Da2+. **55. .. Df7 56. Kb3?** Nach 56. Td8! hielt Nimzowitsch die Stellung für remis. Nach dem weißen Zug erhielt Schwarz Gewinnchancen. **56. .. Dh5 57. Dxh5+ Txh5 58. Le8 Sxe8?** Mit 58... Th6! 59. Td8 g4! oder 58... Th6! 59. Lg6+ Txg6 60. fxg6+ Kxg6 61. Kc2 Sxe4 62. Kd3 Kf5 hätte Nimzowitsch gewinnen können. Das

Turm- und Bauernendspiel ist remis. **59. Txe8 Th2.** Um nach d2 zu kommen. **60. Ta8 g4 61. Ta1 Kh6 62. Ka4 Kg5 63. Kb5 Kf4 64. Tg1 Kxe4 65. Txg4+ Kxf5 66. Txg7 Tb2+ 67. Kc6 e4 68. d6 Td2 69. d7 e3 70. Kxb6 e2 71. Te7 Txd7 72. Txe2 Td3 73. Tc2 Td8 74. Tc1 Tb8+ 75. Kc7 Te8 76. Kd6 Td8+ 77. Kxc5 Tc8+ 78. Kd6 Txc4 79. Kd5 Tc8 80. c4 Td8+ 81. Kc6 Kg4 82. Tg1+ Kh4 83. c5 f5 84. Kc7 Tf8 85. c6 f4.** Remis.

Der Punkt c4 ist oft die Achillesferse des weißen Aufbaus, besonders dann, wenn Weiß Doppelbauern sein eigen nennt. In der folgenden Partie hinterließ Nimzowitschs Springer bei Weiß regelrechte Alpträume.

Mattison – Nimzowitsch
Karlsbad 1929

1. d4 Sf6 2. c4 e6 3. Sc3 Lb4 4. Sf3 Lcx3+!? Nimzowitsch pflegte, Weiß den Doppelbauern so rasch wie möglich zu verpassen. **5. bxc3 d6 6. Dc2 De7 7. La3?!** Nicht besonders wirkungsvoll, wenn Schwarz einen gedeckten Bauern nach c5 ziehen kann. **7. .. c5 8. g3?** Ein strategischer Fehler, da der Läufer auf g2 den weißen Bauern auf c4 nicht dekken kann. **8. .. b6 9. Lg2 Lb7 10. 0–0 0–0 11. Sh4.** Der Abtausch der weißfeldigen Läufer ist für Schwarz günstig. Man beobachte nur, wie Nimzowitsch die Kontrolle über seine weißen Felder verstärkt. **11. .. Lxg2 12. Kxg2 Db7+ 13. Kg1 Da6 14. Db3 Sc6 15. Tfd1 Sa5 16. Db5 Dxb5 17. cxb5 Sc4.**
(Diagramm 13)

13

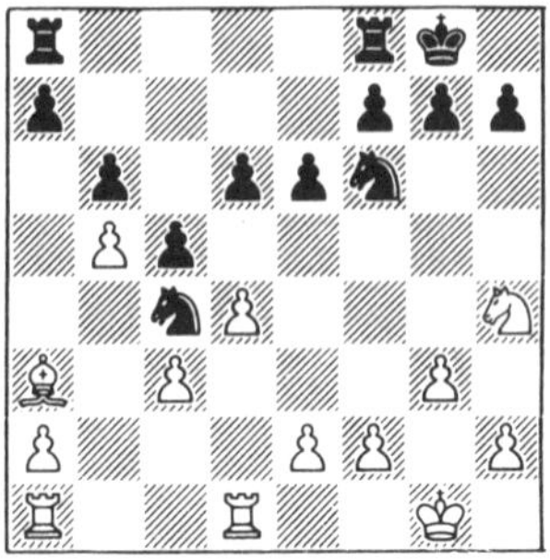

Weiß ist zwar seinen Doppelbauern los, aber das Feld c4 bleibt schwach. Nimzowitsch zerstört nun die weiße Stellung, indem er die a-Linie öffnet. **18. Lc1 a6 19. bxa6 Txa6 20. dxc5 bxc5 21. Sg2 Sd5 22. Td3 Tfa8 23. e4 Se5 0 – 1.**
Eine positionelle Miniatur! Gegen diese laienhafte Art der Behandlung wirkte Nimzowitschs Verteidigung häufig wie eine zwingende Gewinnvariante.
Zum Schluß die vermutlich berühmteste Partie von Nimzowitsch.

Johner – Nimzowitsch
Dresden 1926

1. d4 Sf6 2. c4 e6 3. Sc3 Lb4 4. e3 0–0 5. Ld3 c5 6. Sf3 Sc6 7. 0–0 Weiß sollte 7. d5! versuchen. **7. .. Lxc3 8. bxc3 d6 9. Sd2.** Geht über in die sogenannte Hübner-Variante (siehe Seite 63). **9. .. b6 10. Sb3.** Oder 10. f4 e5 11. fxe5 dxe5 12. d5 Sa5 13. Sb3 Sb7 14. e4 Se8 mit fester Blockade auf d6. **10. .. e5 11. f4 e4 12. Le2 Dd7!!** Die gesamte Strategie von Schwarz beruht nun darauf, den weißen Vorstoß g4 zu verhindern. Die Art, in der er dies tut, ist fantastisch und einzigartig. **13. h3 Se7 14. De1 h5 15. Ld2 Df5 16. Kh2 Dh7 17. a4 Sf5 18. g3 a5 19. Tg1 Sh6 20. Lf1 Ld7 21. Lc1 Tac8.** Natürlich möchte Nimzowitsch, daß Weiß d5 spielt und auf seine Optionen im Zentrum verzichtet. **22. d5 Kh8 23. Sd2 Tg8** *(Diagramm 14).* Nachdem Weiß nun keine aktiven Möglichkeiten mehr besitzt, bereitet Schwarz den tödlichen Gegenschlag ... g5 vor. **24. Lg2 g5 25. Sf1 Tg7 26. Ta2 Sf5 27. Lh1 Tcg8 28. Dd1 gxf4 29. exf4 Lc8 30. Db3 La6 31. Te2 Sh4 32. Te3.** Oder 32. Sd2 Lc8 33. Sxe4 Df5

14

34. Sf2 Dxh3+!! 35. Sxh3 Sg4 matt. **32 . . . Lc8 33. Dc2 Lxh3! 34. Lxe4.** Oder 34. Kxh3 Df5+ etc. **34 . . . Lf5 35. Lxf5 Sxf5 36. Te2 h4 37. Tgg2 hxg3+ 38. Kg1 Dh3 39. Se3 Sh4 40. Kf1 Te8** 0 – 1. Eine großartige Partie!

2 Wichtige positionelle Themen im Nimzo-Inder

Bevor wir mit einer genauen Analyse unserer Verteidigung beginnen, wollen wir zunächst einmal einige der wesentlichen positionellen Merkmale aufzeigen, die immer wieder auftauchen werden und die unsere Einstellung gegenüber der Beurteilung vieler Schlüsselpositionen bestimmen werden.

Nimzo-Indisch ist im Grunde genommen eine blockierende Verteidigung, in der der weiße Bauernaufmarsch im Zentrum (Bauern auf c4, d4 und e4) mit Hilfe der Fesselung des weißen Springers auf c3 durch den Läufer behindert werden soll. Die wichtigsten der typischen Stellungen sind die, in denen Weiß das Läuferpaar besitzt (wann ist dies von Vorteil, wann nicht?) und jene in denen ein weißes Bauernzentrum mit oder ohne Doppelbauer gebildet wird.

Wir untersuchen also folgende Situationen:

1. Weiß ist im Besitz des Läuferpaars (Kapitel 3)
2. Weiß läßt im Zentrum die Bauern aufmarschieren (Kapitel 4)
3. Schwarz fianchettiert am Damenflügel (Kapitel 5)

Es gibt natürlich noch weitere Themen, die angesprochen werden könnten, wie z.B. der isolierte d-Bauer, die hängenden Bauern, die Bauernmehrheit am Damenflügel und der Minoritätsangriff, doch diese Themen spielen praktisch bei allen Damenbauernеröffnungen eine Rolle und sind daher von nicht so spezieller Bedeutung für den Nimzo-Inder, wie die drei zuerst genannten.

Das Thema „weißer Doppelbauer auf der c-Linie" (dynamische Unterstützung des weißen Zentrums oder statische Schwäche?) ist im Nimzo-Inder von zentraler Bedeutung und beherrscht die folgenden drei Kapitel. Deshalb ist es auch nicht notwendig, daß wir diesem Thema ein eigenes Kapitel widmen.

3 Weiß im Besitz des Läuferpaares

Spieler, die regelmäßig Nimzo-Indisch spielen, werden stets mit dem gleichen Problem konfrontiert: Wann kann man gefahrlos das Läuferpaar durch Abtausch auf c3 aufgeben? Diese Frage ist nicht einfach zu beantworten und hängt von zahlreichen Unwägbarkeiten ab, allgemein gesagt, empfehlen wir jedoch folgendes: Schwarz kann den Königsläufer gegen den weißen Damenspringer abtauschen, wenn er

a) die weiße Bauernstruktur merklich schwächen kann;
b) eine Art Zentrumsblockade errichten kann; oder
c) durch den Abtausch aktives Figurenspiel erhält, z.B. die zurücknehmende Figur vertreiben kann.

Schwarz sollte dem Tausch aus dem Wege gehen, wenn Weiß

a) dadurch eine gute Bauernstellung erhält und nicht in der Entwicklung zurückbleibt;
b) sein Läuferpaar gegen den schwarzen Königsflügel richten und die wesentlichen Diagonalen aufbrechen kann; oder
c) für seinen schwarzfeldigen Läufer eine beherrschende Position finden kann.

Bekanntermaßen ist es der schwarzfeldige Läufer, den Schwarz gewöhnlich aufgibt, deshalb sind seine Schwächen eher auf den schwarzen als auf den weißen Feldern zu finden. Die weißen Felder kann er noch mit seinem Läufer verteidigen. Häufig hat Schwarz gar keine andere Wahl, sondern muß seinen Läufer b4 gegen den weißen Springer c3 tauschen. In diesen Fällen muß er versuchen, die genannten Empfehlungen zu befolgen, und gleichzeitig die für Weiß günstigen Perspektiven zu verhindern. Nach diesen kurzen allgemeinen Betrachtungen, die hoffentlich hilfreich sein werden, wollen wir nun ein paar typische Stellungen untersuchen.
(Diagramm 15)

15

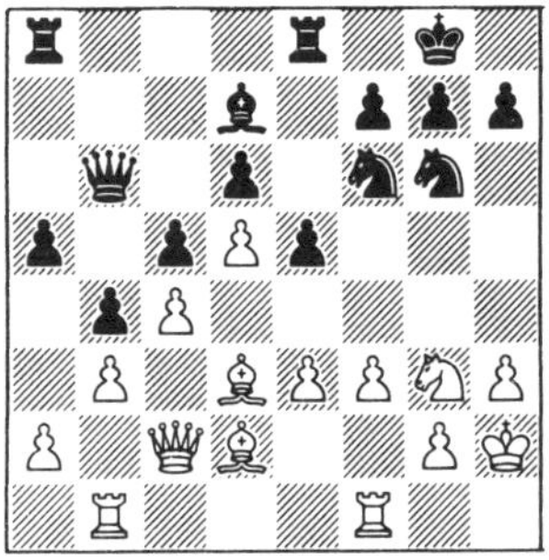

Rubinstein – Nimzowitsch, Berlin 1928

Die weißen Läufer können außerordentlich wirkungsvoll sein, wenn es darum geht, im Zentrum und am Königsflügel einen Vorteil auszunutzen. Man achte hier besonders auf die Rolle, die der schwarzfeldige Läufer spielt. Er vermag Schwarz schon durch seine bloße Anwesenheit zu stören und kann sich im richtigen Moment abtauschen und so genügend Tempi für einen entscheidenden Angriff gewinnen. **19. f4!** Die richtige Methode, Linien zu öffnen. Wenn das Hindernis, der schwarze e-Bauer einmal beseitigt ist, wird sich der schwarzfeldige Läufer nach b2 begeben. **19... exf4 20. exf4 Sf8 21. Lc1 Dd8 22. Df2 a4 23. Lb2 Sg6 24. Tbd1 axb3 25. axb3**

Ta7. Das einzige Gegenspiel von Schwarz liegt auf der a-Linie, aber viel läßt sich damit nicht anfangen. **26. Tde1 Txe1 27. Txe1 Sf8 28. Lxf6!** Die Einleitung zum Endkampf. **28... Dxf6 29. Se4 Dh6.** Alle anderen Züge kosten Material, aber nun ist die schwarze Dame völlig aus dem Spiel. **30. f5 Ta3 31. Tb1 Ta6 32. g4 f6 33. Kg3 Lc8 34. Te1 Lb7 35. De2 Sd7 36. Sxd6!** Nicht schwer zu finden, die Kombination lag ja in der Luft. **36. .. Txd6 37. De8+ Sf8 38. Te7 g6 39. Df7+ Kh8 40. Te8 Td8 41. Dxf6+ Kg8 42. De6+ Kg7 43. f6+** 1 - 0.

Auch Nimzowitsch griff manchmal etwas daneben. *(Diagramm 16).*

16

Petrosjan - Spassky, Weltmeisterschaft Moskau 1966 (20. Partie)

Auch in dieser Partie spielt der schwarzfeldige Läufer beim Untergang von Schwarz eine größere Rolle. Es ist die Hauptvariante gespielt worden, wobei Spassky versehentlich ...c4 gezogen und damit dem gegnerischen Läufer einen unantastbaren Zentralposten verschafft hat, von wo aus dieser die Diagonale g1 - a7 kontrolliert. **24. Da2 Kh8 25. Lf1 h6 26. h3 Tab8 27. a5!** Der Minoritätsangriff ist ein erster Schritt, um den weißen Vorteil auszuweiten. Schwarz wird einen schwachen Bauern auf der b-Linie zurückbehalten. **27... Tb7** Auf die scheinbar glänzende Verteidigung 27... a6 kann Weiß mit einer feinen taktischen Pointe aufwarten, nämlich 28. Txb6! Sxb6 29. axb6 und der b-Bauer in Verbindung mit dem schwarzfeldige Läufer kompensiert die Qualität bei weitem. **28. axb6 axb6 29. Df2?!** Zu zögernd, 29. Da3, was die Kontrolle der schwarzen Felder betont, erscheint stärker. **29... Ta8! 30.Db2.** 30. Lxb6? ist nach 30. ..Tab8! nicht gut. Eine vernünftige Alternative hat Tal vorgeschlagen, nämlich 30. De3 gefolgt von g4 und h4, wobei der zentralisierte Läufer dazu verwendet wird, die Offensive auf den anderen Flügel auszudehnen. **30... Tba7.** Aktives Spiel ist für Schwarz die einzige Chance. **31. Lxb6 Ta2 32. Db4 Tc2?** Verliert sofort. Schwarz mußte 32. .. T8a3!? oder 32. .. T8a4!? versuchen. **33. Lf2.** Weiß hat Zeit, seine Stellung zu konsolidieren, er behält den Mehrbauern und das Läuferpaar. **33... Dc7 34. De7 Lxh3?** Eine Fehlkombination, doch auch nach dem besseren 34... Taa2 ist Weiß nach 35. Tb8+ klar im Vorteil. **35. gxh3 Txf2 36. Kxf2 Dh2+ 37. Lg2 Se5 38. Tb8+ Txb8 39. Txb8+ Kh7 40. Td8 Sg6 41. De6** 1 - 0. *(Diagramm 17).*

17

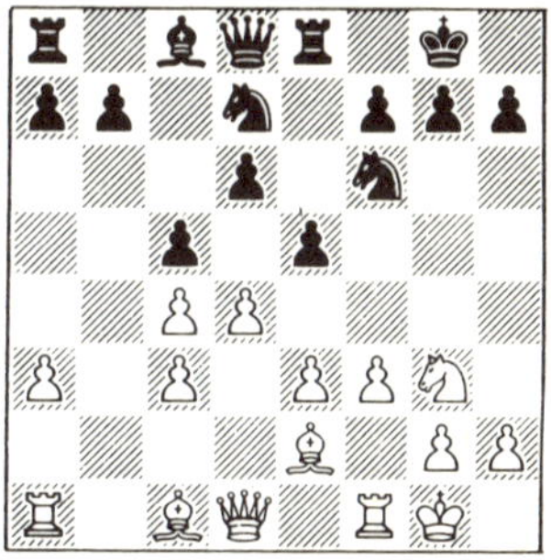

Botwinnik - Keres, Weltmeisterschaft 1948 (Den Haag und Moskau)

In Diagramm 17 hat Schwarz im Zentrum eine Blockade errichtet. Nun begeht er aber positionellen Selbstmord, indem er die Stellung für die weißen Läufer öffnet. Dies muß stets vermieden werden! Allerdings lag die falsche Beurteilung wohl daran, daß Keres den feinen 14. Zug von Weiß übersehen hatte. Denn normalerweise konnte Keres so etwas nicht passieren. **11...cxd4?.** Nach der Partie empfahl Keres 11...Sf8?, was die Stellung geschlossen hielte. **12.cxd4 Sb6 13.Lb2 exd4 14.e4!** Nach 14.exd4 d5! oder 14.Dxd4 Sa4 15.Lc1 Db6 oder 14.Dxd4 d5 15.c5 Sc4 wäre der Plan von Schwarz erfolgreich gewesen. Nun aber droht ihm das Ende. **14...Le6 15.Tc1 Te7 16.Dxd4 Dc7?** Beschleunigt das Unheil. **17.c5 dxc5 18.Txc5 Df4 19.Lc1 Db8 20.Tg5 Sbd7 21.Txg7+! Kxg7 22.Sh5+ Kg6 23.De3!** 1-0.

Schwarz ist auf den schwarzen Feldern gepeinigt worden. Das Matt ist nicht mehr zu verhindern. *(Diagramm 18).*

18

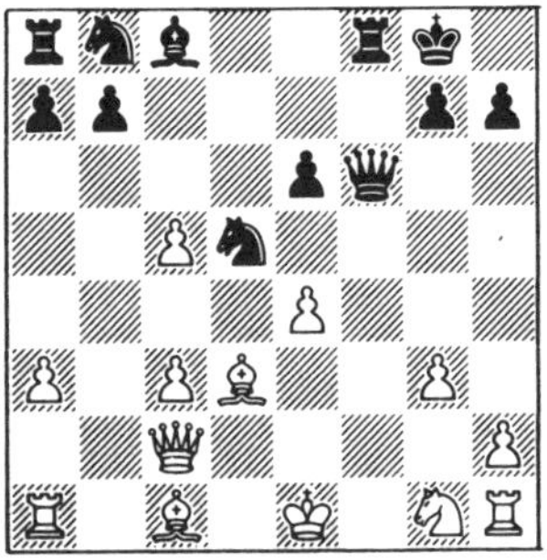

Hollis - Kauranen, Fernschachpartie 1974/76
(vgl. auch Seite 33)

Eine unglückliche Stellung. Die zerschlagene weiße Bauernstruktur sieht krank aus, die Läufer scheinen jedoch noch höchst wirkungsvoll zu sein. Man beachte wiederum, wie Weiß aus dem Vorteil, den er durch den günstigen Abtausch seines schwarzfeldigen Läufers erlangt, Nutzen zieht. **13...Dxc3+ 14.Dxc3 Sxc3 15.Lf4 Ld7?!** Hollis empfiehlt als Verbesserung 15...Td8 16.Lc2 Ld7. **16.Tc1 Sa4 17.Ld6 Tc8 18.Sf3 b6 19.Se5 Sxc5.** Folgt man einer Analyse von Szabo, so ist Schwarz im Vorteil. Hollis hat jedoch nachgewiesen, daß dieses Urteil falsch ist. **20.Lxc5!** Eine Verbesserung gegenüber Szabos 20.Txc5?! Txc5 21.Lxb8? Txb8 22.Sxd7 Tc1+ etc. **20...Txc5 21.Txc5 bxc5 22.0-0 g6.** Schwarz hat zwar einen Mehrbauern, aber seine Figuren stehen wie gelähmt. **23.Lc4 Lc8 24.Td1** 1-0. 24...Kg7 25.Td8 Lb7 26.Sd3 Sc6 27.Td7+ Kh8 28.Txb7 Sa5 29.La6 Sxb7 30.Lxb7 ±± (Analyse von Hollis). *(Diagramm 19).*

19

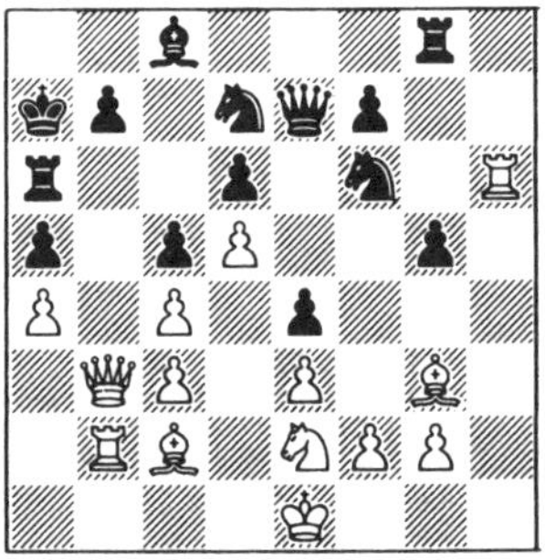

Williams - Karpow, Nizza Olympiade 1974

Die weißen Läufer besitzen keinerlei Perspektiven, Schwarz gewinnt, indem er am Königsflügel eine zweite Front bildet. Man beachte, daß der Versuch von Weiß, den a-Bauern vorzurücken, durch ...a5 im Keim erstickt worden ist. Erwähnenswert ist auch, daß Schwarz nicht lang rochiert hat, sondern mit seinem König über d8, c7 und b8 nach a7 marschiert ist. **21...Sg4 22.Th1 f5 23.Kd1 Tb6!** Eine ausgezeichnete Entscheidung. Schwarz vertreibt eine der aktiven weißen Figuren und bereitet gleichzeitig mit ...b6 und ...La6 den traditionellen Angriff auf c4 vor. **24.Da2 Txb2 25.Dxb2 b6 26.Lb3 La6 27.Sc1 Sf8 28.De2 Sg6.** Mit ...f4 wird das Licht des weißen Läufers ausgelöscht. **29.Kd2 Sf6 30.Dd1 f4** 0-1. Nach 31.Lh2 gewinnt Schwarz Material durch Verdoppelung der Schwerfiguren auf der h-Linie. *(Diagramm 20).*

20

Nemet – Vaganian, Valencia 1974

Dies ist ein Beispiel, in dem die Springer den Läufern überlegen sind, ohne weißen Doppelbauern auf der c-Linie. Günstige Faktoren für Schwarz sind die etwas luftige Stellung des weißen Königs und die Unfähigkeit von Weiß, an irgendeiner Stelle des Brettes bewegliche Bauern zu schaffen, ohne den eigenen König noch mehr zu schwächen. Der weiße e-Bauer ist zwar ein Freibauer, ist jedoch klar gestoppt. **21. c5.** Ein wichtiger Zug, der die Diagonale für den weißfeldigen Läufer eröffnet. **21. ..Kh8 22. Kb1?** Jetzt wäre es an der Zeit, einen Läufer abzutauschen, um in einem Endspiel mit einem Bauern weniger Remisaussichten zu bekommen. Also: 22. Lb5! Se5 23. Ld4 Dxf3 24. Dxf3 Sxf3 25. Lxf6 gxf6 26. Tf1 Sd2 27. Txf4 Sb3+ 28. Kc2 Sxc5 29. Txf6 Td2+ 30. Kxd2 Sxe4+ 31. Ke3 Sxf6+ (Analyse von Vaganian). Stattdessen versucht Nemet, seine Königsstellung zu verbessern, wird jedoch durch eine scharfe Kombination daran gehindert. **22. ..Td1+ 23. Kc2.** Oder 23. Ka2 Se5 24. Lg2 Df7+ 25. Db3 Dxb3+ 26. Kxb3 Td2!, und Weiß hängt völlig in den Klauen des schwarzen Springers. **23. ..Sxe4! 24. fxe4 Txf1 25. Txf1 De2+ 26. Kb3 Dxf1 27. Le1 De2 28. Dh3 Sd4+ 29. Ka2 h6 30. Lc3 Dxe4,** und Weiß gab bald auf. *(Diagramm 21).*

21

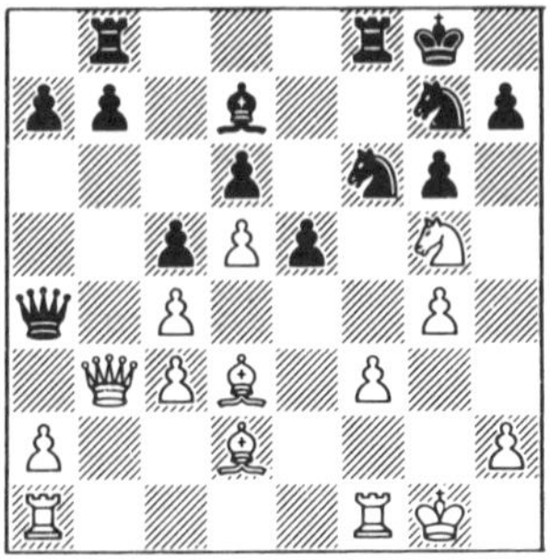

Petrosjan – Ivkov, Nizza Olympiade 1974

Bevor wir das Thema „Läuferpaar im Mittelspiel" abschließen, wollen wir noch einmal betonen, daß sich Schwarz vor dem falschen Eindruck hüten muß, er müsse Weiß nur einen Doppelbauern auf der c-Linie verpassen und schon habe er die Kraft des weißen Läuferpaars gebrochen. Um unvorsichtige Spieler eines Besseren zu belehren, hier ein warnendes Beispiel (Diagramm 21). **22. Lc2!** Schwarz ist nun gezwungen, seine Dame zurückzuziehen, da 22.. ..Dxb3 23. axb3! die Hauptschwäche von Weiß, den Doppelbauern, beseitigt und außerdem den schwarzen Damenflügel einer Aufrollaktion mit b4 aussetzt. **22. ..Da5 23. a4 Dc7 24. h3 a6 25. a5 b5 26. axb6 e.p. Txb6 27. Da3.** Schwarz hat zwar am Damenflügel etwas Freiheit gewonnen, dabei jedoch die Verteidigungsstellung seines Königs entblößt. Petrosjan plant nun das entscheidende, linienöffnende Manöver Dc1 – e1 nebst f4. **27. ..Dd8 28. Dc1 De7 29. De1 Tb2 30. Ld3 Lc8 31. Lc1 Tb3 32. Lc2.** Die weißen Läufer wehren wie Torhüter das Eindringen des schwarzen Turmes ab, stehen aber gleichzeitig auch bereit in Richtung schwarzer König. **32. ..Tb6 33.f4!** Nun bricht die schwarze Bauernstellung zusammen. **33. ..h6 34. fxe5**

Dxe5 35. Dxe5 dxe5 36. Se4 h5 37. La3 Sxe4 38. Txf8+ Kxf8 39. Lxe4 Tb3 40. Lxc5+ Kf7 41. Tf1+ 1 – 0.
Was führte zur schwarzen Niederlage? Zweierlei, erstens die unbefriedigende Aufstellung der schwarzen Leichtfiguren, die sich um ihren König scharten und nicht in der Lage waren, aus dem Doppelbauern Kapital zu schlagen, und zweitens ein offenes Zentrum. Ivkov hatte sich in einer früheren Phase entschlossen, seinen f-Bauern gegen den weißen e-Bauern zu tauschen. Den Nutzen davon hatte jedoch Weiß, der die Felder e4 und g5 für seinen Springer nutzen konnte. Hinzu kommt, daß 33. f4 äußerst wirkungsvoll war, da Schwarz danach e5 nicht länger halten konnte.

4 Weiß läßt im Zentrum die Bauern aufmarschieren

Wie wir wissen, ist Nimzo-Indisch (im Gegensatz zum Modernen Benoni oder zu Königsindisch) eine blockierende Verteidigung, in der Schwarz versucht, die Möglichkeiten von Weiß einzuschränken. Eine der gefährlichsten Möglichkeiten ist die Bauernwalze im Zentrum. Sie wird möglich, wenn es Weiß gelingt, Schwarz die Kontrolle von e4 zu entreißen.
Das erste Beispiel behandelt einen direkten Vorstoß, der die schwarze Verteidigung widerlegt. *(Diagramm 22).*

22

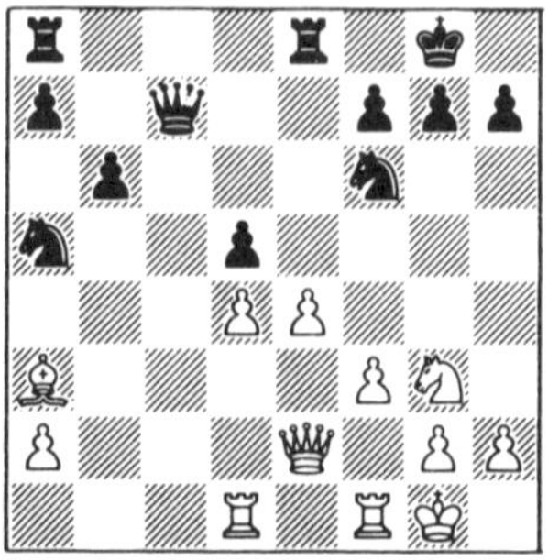

Toth – Cosulich, Italienische Meisterschaft 1976

18. e5 Sc4. Auf 18... Sd7?! folgt 19. Sf5 und anschließend f4 und Dg4±. **19. Lc1 Dc6 20. Df2 Sd7 21. f4 f6 22. Td3 f5?!** Ein löblicher Versuch, die drohende Lawine auf den weißen Feldern zu blockieren. Er scheitert jedoch aus taktischen Gründen. Nach 22...Tf8 23. Sf5 Tae8 24. Tg3 oder 24. Th3 kann Weiß jedoch auf jeden Fall im Schutze seiner Bauern einen vernichtenden Angriff aufbauen. **23. Sxf5! Dg6 24. g4 Dxg4+ 25. Sg3 Tad8 26. Dg2,** und wieder können die Bauern vorwärtsmarschieren. **26... Kh8 27. f5 Dh4 28. f6** 1 – 0. (Auf 20... gxf6 folgt Sf5±). *(Diagramm 23).*

23

Spassky – Smyslow, Bukarest 1953

In dieser Stellung erfolgt der Vorstoß von Weiß nicht ohne schwarze Gegenwehr, aber die weißen Zentrumsbauern triumphieren immer noch trotz des schwarzen Gegenangriffs auf den weißen König. **17. f4 Sg4 18. Lxg4.** Auf jeden Fall erzwungen, aber Weiß behält die überlegenere Leichtfigur. **18... Lxg4 19. Da4.** Droht f5 und Tf4, weshalb Schwarz hastig den Rückzug antritt. **19. .. Lc8 20. e4 Dg4.** Oder 20... De7 21. Tae1 gefolgt von e5. **21. Dc2 h5 22. Tf2 b5 23. e5 h4 24. Sf1 Lf5 25. Dd2 dxe5?** Smyslow verzichtet auf die Zentrumsblockade und versucht, Linien gegen den weißen König zu öffnen. Sicherer war 25... c4! 26. Se3 Dg6 ohne den weißen Zentrumsbauern irgendwelche Zugeständnisse zu machen. **26. fxe5 Lg6 27. Te1 h3 28. d6 Le4 29. Se3 De6.** Auf 29... Dg5 folgt 30. g3 Tae8 31. Tf4! und Sd5±. **30. Tf4 Lxg2.** Im Einklang mit der bisherigen Strategie, es gestattet jedoch einen besonders hübschen Schluß. **31. Sf5.** Droht Se7+ und Th4+. **31. .. Tfe8 32. Te3 Tad8 33. Sxg7!! Txd6.** Oder 33. .. Kxg7 34. Tg3+ Kf8 35. Txf7+! Dxf7 36. Dh6+±±. **34. Sxe6 Txd2 35. Tg3+** 1 – 0.

24

Botwinnik – Tal, Weltmeisterschaft (7. Partie)
Moskau 1961

Nun folgt ein besonders komplexes Beispiel, da Weiß auf die Rochade verzichtet hat, um sein Bauernzentrum zu erhalten. Der ganze Kampf dreht sich um die Versuche von Weiß, das Bauernzentrum aufrechtzuhalten oder neu aufzubauen. Und als es Schwarz schließlich gelingt, das Zentrum zu zerstören, kommt das Unheil aus einer anderen Ecke. **12. ..dxe4?!** Der erste schwarze Anschlag auf die weißen Bauern. Botwinnik verurteilte diese Linienöffnung als zweifelhaft, aber was sonst sollte Schwarz spielen? **13.Te1 g5?** Zu überstürzt. Eine sichtliche Verbesserung ist 13... 0–0! 14.fxe4 Dc7, und nach 15.Sf3 Sbd7 besitzt Weiß zwar seine Bauernwalze im Zentrum, steht jedoch wegen seiner ungünstigen Königsstellung etwas unangenehm. **14.Lf2.** Falls nun 14. ..Dd5 15.c4 De6 16.Dc2 und 17.fxe4 und die Bauernwalze wird Weiß wegen der exponierten schwarzen Dame und des geschwächten Königsflügel entscheidenden Vorteil bringen. **14...De7 15.Se2.** Eine lehrreiche Variante nennt Botwinnik: 15.fxe4? Sxe4 16.Dc2 f5 17.g4 Sd7 18.gxf5 Sdf6!, und Schwarz hat seine Blockade errichtet. **15. ..b5 16.Dc2 Dxa3 17.h4 gxh4.** Besser, wenn auch nicht besonders einfallsreich, wäre 17.... Tg8 gewesen. **18.Lxh4 Sbd7 19.Sg3 0–0–0 20.Sxe4 The8 21.Kf2!** Verfolgt einen logischen, positionellen Plan, z.B. die Wiederherstellung des Bauernzentrums. Unklar wäre 21.Sxf6 Txe1+ 22.Kxe1 Da1+ 23.Dd1 Dxc3+ 24.Kf1 Se5. **21. ..Sxe4+ 22.fxe4 f6 23.Ta1 De7 24.Txa7 Dxe4.** Löst schließlich das berühmte Bauernzentrum auf, aber nun erhält Botwinnik einen mächtigen Angriff auch ohne Damen. **25.Dxe4 Txe4 26.Ta8+ Sb8 27.Lg3 Kb7 28.Tha1 Tc8 29.T8a7+ Kb6 30.Lxb8 b4 31.Ld6 bxc3 32.Lc5+ Kb5 33.T1a4** 1 – 0. *(Diagramm 25).*

25

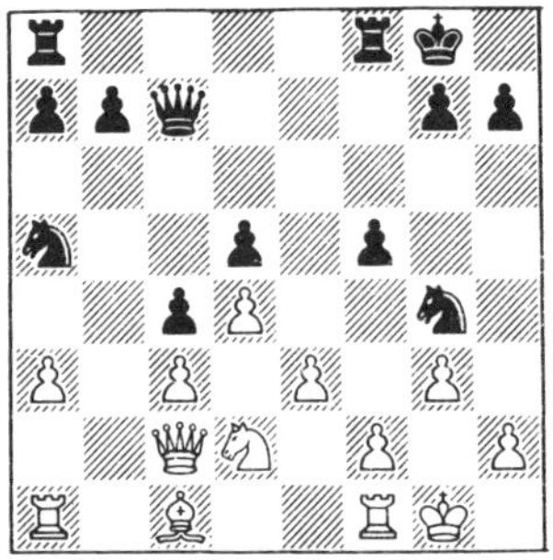

Geller – Petrosjan, Kandidatenturnier Amsterdam 1956

Hier ein Grenzfall. Es scheint, als ob Schwarz nach Abtausch der weißfeldigen Läufer das Zentrum auf den weißen Feldern erfolgreich blockiert hätte. Er muß jedoch noch äußerst vorsichtig sein. **16.Tb1 Sc6?** Bereits ein Fehler, der Schwarz daran hindert, seine Schwerfiguren auf die wirkungsvollste Weise aufzustellen. Der ruhige Blockadeplan bestand in 16. ..b6! 17.a4 (um a3 für den weißen Läufer freizumachen, auch auf die Gefahr, daß der Bauer auf a4 angreifbar wird, z.B. nach ... Sb3 und . ..Dd7xa4) 17. ..Tae8 18.La3 Tf6 19.Tfe1 Df7 20.Sf1 Tfe6 und die 'Ausbreitungsgelüste' des weißen Bauernzentrums sind nachhaltig gedämpft worden. **17.a4 Dd7 18.La3 Tfe8.** Schwarz konnte noch ... Tf6 versuchen, aber er kann die Türme auf der e-Linie nicht mehr so rasch wie in der vorherigen Anmerkung verdoppeln, ohne seinen f-Bauern zu gefährden. **19. Tfe1 b6 20. Te2 De6 21. Tbe1 Dh6 22. Sf1 Dh5 23. f3 Sf6 24. Sd2 Te6 25. e4!±.** Weiß hat die Blockade überwunden und sieht seinem Sieg entgegen. Wir können einen weiteren Nachteil von 16. .. Sc6 beobachten, nämlich die 'Unterdekkung' seines Bauern c4, der bald fallen wird, falls Schwarz zweimal auf e4 schlägt. *(Diagramm 26).*

26

Botwinnik – Reshewsky, Weltmeisterschaftsturnier Moskau 1948

Das weiße Zentrum hat fast schon größenwahnsinnige Ausmaße angenommen, und der zukünftige Weltmeister droht, Schwarz am Königsflügel zu überrollen.

Um zum Ziel zu kommen, gibt es zwei Möglichkeiten. Die eine ist e5, wodurch die Diagonale für den weißen weißfeldigen Läufer geöffnet wird, die andere ist f5 mit anschließendem Opfer auf f6. Schwarz, der bereits den typischen Gegenangriff am Damenflügel eingeleitet hat (... La6 und ... Sa5), zeigt uns nun, wie sich die Pläne des Gegners am Königsflügel stören lassen. **14. .. f5!** Es schien so, als stünde die schwarze Dame deshalb auf d7, um in den Kampf um c4 mit ... Da4 eingreifen zu können. Nun aber steht die mächtigste schwarze Figur auch äußerst günstig, um diesen defensiven Vorstoß zu unterstützen, der den Eifer von Weiß am Königsflügel beträchtlich dämpft. **15. Tae1 g6 16. Td1.** Ein Zeichen von Unentschlossenheit. **16... Df7.** Die Idee ... Da4 stellt im allgemeinen mehr eine Drohung als eine wirkliche Gefahr dar. Falls übereilt 16. .. Da4 erfolgt, dann erhält Weiß nach 17. d5 Lxc4 18. dxe6 Lxe6 19. exf5 gxf5 20. Lxc5 zu viel Gegenspiel. **17. e5 Tc8 18. Tfe1 dxe5 19. dxe5 Sg7.** Der Trumpf der schwarzen Stellung ist die starre Bauernformation, die den weißen Läufern sehr mißfällt. **20. Sf1 Tfd8 21. Lf2 Sh5 22. Lg3 De8 23. Se3 Da4.** Nun steht Weiß völlig passiv da. **24. Da2 Sxg3 25. hxg3 h5 26. Le2 Kf7 27. Kf2 Db3 28. Dxb3 Sxb3 29. Ld3 Ke7 30. Ke2 Sa5 31. Td2 Tc7 32. g4.** Nach 32. Ted1 Tcd7 ist Weiß in Zugzwang! **32...Tcd7!** Nach 32...hxg4 33. Th1 bekommt Weiß wieder leichte Chancen. **33. gxf5 gxf5 34. Ted1 h4 35. Ke1 Sb3.** Gewinnt nun endgültig Material. **36. Sd5+ exd5 37. Lxf5 Sxd2 38. Txd2 dxc4 39. Lxd7 Txd7 40. Tf2 Ke6 41. Tf3 Td3 42. Ke2** und 0 – 1.

5 Schwarz fianchettiert am Damenflügel

Nimzowitsch hielt die Fianchettierung des weißfeldigen Läufers für eine der bedeutsamsten Stützen der schwarzen Strategie, mit der die weißen Zentrumsfelder (besonders e4) von der Ferne aus kontrolliert werden sollen. Da Weiß gegen Nimzo-Indisch allgemein kurz rochiert, ist ein unbehinderter, fianchettierter schwarzer Läufer mit oft verheerenden Folgen auf den weißen König gerichtet.
Hier ein Beispiel aus dem Kombinationsrepertoire. *(Diagramm 27).*

27

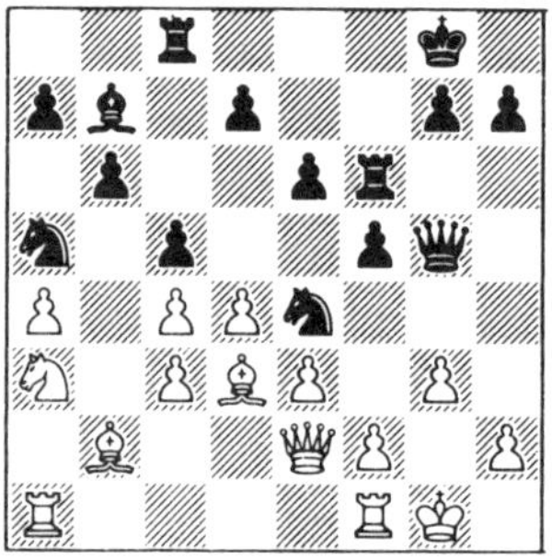

Donner – Euwe, Paignton 1951

Schwarz führt einen wütenden Angriff gegen den weißen König, und ein Opfer scheint dem Spiel ein rasches Ende zu bereiten. Euwe zog **16. . . Th6** mit der listigen Drohung 17. . . Dh4!! 18. gxh4 Tg6+ 19. Kh1 Sxf2 matt durch Doppelschach. Donner erkannte dies zwar, fand aber dennoch keinen Weg, um wirkungsvoll Widerstand leisten zu können. **17. f4.** Oder 17. f3 Sxg3 18. hxg3 Dxg3+ 19. Dg2 Dh4∓∓. **17. . . Dg6 18. Lxe4 Lxe4 19. Tad1 Th3 20. Tf2.** Auf 20. Df2 folgt h5 nebst . . . h4 und der Widerstand von Weiß ist gebrochen. **20. . . Dxg3+! 21. Kf1 Th4 22. dxc5 Dh3+ 23. Ke1 Tg4** 0 – 1. *(Diagramm 28).*

28

Botwinnik – Smyslow, Weltmeisterschaftswettkampf Moskau 1957 (13. Partie)

In dieser Stellung muß Schwarz, weil sein Springer angegriffen ist, eine Entscheidung treffen. Am besten wäre 14. . . Sa5, womit e4 gedeckt und gleichzeitig der weiße c-Bauer angegriffen würde. Smyslow entschied sich stattdessen für die Dezentralisierung **14. . . Sg5?.** was Botwinnik erstklassig auszunützen verstand. **15. Lxc6! Lxc6 16. f3!** Ein feiner Zug, der den schwarzen Leichtfiguren Felder nimmt und den Vorstoß der Zentrumsbauern vorbereitet. An diese Methode, gegen den Fianchettoläufer vorzugehen, sollte man sich immer erinnern. Der schwarze Läufer macht im Augenblick noch einen sehr gesunden Eindruck, aber schon 5 Züge später ist er ein Invalide. **16. . . a6 17. Sc3 f5 18. 0–0 Df6.** Botwinnik: „Schwarz hat den Eröffnungskampf verloren. Sein Springer steht abseits vom Spielgeschehen, und sein Läufer hat wenig Aussichten. Das weiße Zentrum wird zwangsläufig einen Freibauern hervorbringen, und Weiß muß nur noch seine Entwicklung abschließen, ehe er einen Vorstoß durchsetzen kann." **19. Dd3 Tfd8 20. d5 Sf7 21. e4 exd5 22. cxd5.** *(Diagramm 29).*

29

30

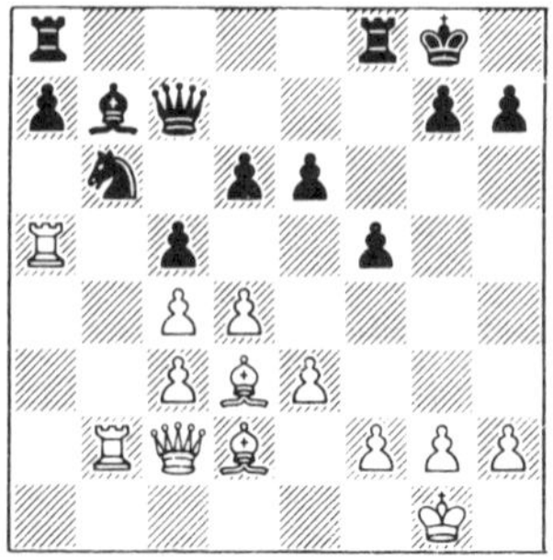

Die richtige Entscheidung. Weiß fürchtet das verfehlte schwarze Gegenspiel am Damenflügel nicht. Man vergleiche nur die beiden Diagramme – vorher und nachher – (28 und 29) und betrachte dabei die Rolle, die die Läufer gespielt haben. Der Rest ist für einen Spieler von Botwinniks Klasse nicht mehr sehr schwierig. **22. ..Ld7 23.Lb2 Se5 24.De2 f4.** Die einzige Möglichkeit, eine zeitweilige Blockade zu errichten. **25.Sd1 b5 26.Sf2 c4 27.axb5 axb5 28.Dd2 Tac8 29.Tfc1 Te8 30.Lc3 Tc7 31.Kh1 Tb7 32.Ta2 h5 33.Tca1.** Droht Ta8 nebst Angriff auf den gefesselten schwarzen Springer. Da die gestoppten Freibauern seinen Läufer behindern, beschließt Smyslow, einen davon zu opfern. **33...b4 34.Lxb4 Db6 35.Lc3 De3 36.Sd1 Dxd2 37.Txd2 Sd3 38.Ld4 Teb8 39.Sc3 Tb3 40.h4 T8b7 41.Ta8+** 1–0.

Gelegentlich kann Schwarz wie in der Partie Uhlmann – Botwinnik, Olympiade München 1958, mit seinem aktiven weißfeldigen Läufer dem weißen c4-Bauer den Todesstoß versetzen, ohne daß dies unbedingt vom Standardfeld a6 aus geschehen muß. *(Diagramm 30).* In dieser Stellung hatte sich Uhlmann ausgerechnet, daß 17. ..Sxc4? an 18.Lxc4 Dxa5 19.Txb7 ±± scheitert, hatte jedoch das überraschende **17. ..Le4** übersehen, das seinen c4-Bauern schwächt und zu dem in allen Varianten Material kostet. Es folgte **18.Lxe4 fxe4 19.Db3** (oder 19.Dxe4 Sxc4 20.Dxe6+ Df7 ∓∓) **19.. ..Sxc4!** (die Pointe) **20.Dxc4 Dxa5 21.Dxe6+ Kh8 22.Ta2 Dc7 23.Dxe4? Df7!** 0–1.

Umgekehrt gilt: Wenn Schwarz seinen weißfeldigen Läufer fianchettiert, und es Weiß gelingt, diese wertvolle Figur mit seinen Zentrumsbauern einzusperren (siehe auch Kapitel 4), kann Schwarz vor ernsten Problemen stehen.

Zum Schluß noch eine Warnung! Wir haben die Themen aufgespalten und des leichteren Verständnisses wegen einzeln vorgestellt, sie dürfen jedoch auf keinen Fall voneinander isoliert betrachtet werden. Um es deutlich auszusprechen, die Partie Botwinnik – Smyslow sagt genausoviel über das Bauernzentrum aus wie über die Wirksamkeit des schwarzen, weißfeldigen Läufers, und die Partie Botwinnik – Reshewsky (Seite 23) dient nicht nur der Betrachtung des weißen Läuferpaares, sondern auch des Wertes der Bauern auf e4, d4 und c4. Diese Beispiele könnten natürlich endlos fortgesetzt werden, wir wollen aber jetzt mit dieser wichtigen Feststellung im Ohr darangehen, das Gerippe von Ideen und Themen in ein analytisches Gewand zu kleiden.

6 Die Sämisch-Variante

1. d2–d4	**Sg8–f6**
2. c2–c4	**e7–e6**
3. Sb1–c3	**Lf8–b4**
4. a2–a3	*(Diagramm 31)*

31

Eine radikale Antwort auf die Fesselung ist es, Schwarz sofort zu befragen. Dabei erhält Weiß das Läuferpaar und stärkt oder schwächt – je nach Betrachtungsweise – sein Zentrum.
Obwohl das System 4. a3 nie besonders populär war, wandte Botwinnik es 1960 beim Weltmeisterschaftswettkampf gegen Tal regelmäßig an. Auch Bronstein, Geller, Mikenas und der englische Fernschachgroßmeister Hollis gehörten zu den Anhängern dieses Systems. 4. a3 ist die natürlichste und am wenigsten anspruchsvolle Antwort auf 3...Lb4, deshalb wollen wir dieses System auch als erstes untersuchen. Schwarz muß nun mit 4. . . Lxc3+ den Läufer abtauschen und hat nach 5. bxc3 eine große Auswahl an Fortsetzungen. Er kann mit . . . b6, . . . La6, . . . Sa5 einen raschen Angriff auf den weißen Doppelbauern einleiten, oder er kann sein Spiel im Zentrum mit . . . c5 und . . . e5 suchen. Der sofortige Angriff auf den Doppelbauern ist riskant, bietet Schwarz jedoch gute Gewinnchancen, wenn er den weißen Angriff am Königsflügel parieren kann.

Diez del Corral – Kortschnoi
Buenos Aires Olympiade 1978

(1. d4 Sf6 2. c4 e6 3. Sc3 Lb4 4. a3 Lxc3+ 5. bxc3)

5. . . d7–d6!?

Dieser interessante Zug ist noch nicht oft gespielt worden und wird in der „Enzyklopädie der Schach-Eröffnungen" nicht besonders hoch eingeschätzt. Schwarz kann nun . . . e5 oder . . . c5 anstreben.

6. f2–f3

Die andere Möglichkeit, ein Bauernzentrum zu errichten, ist 6. Dc2, doch dann könnte Schwarz mit 6. . . e5 oder 6. . . Sc6 und 7 . . . e5 seinen Plan durchsetzen.

6. . . Sf6–h5
(Diagramm 32)

32

Dieser Zug soll Weiß in seiner Entwicklung stören. Hätte Schwarz einfach seinen Plan, . . . e5 zu spielen, fortgesetzt, hätte Weiß e4 geantwortet, gefolgt von Ld3 und Se2. Der weiße Springer steht auf e2 sehr gut, er deckt von dort aus d4 und kann jederzeit auf ein anderes gutes Feld, nämlich g3 ziehen. Ist e4 und . . .e5 gespielt worden, versucht Weiß häufig, die Stellung f4 aufzubrechen. Und genau dies wird durch 6.

..Sh5 erschwert. Weiß muß die schwarze Drohung . ..Dh4+ entweder mit g3 oder Sh3 parieren. 6. g3 schwächt aber den weißen Königsflügel, daher.....

7. Sg1–h3 e6–e5

8. Sh3–f2

Schwarz drohte 8. ..Lxh3 nebst 9. ..Dh4+.

8. ... 0–0

9. e2–e4 Sb8–c6

10. g2–g4

Vertreibt den störenden Springer. Hier zeigt es sich, daß es wichtiger ist, eine Eröffnung zu verstehen, als eine Vielzahl von Varianten auswendig zu kennen.

Diese Stellung ist 1937 in der Fernschachpartie Strand – Henneberger erreicht worden. Nach Beurteilung der „Enzyklopädie der Schach-Eröffnungen" ist Weiß klar im Vorteil, dies scheint jedoch nicht richtig zu sein.

10. ... Sh5–f6

Nach 10. ..Sf4? 11. Lxf4 exf4 12. Dd2 behält Schwarz einen hoffnungslos schwachen Bauern auf f4, da... g5 den Königsflügel dauerhaft schwächt.

11. Lc1–g5

Auch wenn die Fesselung zunächst als störend empfunden wird, so steht der Läufer hier doch schlecht, und Weiß hat einige Probleme, sich zu entwickeln wegen der Schwäche seiner Bauern auf d4 und c4. So kann er nicht Ld3 spielen, weil sonst der Bauer d4 fällt. Deshalb wäre 11. Le3 korrekt gewesen. Es zeigt sich auch, daß der Springer auf f2 schlecht postiert ist.

11. ... b7–b6

Kortschnoi bereitet sich nun darauf vor, den weißen Bauern c4 anzugreifen.

12. Dd1–d2 *(Diagramm 33)*

Nach 12. d5 Sa5 13. Ld3 La6 14. De2 Sb3 15. Tb1 Sc5 steht Schwarz gut. In der Partie Tisdall – Taulbut, London 1981, wurde stattdessen 12. Ta2 gespielt: 12... La6 13. c5 Lxf1 14. Kxf1 h6 15. Le3 exd4 16. cxd4 dxc5 17. dxc5 De7 18. Dc2 Se5 19. Kg2 Tad8 20. Taa1 Sg6 21. Sh3 De5 22. Lf2 bxc5 23. Thc1 h5 24. g5 Sg4 25. fxg4 hxg4 26. Sg1 Sf4+ 27. Kh1 Td2 28. Sf3 Txc2 29. Sxe5 Txf2 30. Txc5 Se6 31. Sxg4 Tf4 0 – 1.

33

12. ... Sc6–a5

13. Ta1–b1 Lc8–a6

Der Höhepunkt des schwarzen Spiels! Weiß muß seinen c-Bauern nun entweder opfern oder vorrücken. Am besten ist 14. c5, doch Schwarz spielt dann einfach 14. ..Lxf1 15. Kxf1 dxc5 16. dxe5 Dxd2+ 17. Lxd2 Sd7, und Schwarz hat ein gutes Spiel.

Im Endspiel steht der schwarze Damenspringer auf c4 sehr gut. Deshalb entschließt sich del Corral, den Bauern zu opfern.

14. Sf2–d1?! La6xc4

15. Lf1xc4 Sa5xc4

16. Dd2–d3

Als del Corral 14. Sd1 spielte, hatte er vermutlich die Wirkung des nächsten schwarzen Zuges übersehen und hatte nur mit 16... Sa5 17. Se3 gerechnet, mit guter weißer Stellung als Kompensation für den Bauern.

16. ... d6–d5!

Ein sehr guter Zug. Schwarz kann seinen starken Springer auf c4 halten. Weiß kann nicht 17. exd5 Dxd5 18. Lxf6 gxf6 19. 0–0 exd 20. cxd spielen, da er nach 20. ..Tfd8 den d-Bauern verliert. Nach 17. Lxf6 Dxf6 18. exd5 Dg6 19. Dxg6 fxg6 steht Schwarz ebenfalls sehr stark.

17. 0–0 **h7–h6**

18. Lg5–h4

Wieder ist 18. Lxf6 Dxf6 19. exd5 Dg6 gut für Schwarz.

18... **c7–c6**

19. f3–f4 *(Diagramm 34)*

34

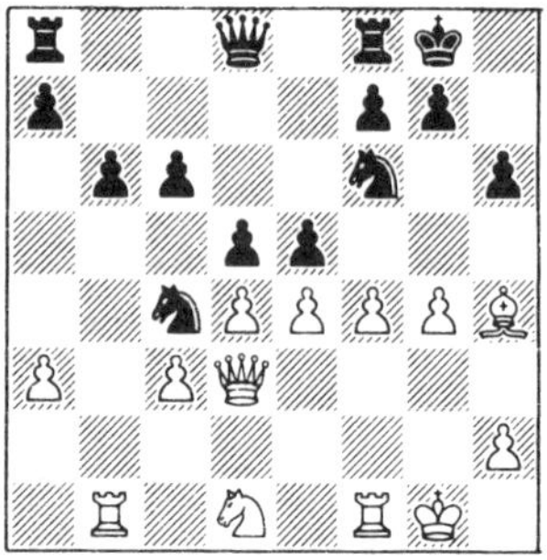

Das weiße Gegenspiel hat seinen Höhepunkt erreicht, aber Kortschnoi setzt ihm rasch ein Ende mit einem genialen Figurenopfer für drei Bauern und Initiative.

19... **e5xf4**

20. e4–e5 **g7–g5**

21. e5xf6 **Dd8xf6**

Nicht 21... gxh4 22. Txf4.

22. Lh4–f2 **Df6–e6**

23. Sd1–b2

Auf 23. h3 gewinnt 23... De4. Weiß muß danach die Dame mit Sb2 decken und dann gewinnt ... Sxb2 oder ... Dxd3. Die Partie endete mit **23. .. Sxa3 24. Tbe1 Dxg4+ 25. Kh1 Tae8 26. Te5 Txe5 27. dxe5 De6 28. Te1 Te8 29. h3 Sc4 30. Sxc4 dxc4 31. Df3 Td8 32. Kh2** und 0–1. Mit 32. .. Td3 gewinnt Schwarz noch einen Bauern. Eine unglaublich energische Partie des Vizeweltmeisters.

Gutman – Levchenkov, UdSSR 1976

(1. d4 Sf6 2. c4 e6 3. Sc3 Lb4 4. a3 Lxc3+ 5. bxc3)

35

5... **b7–b6**

(Diagramm 35)

Die schwarze Strategie ist geradlinig: der weiße Bauer auf c4 soll mit ... La6 und ... Sc6–a5 angegriffen werden. Dieser Plan kann sehr stark sein. Wenn Weiß nur darauf achtet, seinen Bauern zu verteidigen, wird er bald Probleme bekommen. Der Nachteil der schwarzen Strategie ist, daß sie die schwarzen Felder am Königsflügel vernachlässigt. Weiß muß sich darauf konzentrieren, diese Schwächen anzugreifen und muß, wenn nötig, auch ein Bauernopfer in Kauf nehmen.

6. f2–f3

Weiß bereitet den Aufbau eines massiven Bauernzentrums vor.

6... **Sb8–c6**

7. e2–e4 **Lc8–a6**

8. e4–e5 **Sf6–g8**

9. Sg1–h3

Wenn sich Weiß hier einfach mit 9. Ld3 entwickelt, kann Schwarz nach 9... Sa5 10. Da4 f6! in Vorteil kommen! Er droht, mit 11. .. fxe5 12. dxe5 Lxc4 nebst 13... Dh4+ einen Bauern zu gewinnen. Weiß ist deshalb gezwungen, seinen Königsflügel mit f4 zu schwächen oder auf f6 zu tauschen, worauf der schwarze Springer g8 wieder in das Geschehen eingreifen könnte.

9... **Sc6–a5**

10. Dd1–a4 **h7–h6**

Nach der Partie Kotow–Keres, Budapest 1950, hielt man diesen Zug für eine notwendige Vorsichtsmaßnahme. Dort folgte: 10. . . Se7 11. Lg5 h6 12. Lh4 0–0 13. Ld3 d5? 14. Lb1 g5 15. Dc2 Sg6 16. Sf4 gxh4 17. Sxg6 Te8 18. Sh8 und Weiß gewann. In einer neueren Partie Niklasson – Iskov, Bergen 1978, zog Iskov nach 14. Lb1 Lxc4. Es folgte 15. Dc2 g6 16. Sf2 c5 17. Sg4 Sb3 18. Sxh6+ Kh7 19. Lf6! b5 (auf 19. . . Sxa1 oder 19. . . Kxh6 gewinnt 20. Df2) 20. Sg4 Th8 21. Ta2 cxd4 22. Df2 Kg8 23. Lxh8 Da5 24. Dh4 Dxc3+ 25. Kf2 1 – 0.

Bei der Kommentierung der Partie schlug Iskov als Verbesserung 13. ..De8! vor, wodurch Schwarz von der lästigen Fesselung befreit wird und so allen Problemen der Partien Kotow – Keres und Niklasson – Iskov aus dem Wege geht. Er empfiehlt weiter 14. Lb1 Lxc4 15. Dc2 Sg6 16. Sf4 Lb3 17. De4 d5 18. exd6 Ld5 mit leichtem Vorteil für Schwarz.

11. Lf1–d3	**Sg8–e7**
12. Sh3–f4	

12. Sf2 gestattet Schwarz, sicher zu rochieren, z.B. 12. . . 0–0 13. 0–0 d5 ∓ Gutman – Taimanow, UdSSR 1975.

12. . .	**0–0**
13. h2 – h4	

13. 0–0 übt wiederum nicht rasch genug Druck auf die schwarze Stellung aus. Nach 13. ..d6 14. Td1 De8 steht Schwarz gut.

13. . .	**d7–d5**

Besser für Schwarz ist 13. . . d6 wie in der Partie Niklasson – Adamski, Polen 1978. Nach 14. Lb1 dxe5 15. dxe5 Lxc4 16. h5? Sf5 kam Schwarz in Vorteil. Gut für Weiß war jedoch 16. Dc2 Sf5 17. g4 Lb3 18. Dh2! Se7 19. g5 mit starkem Angriff.

14. Ld3–b1	**La6xc4**
15. Da4–c2	**Se7–f5**
16. g2–g4	**Lc4–b3**
17. Dc2–f2	**Sf5–e7**
18. Sf4–h5	**Kg8–h8**

(Diagramm 36)

36

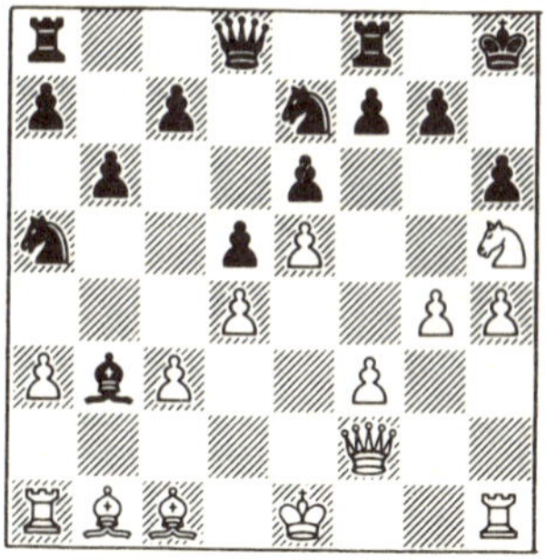

Eine typische Stellung für dieses Abspiel, die hier jedoch klar von Vorteil für Weiß ist. Trotz des Mehrbauern kann Schwarz seinen Königsflügel nicht mehr verteidigen. Weiß bricht nun die schwarze Stellung auf mit . . .

19. Lc1xh6	**g7xh6**
20. Df2–d2	**Se7–g8**
21. Sh5–f6	

Mit der simplen Drohung 22. Sxg8 und 23. Dxh6+. Die Partie endete mit **21. ..Kg7 22. g5 Se7 23. Sh5+ Kg8 24. g6 fxg6 25. Dxh6 Kf7 26. Dg7+ Ke8 27. Sf6+ Txf6 28. exf6 Kd7 29. fxe7 Dxe7 30. Dxe7+ Kxe7 31. Lxg6 c5 32. h5 cxd4 33. cxd4 Kf6 34. Kf2 Sc6 35. Th4 e5 36. dxe5+ Sxe5 37. Tf4+ Kg7 38. Tg1 Kh8 39. Lb1 d4 40. Tf6 Sf7 41. Lg6 Tf8 42. Lxf7 Txf7 43. Txf7 Lxf7 44. Td1 Kg8 45. h6 Kh7 46. Txd4 Kxh6 47. Td7 Lc4 48. Txa7** 1 – 0.

Geller – Smyslow
Amsterdam Kandidatenturnier 1956

(1. d4 Sf6 2. c4 e6 3. Sc3 Lb4 4. a3 Lxc3+ 5. bxc3)

5. . .	**c7–c5**

(Diagramm 37)

Nach 5. . . c5 setzt Schwarz gewöhnlich mit . . . Sc6, . . . b6 und . . . La6 fort und greift den weißen Bauern c4 zweimal an. Wenn Weiß versucht, den Bauern mit Ld3 und De2 zu verteidigen, kann Schwarz den Druck mit . . . Tc8 verstär-

37

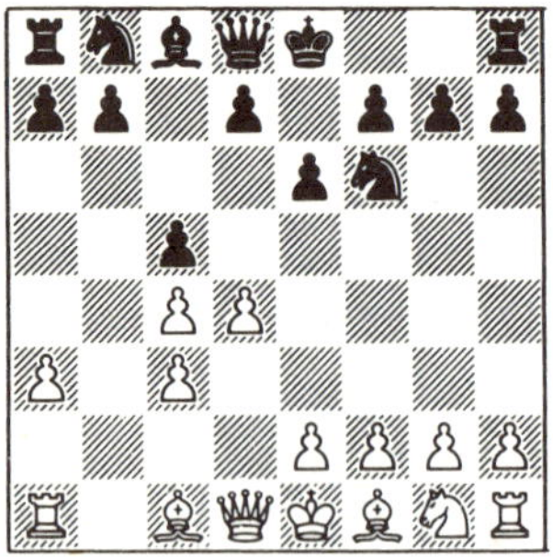

ken: nach . . . cxd4 gewinnt er den Bauern c4. Gegen diesen Plan hat Weiß praktisch keine Verteidigungsmöglichkeit, da Schwarz außerdem noch mit ...d6, ...Dd7 und ...Da4 die Dame ins Kampfgeschehen eingreifen lassen kann. Weiß besitzt dafür jedoch beachtliche Angriffschancen am Königsflügel. Es ist lehrreich zu beobachten, wie Smyslow zunächst die weißen Drohungen am Königsflügel pariert, bevor er selbst sein Spiel am Damenflügel sucht.

6. e2–e3

Geller versucht, mit Ld3 und e4 ein starkes Bauernzentrum zu errichten.

6. . . **b7–b6**

7. Sg1–e2

Geller will seinen Springer rasch nach g3 bringen. Besser ist wohl 7. Ld3, z.B. 7...Sc6 8. Se2 0–0 9. e4 Se8 10. 0–0 d6 11. e5!? dxe5 12. dxe5 Lb7 (nicht 12...Sxe5 13. Lxh7+) 13. Lf4 f5 14. exf6 ep e5? (Schwarz sollte auf f6 mit Dame oder Springer zurücknehmen) 15. fxg7 Txf4 16. Sxf4 exf4 17. Lxh7+ Kxh7 18. Dh5+ Kxg7 19. Tad1 Df6 20. Td7+ Kf8 21. Txb7 Sd8 22. Td7 Sf7 23. Dd5 Tb8 24. Te1 f3 25. Te3 1–0 (Lilienthal – Najdorf, Saltsjöbaden 1948). Weiß setzte in dieser Partie den Königsflügel von Schwarz so unter Druck, daß dieser überhaupt keine Chance besaß, den Doppelbauern anzugreifen.

7. . . **Sb8–c6**

8. Se2–g3 **0–0**

9. Lf1–d3 **Lc8–a6**

10. e3–e4 *(Diagramm 38)*

38

Das weiße Bauernzentrum ist beängstigend mobil, aber Smyslow pariert mit einer Reihe von charakteristischen prophylaktischen Zügen.

10. . . **Sf6–e8**

Ein sehr wichtiger „Blockadeplan“, der zum ersten Mal 1929 von Capablanca angewandt worden ist. Schwarz weicht der unangenehmen Fesselung Lg5 aus und beabsichtigt, die weißen Expansionsbestrebungen mit . . . f5 zu beantworten.

In wahrer prophylaktischer Manier verzichtet Smyslow darauf, mit 10...cxd4 11. cxd4 Sxd4 12. e5 Se8 13. Dg4 oder 13. Lb2 Sc6 14. 0–0 einen Bauern zu gewinnen, um dadurch nicht die Stellung für die weißen Läufer zu öffnen.

11. Lc1–e3?!

Dieser Zug deckt zwar den Bauern, aber Schwarz gewinnt dadurch ein Tempo, um den Damenflügel anzugreifen. 11. e5 würde Schwarz vor größere Probleme stellen, da Weiß durch Öffnen der Diagonalen für seinen weißfeldigen Läufer einen gefährlichen Angriff erhält.

11. . . **Sc6–a5**

12. Dd1–e2

Nach 12. dxc5 bxc5 13. Lxc5 d6 14. Le3 Lxc4 hat Schwarz sehr gutes Spiel, die weiße Bauernstruktur ist ein reiner Trümmerhaufen.

12. . . Ta8–c8

Indem er weiteren Druck auf c4 ausübt, hofft Schwarz, Weiß zum Schließen des Zentrums provozieren zu können.

13. d4–d5

Der erste Erfolg der schwarzen Strategie! Weiß könnte seinen Bauern zwar auf d4 stehen lassen, um mit e5 einen Angriff einleiten, aber nach 13. Tc1 stehen die weißen Figuren zu unbeholfen, um den Damenflügel verteidigen zu können.

13. . . Dd8–h4!

(Diagramm 39)

39

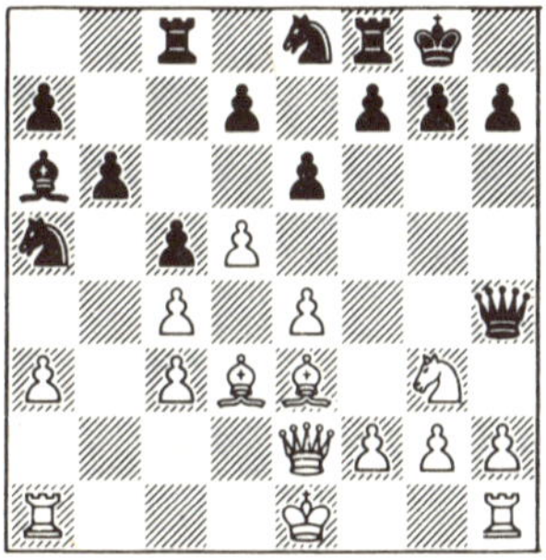

Eine recht komplizierte Art der Hemmung. Zugleich aber auch ein ausgezeichneter Zug, der hier bedeutend mehr Erfolg verspricht als in der Partie Spassky – Smyslow (Seite 21), weil Schwarz noch einen Fuß im Zentrum hat. Die schwarze Dame kann so von der Seite her Druck auf den Bauern c4 ausüben.

Wäre Schwarz gefräßig gewesen und hätte 13. . . Sd6 gespielt, hätte er sich einem schrecklichen Angriff ausgesetzt, z.B. 13. . . Sd6 14. e5 Sdxc4 15. Dh5 g6 16. Dh6 Sxe3 17. Sh5! Sxg2+ Kd2 ±±.

14. 0–0 Se8–d6

Jetzt ist dieser Zug gut, zum Teil deshalb, weil die weiße Dame nun nicht mehr nach h5 kann. Der Springer greift c4 an und unterstützt zugleich . . . f5. Smyslow beeilt sich jedoch immer noch nicht, Weiß durch frühzeitiges Schlagen des Bauern c4 unnötige Gegenchancen zu überlassen.

15. Ta1–d1

Ein guter Zug! Wenn Schwarz nun auf c4 nimmt, stehen seine Figuren etwas unbeholfen herum, z.B. 15. . . Lxc4 16. Lxc4 Saxc4 17. Lc1, und der schwarze Springer steht auf d6 ungeschickt; auf 17. . . e5 erfolgt 18. f4. Ähnlich erginge es ihm nach 15. . . Lxc4 16. Lxc4 Sdxc4 17. Lc1.

15. . . f7–f5!

16. d5 xe6!

Nach 16. exf5 exf5 17. f4 Tce8 steht Weiß erbärmlich.

16. . . d7xe6

Auf 16. . . f4 folgt 17. exd Tcd8 18. e5 Sxc4 19. Lxf4 Txf4 20. e6 De7 21. Dh5 g6 22. Lxg6 hxg6 23. Dxg6+ Kh8 24. Dh6+ und Weiß gewinnt. Es gibt noch andere Fortsetzungen, die allerdings auch gut für Weiß sind.

17. e4xf5 e6xf5

18. De2–f3

Ein anderer Plan ist 18. Lb1. Nach 18. . . Lxc4 ist 19. La2 gut, deshalb sollte Schwarz 18. . . Tcd8 19. Lc1 spielen. Schwarz gewinnt dabei einen Bauern, Weiß allerdings gute Gegenchancen.

18. . . La6–b7!

Auf 18. . . Lxc4 folgt 19. Lxc4 Saxc4 20. Lf4. Smyslow will nicht durch den Bauerngewinn vom rechten Weg abkommen. Seine „Selbstbeherrschung" ist sehr beeindruckend.

19. Df3–f4 Dh4–f6

20. Ld3–b1 Sd6–e4

Und nicht 20. . . Saxc4? 21. La2! Nach dem Textzug läßt sich mit Sicherheit behaupten, daß das einmal so mächtige Bauernzentrum durch die Anwendung unbarmherziger, positioneller Logik vernichtet worden ist. Die Wurzel des Übels war der unbewegliche und isolierte Doppelbauer auf der c-Linie, der nun eine leichte Beute für Schwarz wird. Falls nun 21. Sxe4, so ist nach fxe4 22. Dxf6 Txf6 23. Td7 Tf7 24. Tfd1 Lc6 eine Vereinfachung der Stellung erzwungen, und die weißen zerstreuten Bauern werden rasch fallen.

21. Td1–d7 Df6–c6

(Diagramm 40)

40

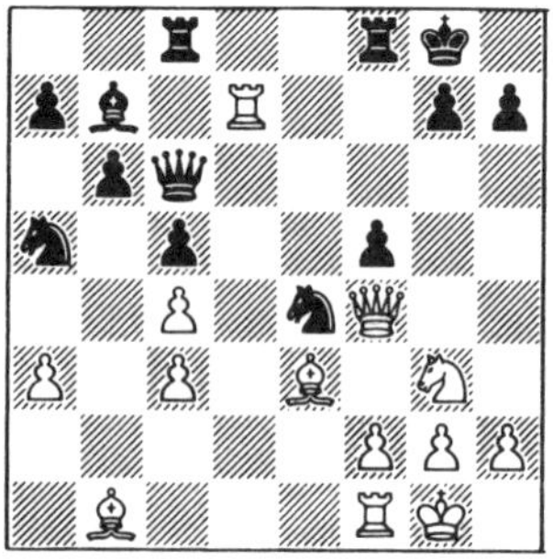

Schwarz droht, mit 22. . . Sd2 die Qualität zu gewinnen.

22. Td7xb7!?

Geller mag 22. Txg7+ Kxg7 geplant haben, doch nach 23. De5+ Sf6 24. Lh6+ Kh8 muß Weiß seinerseits das Matt dekken. 23. Sxf5+ Kh8 24. f3 Sf6 25. Se7 Dc7 gibt Weiß einige Chancen. Nach 26. Sxc8 Dxf4 27. Lxf4 Lxc8 wird Schwarz vermutlich trotzdem gewinnen.

22. . . Dc6xb7
23. Sg3xf5 Tc8–e8

Weiß hat zu wenig für die Qualität.

24. Df4–g4 Kg8–h8
25. Sf5–g3 Se4xg3
26. h2xg3 Db7–f7
27. Dg4–h4 h7–h6
28. Lb1–d3 Df7–f6
29. Dh4–h5 Te8–d8
30. Ld3–e2 Df6–f5
31. Dh5–h4 Df5–f6
32. Dh4–h5 Sa5–c6?.

Stärker ist 32. . . Df7 33. Dh4 Sc6, weil Schwarz dann mit Tempogewinn . . . Se7 und . . . Sg6 ziehen kann.

33. g3–g4 Df6–f7
34. Dh5–h4?!

Weiß nützt die leichte Ungenauigkeit von Schwarz nicht aus. Besser war 34. Dh2.

34. . . Sc6–e7
35. Dh4–h3

Auf 35. g5 folgt Sf5 und auf 35. Dh2 Sg6 36. g5 Sf4. Das wäre nach 34. Dh2 nicht möglich gewesen.

35. . . Se7–g6
36. Dh3–h2 Sg6–f4
37. Le2–f3 Df6xc4
38. g4–g5 Td8–d6
39. Tf1–c1

Falls 39. gxh6 Txh6 40. Dg3 Dxf1+ 41. Kxf1 Th1 matt.

39. . . Td6–g6
40. g5xh6 Tg6xh6
41. Dh2–g3 Dc4–e4!

(Diagramm 41)

41

Ein brillanter Zug, der mit . . . Dh7 nebst matt droht. Falls nun 42. Lxe4 Se2+ 43. Kf1 Sxg3+ 44. Ke1 Th1+ 45. Kd2 Sxe4+.

42. Dg3xf4 De4xf4
43. Le4xf4 Tf8xf4
44. Tc1–e1 Tf4–a4
45. Te1–e8+ Kh8–h7
46. Lf3–e4+ g7–g6
47. g2–g4 Ta4xa3
48. Te8–e6 Ta3xc3
49. Kg1–g2 b6–b5
50. f2–f3 b5–b4
51. g4–g5 Th6–h4
52. Le4xg6+

Oder 52. Txg6 Txe4 53. Th6+ Kg7 54. fxe4 b3 ∓∓.

52. . . Kh7–g7
53. Kg2–g3 Th4–d4
54. Lg6–e8 b4–b3
55. g5–g6 Td4–d8

56. Te6–e7+ und 0 – 1.

Nach 56. ..Kf6 57. g7 Txe8 58. Txe8 Kxg7 59. Te7+ Kf6 60. Txa7 c4 61. Tb7 Tc2 gefolgt von ... b2, ... c3 und ... Tc1 gewinnt Schwarz. Eine von Smyslow herrlich gespielte Partie.

Gheorghiu – Fischer
Havanna Olympiade 1966

(1. d4 Sf6 2. c4 e6 3. Sc3 Lb4)

4. f2–f3 **d7–d5**
5. a2–a3 **Lb4xc3+**
6. b2xc3

Die Eröffnung ging über in die Sämisch-Variante. Die Stellung ist die gleiche wie nach 1. d4 Sf6 2. c4 e6 3. Sc3 Lb4 4. a6 Lxc3+ 5. bxc3 d5 6. f3.

6. .. **0–0**

Die Alternative ist 6... c5. Nach 7. cxd5 Sxd5 (7... exd5 überläßt Weiß den klaren Vorteil des Läuferpaares) 8. dxc5 f5 9. e4! (verhindert, daß Schwarz ... f4 spielt) 9... fxe4 10. Dc2! (nicht 10. fxe4 Dh4+) 10. ..0–0 (10. ..exf3 11. Sxf3 und Weiß ist gut entwickelt) 11. fxe4 Dh4+ 12. g3 Df6 13. Ld3 Dxc3+ 14. Dxc3 Sxc3 haben wir die Stellung der Partie Hollis – Kauranen (s. Seite 18). Da wir der Meinung sind, daß es für Schwarz in dieser Variante schwierig ist, auszugleichen, sollte man auf 4. f3 4... c5 versuchen (s. Portisch – Forintos Seite 119).

7. c4xd5 **e6xd5**
8. e2–e3 **Sf6–h5**

Weiß steht hier sehr gut. Er ist im Besitz des Läuferpaares und sein Bauernzentrum ist beweglich. Da Fischer diese weißen Pluspunkte nicht kompensieren kann, versucht er, Weiß in der Entwicklung zu stören, um so Schwächen zu provozieren.

9. Dd1–c2 **Tf8–e8**
10. g2–g4 **Sh5–f4**
11. h2–h4!

Gheorghiu spielt sehr gut. Schwarz hat keine Möglichkeit, einen Durchbruch zu erzwingen. Weiß muß nur noch Kf2 spielen, und der schwarze Spinger ist zum Rückzug gezwungen.

11. .. **c7–c5**
12. Ke1–f2 **Sf4–g6**

(Diagramm 42)

42

13. Lf1–d3

In der Partie Gligoric – Awerbach, Stockholm 1952, wurde hier 13. h5 gespielt mit Vorteil für Weiß.

13. .. **Sb8–c6**
14. Sg1–e2

Gheorghiu hat hier ängstlich Remis angeboten, was Fischer – charakteristisch für ihn – ablehnte. Nachdem das Remisangebot vom Tisch war, demonstrierte Gheorghiu die Stärke der weißen Stellung.

14. .. **Lc8–e6**
15. g4–g5 **Ta8–c8**
16. h4–h5! **Sg6–f8**
17. g5–g6! **f7xg6**
18. h5xg6 **h7–h6**
19. Dc2–b1 **Sc6–a5**
20. Se2–f4 **c5–c4**
21. Ld3–c2 **Tc8–c6**
22. Ta1–a2! **Sf8–d7**

22... Tb6 23. Tb2 Txb2 24. Dxb2 ist gut für Weiß, da Schwarz e4 nicht verhindern kann.

23. a3–a4 **Sd7–f6**
24. Lc1–a3 **Dd8–d7**
25. Ta2–b2 **b7–b6**
26. Tb2–b5 **Sa5–b7**

27. e3–e4! **d5xe4**
28. Lc2xe4! *(Diagramm 43)*

43

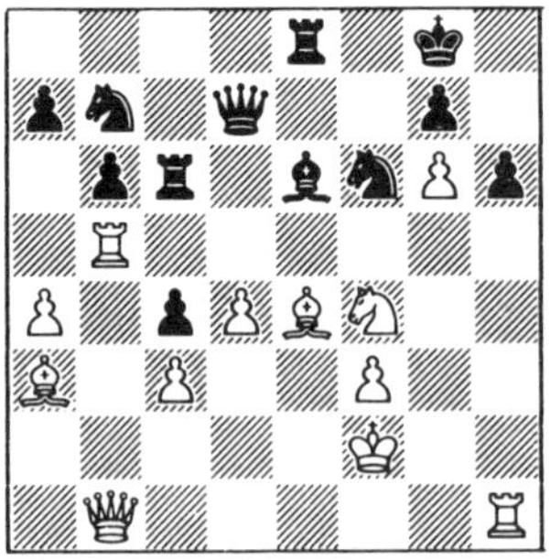

Schwarz kann den Läufer nicht schlagen, denn nach 28. . . Sxe4+ 29. Dxe4 wären seine Figuren in einer schrecklichen Lage, während Weiß den Druck mit Te5 und Te1 noch verstärken könnte.

28. . . **Tc6–c8**
29. Tb5–e5 **Le6–g4**

Schwarz verliert Material. Die Partie endete mit **30. Sd5 Txe5 31. Sxf6+ gxf6 32. dxe5 Sc5 33. Lxc5 Dd2+ 34. Kg3 Lxf3 35. Lxf3 Txc5 36. Dc1 Dxc1 37. Txc1 Txe5 38. Kf4 Kg7 39. Le4 h5 40. Td1 Te7 41. Td5 Kh6 42. Td6 Kg7 43. Tc6 h4 44. Txc4 h3 45. Kg3 Kh6 46. Lb1 Te3+ 47. Kh2 Te1 48. Ld3 Te3 49. Th4+ Kg5 50. g7** 1 – 0.

Bronstein – Najdorf
Kandidatenturnier 1950

(1. d4 Sf6 2. c4 e6 3. Sc3 Lb4 4. a3 Lxc3+ 5. bxc3)

5. . . **c7–c5**
6. e2–e3 **Sb8–c6**
7. Lf1–d3 **0–0**
8. Sg1–e2 **d7–d6**
9. e3–e4 **Sf6–e8**
10. 0–0 **b7–b6**
11. f2–f4 **Lc8–a6**

Ein lehrreicher Fehler! Schwarz muß das weitere Vorrücken des weißen f-Bauern verhindern, 11. . .f5 ist daher notwendig.

12. f4–f5 **e6–e5**
13. f5–f6 *(Diagramm 44)*

44

Schwarz darf den f-Bauern nicht nehmen: 13. . . Sxf6 14. Lg5 mit einer verheerenden Fesselung; oder 13. gxf6 14. Lh6 Sg7 15. Sg3 und ein rasches Ende droht.

13. . . **Kg8–h8**
14. d4–d5 **Sc6–a5**
15. Se2–g3 **g7xf6**
16. Sg3–f5 **La6–c8**
17. Dd1–h5 **Lc8xf5**
18. e4xf5 **Tf8–g8**
19. Tf1–f3 **Tg8–g7**

19. . . Sg7 scheitert an 20. Dxh7+ Kxh7 21. Th3+ Sh5 22. Txh5+ Kg7 23. Lh6+ Kh7 24. Lf8 matt.

20. Lc1–h6 **Tg7–g8**
21. Tf3–h3 1 – 0

Weiß droht Lf8 nebst matt. Auf 21 . . . Sg7 folgt 22. Dh4 und nach Abzug des weißen Läufers ist die Partie entschieden.

Keene – Ardiansyah, Djakarta 1979

(1. d4 Sf6 2. c4 e6 3. Sc3 Lb4)

4. e2–e3 **c7–c5**
5. a2–a3 **Lb4xc3+**
6. b2xc3 **0–0**

Eine vernünftige Alternative ist 6. . . b6. Schwarz versucht eine Strategie zu entwickeln, die Ähnlichkeit hat mit der Hübnerschen Zentrumsblockade in der Hauptvariante. Hier jedoch hat Weiß den

Vorteil, daß sein Springer noch nicht nach f3 entwickelt worden ist.

7. Lf1–d3 d7–d6
8. e3–e4 Sb8–c6
9. Sg1–e2 e6–e5
10. d4–d5 Sc6–a5

Schwarz hofft, den weißen Bauern auf c4 unter Druck setzen zu können, aber wie hier unschwer zu erkennen ist, reichen seine Möglichkeiten nicht aus, um Weiß vor ernste Probleme zu stellen. Eine sichere Alternative ist 10. ..Se7, aber nach 11. Sg3 Se8 12. h4 f5 13. exf5 Sxf5 14. Se4 ist die weiße Stellung vorzuziehen.

11. Se2–g3 b7–b6
12. 0–0 Tf8–e8

(Diagramm 45)

45

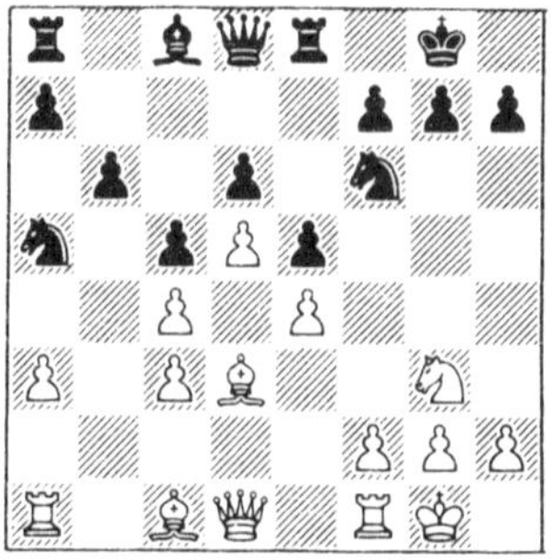

Auf 12. ..La6 kann Weiß mit 13. Sf5 Lxc4 14. Lxc4 Sxc4 15. Dd3 gefolgt von Lg5 einen gefährlichen Angriff einleiten, wobei der schwarze Springer unwiderruflich gefesselt ist. Ardiansyah versucht, Weiß daran zu hindern, das Feld f5 dauerhaft mit dem Springer zu besetzen.

13. Ta1–a2

Der Turm macht sich auf in Richtung Königsflügel. Die Entwicklung des Turms über die zweite Reihe war typisch für das alte arabische Schach, und deshalb schien mir dies bei meinem Gegner, einem Moslem, der sich aufgrund seines Besuchs in Mekka den Titel Hadji erworben hatte, sehr passend.

13. ... Sf6–d7
14. Se3–f5 Sd7–f8
15. Sf5–e3

Ein idealer Posten für den Springer, der von hier aus den c-Bauern verteidigt und zugleich einen künftigen Königsangriff vorbereitet.

15. ... Sf8–g6
16. g2–g3 Lc8–h3
17. Tf1–e1 Ta8–b8
18. f2–f3

Auf lange Sicht ist es das Ziel von Weiß, mit f4 Raum zu gewinnen. Das muß jedoch vorbereitet werden, indem weitere Figuren zum Königsflügel überführt werden.

18. ... h7–h5
19. Ta2–f2 Tb8–b7
20. Kg1–h1

Und nicht 20. f4 exf4 21. gxf4 Sxf4 22. Txf4 Dg5+.

20. ... Dd8–f6
21. Lc1–d2 h5–h4
22. Te1–g1 Lh3–c8
23. Ld3–c2

Mit diesem Zug versucht Weiß, Schwarz daran zu hindern, seinen König über f8 und e7 zum Damenflügel zu bringen, denn nach 23. ..Kf8 24. Dc1 Ke7 25. Sf5+ Lxf5 26. Lg5 verliert Schwarz die Dame. Es ist in dieser Variante wichtig, daß b3 gedeckt wird, denn sonst scheitert Dc1 an ...Sb3.

23. ... h4–h3?

Der Verlustzug! Er hebt nicht nur die ganze Spannung am Königsflügel auf, er wird schließlich auch den Bauern kosten.

24. Dd1–f1 Df6–e7
25. Se3–f5 Lc8xf5
26. e4xf5 Sg6–f8
27. g3–g4

Schwarz hat kaum Möglichkeiten, sich gegen den methodischen Vorstoß der beweglichen, weißen Bauernmasse zu verteidigen.

27. ... b6–b5

28. c4xb5 **c5–c4**
29. g4–g5 **Tb7xb5**
30. Df1xh3

Mit 30. La4 kann Weiß die Qualität gewinnen, dazu besteht jedoch keine Notwendigkeit. Wichtiger ist der Angriff auf den schwarzen König.

30. . . **De7–d7**
31. Tg1–g4 **Tb5–b2**
32. Lc2–e4

Nach 32. Th4 Sg6 könnte Schwarz noch ein wenig kämpfen.

32. . . **Sa5–b3**
33. Ld2–e3 **Tb2xf2**
34. Le3xf2 1 – 0

Gegen Th4 gibt es keine Verteidigung mehr. Zum Schluß dieses Kapitels zwei klassische Partien, die jeder, der sich mit Nimzo-Indisch befaßt, kennen sollte.

Bronstein – Szabo
Kandidatenturnier 1950

(1. d4 Sf6 2. c4 e6 3. Sc3 Lb4 4. a3 Lxc3+ 5. bxc3)

5. . . **0–0**
6. f2–f3 **Sf6–h5**
7. Sg1–h3 **f7–f5**
8. e2–e4 **c7–c5?**

Besser ist 8. . . d6 oder 8. . . fxe4 9. Lg5 De8.

9. e4–e5! **Sb8–c6**
10. f3–f4 **g7–g6**
11. Lf1–e2 **b7–b6**
12. 0–0

Nicht 12. Lxh5? Dh4+.

12. . . **Sh5–g7**
13. Lc1–e3 **c5xd4**

In der Hoffnung auf Spiel gegen c4.

14. c3xd4 **Lc8–a6**
15. Dd1–a4 **Dd8–c8**
16. Tf1–c1 **Ta8–b8**
17. Ta1–b1 **Sc6–a5**
18. Sh3–g5

Leitet den Angriff am Königsflügel ein! Wer würde hier vermuten, daß die weiße Dame dabei ist, per Expreß nach h4 zu eilen?

18. . . **Dc8–c6**
19. Da4–b4 **Dc6–c7**
20. d4–d5 **Sa5–b7**
21. Db4–e1 **Sb7–c5**
22. De1–h4 **h7–h5**
23. Le2–f3 **Tb8–c8**
24. d5–d6 *(Diagramm 46)*

46

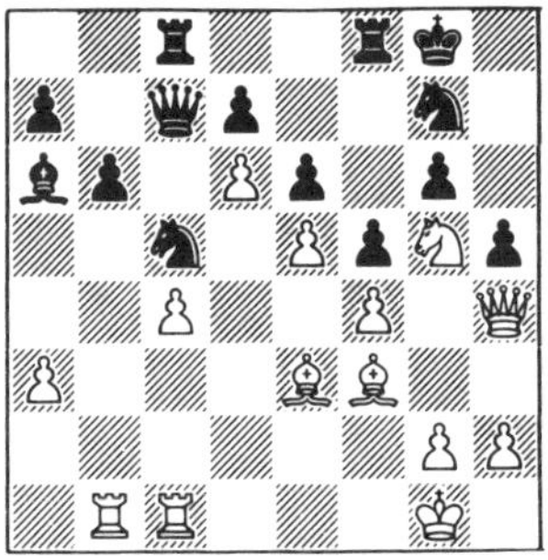

Schwarz kann sich nicht mehr retten.

24. . . **Dc7–d8**
25. Dh4–g3 **Sc5–d3**
26. Tc1–c3 **La6xc4**
27. Lf3–b7 **b6–b5**
28. Lb7xc8 **Dd8xc8**
29. Sg5–f3 **Kg8–h7**
30. Sf3–h4 **Dc8–e8**
31. Le3–d4 1 – 0

Der Springer geht verloren.

Geller – Euwe
Kandidatenturnier 1953

(1. d4 Sf6 2. c4 e6 3. Sc3 Lb4)

4. e2–e3 **c7–c5**
5. a2–a3 **Lb4xc3+**
6. b2xc3 **b7–b6**
7. Lf1–d3 **Lc8–b7**
8. f2–f3 **Sb8–c6**
9. Sg1–e2 **0–0**
10. 0–0 **Sc6–a5**
11. e3–e4 **Sf6–e8**
12. Se2–g3 **c5xd4**
13. c3xd4 **Ta8–c8**
14. f3–f4 **Sa5xc4**
15. f4–f5 **f7–f6**

Wie wir wissen, darf Schwarz das Opfer f6 nicht zulassen.

16. Tf1–f4	**b6–b5**
17. Tf4–h4	**Dd8–b6**
18. e4–e5	**Sc4xe5**
19. f5xe6	**Se5xd3**
20. Dd1xd3	**Dd6xe6**
21. Dd3xh7+	**Kg8–f7**
22. Lc1–h6	**Tf8–h8!!**

(Diagramm 47)

47

Ein Donnerschlag, der Geller kalt stellt. Die Idee ist, c2 für eine Turminvasion unter Kontrolle zu bekommen, mit anschließendem verheerendem Gegenangriff.

23. Dh7xh8	**Tc8–c2**
24. Ta1–c1	

Geller versäumt wie gelähmt die einzig denkbare Verteidigung 24. d5!

24. ...	**Tc2xg2+**
25. Kg1–f1	**De6–b3**
26. Kf1–e1	**Db3–f3**

0 – 1

7 Die Botwinnik-Variante

1. d2–d4	**Sg8–f6**
2. c2–c4	**e7–e6**
3. Sb1–c3	**Lf8–b4**

Nach den Standardanfangszügen kann die Botwinnik-Variante entweder sofort mit 4. e3 oder mit 4. a3 eingeleitet werden, sie steht somit irgendwo zwischen der Sämisch-Variante und der modernen Hauptvariante. Die meistgespielte Abfolge ist

4. e2–e3	**d7–d5**
5. a2–a3	**Lb4xc3+**
6. b2xc3	**c7–c5**
7. c4xd5	**e6xd5**
8. Lf1–d3	**0–0**

(Diagramm 48)

48

Dies war auch die Zugfolge der Ursprungspartie Botwinnik – Capablanca (AVRO 1938). Weiß beabsichtigt, den Springer nach e2 zu entwickeln und f3 zu spielen, um dann mit e4 einen gewaltigen Durchbruch zu erzielen. Das Gegenspiel von Schwarz beruht im allgemeinen auf ...b6 und ...La6 (seltener ...Lb7) und zwar nicht so sehr, um Hindernisse gegen das praktisch unvermeidbare e4 aufzubauen, sondern um die weißen Felder von Weiß zu schwächen, für den Fall, daß Schwarz das Endspiel erleben wird. Wenn Schwarz den weißen Angriff übersteht, kann er zu ausgezeichneten Gegenchancen kommen. Wenn die Stellung vereinfacht ist, sind seine beiden Springer dem Springer und schwarzfeldigen Läufer von Weiß überlegen, und Schwarz besitzt immer Gegenchancen auf der c-Linie, besonders gegen c4.

Eine Alternativvariante, die auch Botwinnik früher gern spielte, ist

4. e2–e3	**0–0**
5. Lf1–d3	**d7–d5**
6. a2–a3	**Lb4xc3+**
7. b2xc3	**d5xc4**
8. Ld3xc4	**c7–c5**
9. Sg1–e2	*(Diagramm 49)*

49

Dieses Abspiel zeigt deutlich Ähnlichkeiten mit der modernen Hauptvariante. Der Hauptunterschied ist, daß Weiß seinen Springer nach e2 und nicht nach f3 entwickelt. Da Weiß damit seinen Damenflügel verstärkt (z.B. wird c3 zusätzlich gedeckt), kann er sich mit der kurzen Rochade noch etwas Zeit lassen und stattdessen am Damenflügel operieren mit Zügen wie a4 und La3 oder einfach Lb2. Schwarz reagiert darauf am besten mit frühzeitigen Aktionen im Zentrum wie z.B. ... Sc6, ... Dc7, ... e5 und sogar ... Le6. Er riskiert dabei zwar einen Doppelbauern zu bekommen, dafür fordert er jedoch den weißfeldigen

Läufer von Weiß mehr heraus als mit dem langsameren Fianchetto am Damenflügel.

Botwinnik - Capablanca
AVRO 1938

(1. d4 Sf6 2. c4 e6 3. Sc3 Lb4 4. e3 d5 5. a3 Lxc3+ 6. bxc3 c5 7. cxd5 exd5 8. Ld3 0–0)

9. Sg1–e2 b7–b6

Eine interessante Alternative, Weiß beim Aufbau des Zentrums zu stören, ist 9. . . Sc6 10. Sg3 b6 11. 0–0 Sa5 12. f3 Te8 13. Ta2 Sb7! mit der Absicht . . . b5 und . . . Sd6.

10. 0–0 Lc8–a6
11. Ld3xa6 Sb8xa6
12. Lc1–b2 Dd8–d7
13. a3–a4 Tf8–e8

(Diagramm 50)

50

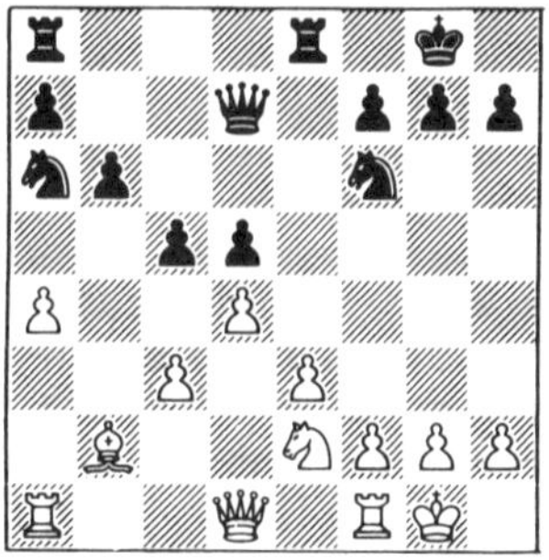

Schwarz sollte 13. . . cxd4 14. cxd4 Tfc8 ziehen und auf der c-Linie spielen. Er kann auf Dauer nicht verhindern, daß Weiß mit seinem Bauern nach e4 vorstößt, mit der für Schwarz unangenehmen Drohung e5, wonach sein Springer kein Rückzugsfeld mehr findet. Wenn Schwarz das Feld e8 unbesetzt ließe, könnte er auch das langfristige Manöver . . . Se8–d6–c4 vorbereiten.

14. Dd1–d3 c5–c4

Nun beginnt Capablanca ein sehr riskantes Spiel, um den weißen a-Bauern zu gewinnen.
Aber es gab auch sonst keine gute Alternative.

15. Dd3–c2 Sa6–b8
16. Ta1–e1

16. Sg3! (Botwinnik).

16. . . Sb8–c6

Botwinnik empfiehlt 16. . . Sh5!

17. Se2–g3 Sc6–a5

Nach 17. . . Se4 spielt Weiß 18. Sh1 und vertreibt anschließend den schwarzen Springer mit f3.

18. f2–f3 Sa5–b3
19. e3–e4 Dd7xa4
20. e4–e5 Sf6–d7

Nach 20. . . Sc5 21. Te2 gewinnt Weiß eine Figur. Schwarz droht nun 21. . . Sbc5 mit Vorteil.

21. Dc2–f2 g7–g6
22. f3–f4 f7–f5
23. e5xf6 ep Sd7xf6
24. f4–f5 Te8xe1
25. Tf1xe1 Ta8–e8

Nach 28. . . Tf8 26. Df4 Dd7 27. Te6 hat Schwarz ebenfalls große Schwierigkeiten.

26. Te1–e6 Te8xe6

Falls 26. . . Kf7, so entscheidet 27. Txf6+ Kxf6 28. fxg6+ Kxg6 29. Df5+ Kg7 30. Sh5+ Kh6 31. h4 Tg8 32. g4 Dc6 33. La3.

27. f5xe6 Kg8–g7
28. Df2–f4 Da4–e8
29. Df4–e5 De8–e7
30. Lb2–a3! *(Diagramm 51)*

51

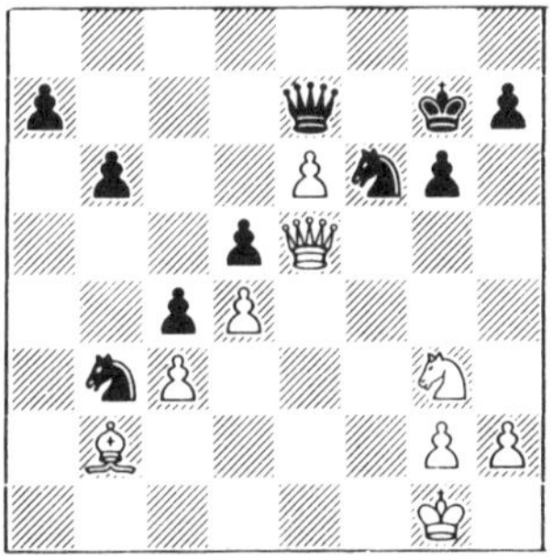

Leitet ein doppeltes Leichtfigurenopfer ein, das mit Recht in die Schachgeschichte eingegangen ist. Botwinnik selbst hielt diese Partie für eine seiner besten.

30...	**De7xa3**

Oder 30. ..De8 31. Dc7+ Kg8 32. Le7 Sg4 33. Dd7 und Weiß gewinnt.

31. Sg3–h5+	**g6xh5**
32. De5–g5+	**Kg8–f8**
33. Dg5xf6+	**Kf8–g8**

Das weiße Opfer sollte den König aller seiner Verteidigungsfiguren berauben.

34. e6–e7	**Da1–c1+**
35. Kg1–f2	**Dc1–c2+**
36. Kf2–g3	**Dc2–d3+**
37. Kg3–h4	**Dd3–e4+**
38. Kh4xh5	**De4–e2+**
39. Kh5–h4	**De2–e4+**
40. g2–g4	**De4–e1+**
41. Kh4–h5	

1–0

Keene – Toth
Rom 1979

(1. d4 Sf6 2. c4 e6 3. Sc3 Lb4 4. e3 0–0 5. Ld3 d5 6. a3 Lxc3+ 7. bxc3 dxc4 8. Lxc4 c5)

9. Sg1–e2	**Dd8–c7**
10. Lc4–d3	**e6–e5**
11. 0–0	**e5–e4?!**

Das sieht verfrüht aus. Vorzuziehen war 11...Sc6 12. Lb2 und jetzt vielleicht 12. ..e4 13. Lb1 Sa5 14. Sg3 Te8 15. f3 Sc4 mit gleichen Chancen.

12. Ld3–c2	**Sb8–c6**
13. f2–f3	**c5xd4**
14. c3xd4	**e4xf3**
15. Tf1xf3	**Lc8–g4**

Fordert das Schicksal gerade zu heraus, zumal sich Weiß die Gelegenheit zu einem typischen Qualitätsopfer bietet.

16. Tf3xf6!	**g7xf6**
17. Dd1–d3	*(Diagramm 52)*

52

Kritisch ist hier 17. ..f5 18. Sf4 Tac8 19. h3 Sa5 20. Ta2 Dc4 21. Dxc4 Txc4 22. Ld2! Tfc8 23. Ld3.
Auf jeden Fall birgt diese Variante viele Verwicklungen, doch die von Schwarz gewählte Fortsetzung führt schließlich zum totalen Untergang. **17. ..Tfd8? 18. Dxh7+ Kf8 19. Sf4 Tac8 20. Ld2 a5 21. Lb3 Dd7 22. Tf1 Lf5 23. Dh6+ Ke7 24. Dg7 Le4 25. Dxf7+ Kd6 26. Dxf6+ Kc7 27. Se6+ Kb6 28. Sxd8 Dg4 29. Tf2 Txd8 30. Df4 Dg6 31. Lf7 Dh7 32. Le6 Th8 33. Lc3 Ka7 34. d5 Te8 35. Lf7 Td8 36. dxc6 Lxc6 37. Ld4+ Ka8 38. Df5 Dh4 39. Dxa5+ Kb8 40. Le5+ Kc8 41. Dc7** matt.

8 4. e3 – Einführung und Normal-Variante

1. d2–d4 **Sg8–f6**
2. c2–c4 **e7–e6**
3. Sb1–c3 **Lf8–b4**
4. e2–e3 *(Diagramm 53)*

53

4. e3 ist zweifellos die populärste Antwort von Weiß auf Nimzo-Indisch und ist daher auch Grundlage unserer analytischen Untersuchungen, die sich über die Kapitel 8 bis 14 erstrecken.

4. . . **c7–c5**

4. . . b6 siehe Kapitel 13.
4. . . Sc6 (Taimanow und andere) siehe Kapitel 14.
4. . . 0–0 5. Se2 d5 6. a3 (Reshewsky) siehe Kapitel 12.

5. Lf1–d3

5. Sge2 (Rubinstein) siehe Kapitel 11.

5. . . **d7–d5**

5. . . Sc6 6. Sf3 Lxc3+ 7. bxc3 d6 (Hübner) siehe Kapitel 10.

6. Sg1–f3 **0–0**
7. 0–0 **Sb8–c6**

(Diagramm 54)

7. . . dxc4 8. Lxc4 siehe Kapitel 9.
Ein Verfechter der Normal-Variante mit 7. . . Sc6 ist Boris Spassky, darüber hinaus gibt es aber nicht viele Großmeister, die von ihr besonders angetan sind. Sie weichen lieber mit 7. . . dxc4 ab. Das ist seltsam, denn wir meinen, daß die Normal-Variante kaum anfechtbar ist. Schwarz besitzt viele aktive Möglichkeiten, besonders, wenn er seinen Damenläufer im Mittelspiel über d7 nach c6 entwickelt.

54
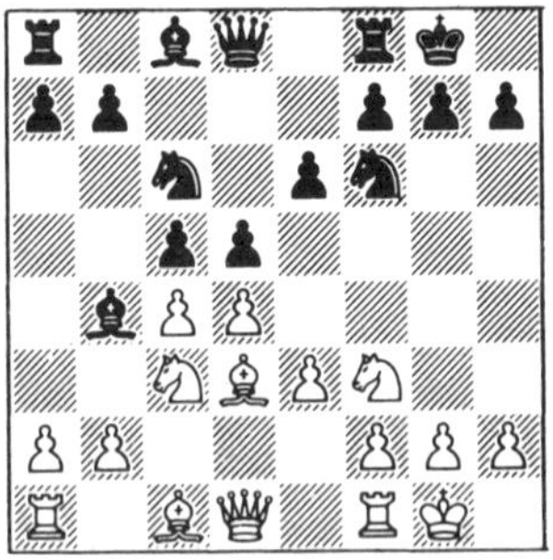

8. a2–a3 **Lb4xc3**

Riskanter, aber auch möglich ist 8. ..La5 wie in der folgenden Partie A. Geller – Cherepkov.

9. b2xc3 **d5xc4**
10. Ld3xc4 **Dd8–c7**

Schwarz scheint nun recht wenig Probleme zu haben und mit . . . e5 seine harmonische Entwicklung fortsetzen zu können, egal wohin Weiß seinen weißfeldigen Läufer auch zieht. (11. Lb5, 11. La2, 11. Le2, 11. Ld3). Großmeister Speelman hat nachgewiesen, daß sogar das paradoxe 10. . . De7 spielbar ist, auch wenn danach weniger Druck auf der c-Linie ausgeübt wird.

A. Geller – Cherepkov
UdSSR-Meisterschaft 1955,
Halbfinale

(1. d4 Sf6 2. c4 e6 3. Sc3 Lb4 4. e3)

4. . . **c7–c5**
5. Sg1–f3 **0–0**
6. Lf1–d3 **Sb8–c6?!**

Ein sicherer Weg zur Normal-Variante ist 6. . . d5, nach dem Textzug kann Weiß nun 7. d5 exd5 8. cxd5 Sxd5 9. Lxh7+ Kxh7 10. Dxd5 ± spielen.

7. 0–0 **d7–d5**

8. a2–a3 **Lb4–a5!?**

(Diagramm 55)

55

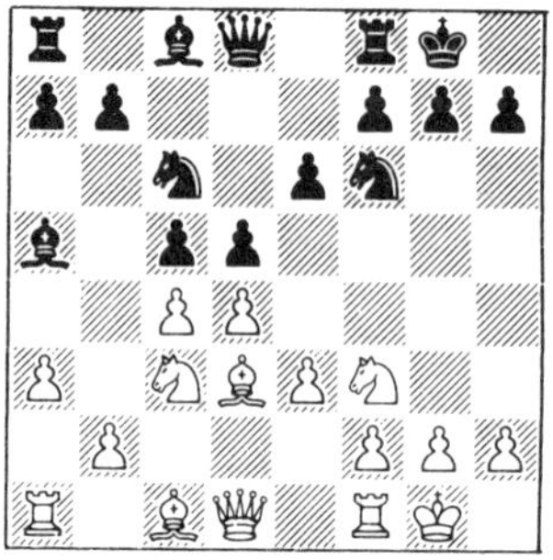

Eine Gambitfortsetzung, die in den 50–60iger Jahren sehr beliebt war. Sie wird heute nicht mehr allzu gut angesehen, wir haben jedoch in unseren Untersuchungen keine absolute Widerlegung gefunden. In vielen Varianten entwickelt Schwarz sogar gefährliche Angriffschancen gegen den weißen Königsflügel, die ihm Kompensation für das weiße Läuferpaar versprechen.

9. c4xd5

Es gibt nicht viel Möglichkeiten. Falls 9. dxc5, so 9. .. Lxc3! 10. bxc3 e5 11. cxd5 Dxd5 12. c4 Dxc5 13. Dc2 h6 14. Lb2 Le6, und Schwarz kat keine Probleme. Oder 9. Se2?! dxc4 10. Lxc4 Lb6 11. dxc5 Dxd1 12. Txd1 Lxc5 13. b4 Le7 14. Lb2 Ld7! = Spassky – Fischer, Reykjavik 1972, 1. Weltmeisterschaftspartie. Schwarz hat ausgeglichen, da 15. Lxf6 Lxf6 16. Txd7 an 16. .. Lxa1 scheitert.

9. ... **e6xd5**

10. d4xc5 **La5xc3**

11. b2xc3 **Lc8–g4**

Der einzig logische Zug. 11. .. Da5?! könnte gegen das scharfe 12. c4 Dc3 13. cxd5 Dxa1 14. Dc2 Sa5 15. e4 erfolgreich sein, denn Schwarz hat das überraschende 15. .. Lf5! zur Verfügung. Weiß aber kann wesentlichen Vorteil erhalten mit 12. Dc2! Dxc5 13. a4 Te8 14. La3 Da5 15. Tfb1 Dc7 16. c4. Weiß hat seine Schwäche beseitigt und zugleich das Zentrum für seinen Läufer geöffnet. Dies sollte jeden davon abhalten, 11. .. Da5?! zu spielen.

12. c3–c4

Um den schwarzfeldigen Läufer ins Spiel zu bringen und um den Doppelbauern aufzulösen. Zurückhaltendere Methoden versprechen wenig, z.B. 12. Tb1 Dc8 13. h3 Lh5 14. Le2 Td8 15. Lb2 Se4 16. Sd2 Lxe2 17. Dxe2 Sxc5 18. c4 d4 ∓ Panno – Awerbach, Buenos Aires 1954. Oder 12. Le2 De7 13. Tb1 Se4 14. Dc2 Tac8 15. Lb2 Sa5, und Schwarz schlägt den c-Bauern mit dem Turm – Stein – Tal, Kislovodsk 1966. Eine Regel besagt, daß in solchen Stellungen die schwarzen Türme nach c8 und d8 und nicht nach d8 und e8 gehören.

12. ... **Sc6–e5**

Dieser Zug sichert Schwarz eine Reihe taktischer Chancen, die auf der Verdoppelung des weißen f-Bauern beruhen. Weniger überzeugend ist 12. .. d4, z.B. 13. Le2 Se4 14. Sxd4 Sc3 15. De1! (Pachman) oder 13. Le2 dxe3 14. Lxe3 Dc7, und es ist nicht sicher, ob Schwarz den Bauern zurückgewinnen kann.

13. c4xd5 *(Diagramm 56)*

56

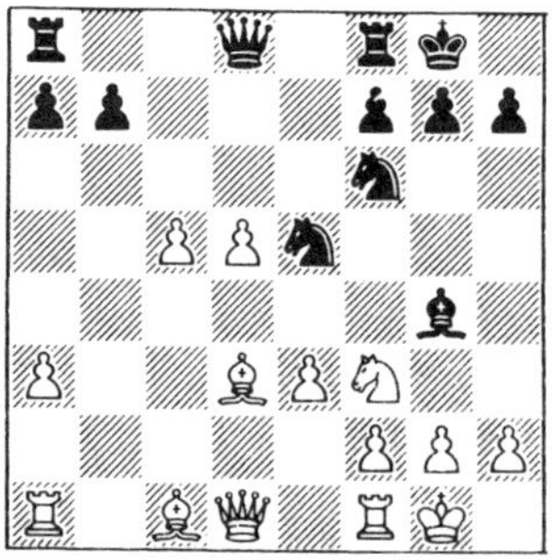

Weiß gewinnt als Kompensation für seinen zerrütteten Königsflügel ein Übergewicht im Zentrum und will den schwarzen Angriff auf seinen König dadurch abwehren, daß er im geeigneten Augenblick die Qualität opfert, um sich von dem stürmischen schwarzen Läufer zu befreien. Eine ähnliche Strategie beinhaltet die Alternative 13. Lb2 Sxf3+ 14. gxf3 Lh3 15. cxd5 Dxd5 (15. . . Lxf1 16. Lxf6 Dxf6 17. Lxf1 mit sehr guter Kompensation für die Qualität) 16. Lxf6 gxf6 17. Kh1 (nicht 17. Lxh7+? Kxh7 18. Dxd5 Tg8+) 17. . . Tfd8 18. Tg1+ Kh8 19. Le4 Lg2+ 20. Kxg2 Dg5+ 21. Kh1 Txd1 22. Taxd1 ∓ Beljawsky - Tal, UdSSR 1975.

13. . . Lg4xf3!

Verlockend, aber wertlos ist 13. . . Sxf3+ 14. gxf3 Lh3. Nun bleibt zwar nach 15. Te1? der weiße König von seinen restlichen Truppen isoliert. Weiß kann stattdessen seinen Hauptplan mit dem Qualitätsopfer 15. e4! Sd7 (droht . . . Df6) 16. Kh1 Lxf1 17. Lxf1 Sxc5 verbessern. Nun kann Weiß wählen zwischen 18. Le3 gefolgt von e5, f4 und Lg2 mit Drohungen gegen den schwarzen Damenflügel oder 18. Lb2 b6 19. Dd4 f6 20. d6 gefolgt von Lc4+ und eventuell e5. Dieses typische Läuferpaar und die Bauernwalze traten in der Partie Szabo - Garcia, Havanna 1965 in Aktion.

14. g2xf3 Dd8xd5
15. Ld3-e2 Dd5xc5
16. Lc1-b2

Auf 16. f4 sollte Schwarz seinen Springer mit 16. . . Sg6 aus der Umgebung des weißen Königs entfernen.

16. . . Ta8-d8
17. Lb2-d4

Wo soll die schwarze Dame hinziehen - nach e7, c6 oder c8? Uns erscheint c8 am logischsten, auch wenn es nie gespielt wird. Die schwarze Dame erreicht per Tempo die kritische Diagonale c8-h3 und zielt auf die Schlüsselfelder f5 oder h3. Hierzu ein paar Beispiele: 17. . . Dc8 18. Db1 Tfe8 19. f4 Dh3 20. fxe5 Sg4 erzwingt Remis; oder 17. . . Dc8 18. Db3 Td5 19. Tc1 Dh3 mit einer aktiven Stellung, während 19. f4 Dh3 20. fxe5 Sg4 wegen Dauerschachs wieder zum Remis führt. Ein weiterer Pluspunkt von 17. . . Dc8 wird nach 18. Kh1 Sc6! sichtbar, die Fesselung des weißen schwarzfeldrigen Läufers wird ausgenützt.

17. . . Dc5-c6!?
18. f3-f4?

Öffnet die Deckung des Königs und schafft tödliche Gelegenheiten für das schwarze Springerpaar. Richtig ist 18. Kh1! De6 (sie erreicht schließlich die c8-h3-Diagonale, aber mit einem Tempo weniger) 19. Dc2. Jeder stimmt zu, daß die Stellung günstig für Weiß ist, dennoch schwankt die Beurteilung zwischen ± (Tal) und ± (Bukic). Die schwarze Stellung ist schwierig, doch aufgrund des unsicheren weißen Königsflügels und der ständigen Drohung eines Qualitätsopfers auf d4 könnte Schwarz immer noch einen Angriff ins Auge fassen.

18. . . Se5-g6
19. Le2-f3 Dc6-e6
20. Dd1-c2 Sg6-h4
21. Lf3-d1?

Die einzige Möglichkeit, noch einige Züge lang am Leben zu bleiben, war 21. Lxb7, auch wenn Schwarz nach 21. . . Sd5! einen fürchterlichen Angriff erhält.

21. . . Td8xd4

(Diagramm 57)

57

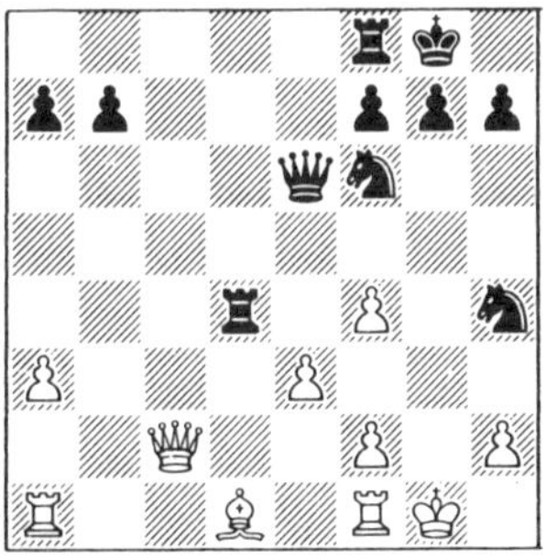

Nun wird Weiß mit Gewalt überrannt.

22. e3xd4 **De6–d5**
23. f2–f3 **Dd5xd4+**
24. Dc2–f2 **Dd4xa1**
25. Df2xh4 0–1.

Nach 25. ..Dxa3 hat Weiß keinerlei Kompensation für das fehlende Material.

Golz – Rellstab
Gotha 1957

(1. d4 Sf6 2. c4 e6 3. Sc3 Lb4 4. e3)

4. .. **d7–d5**
5. Lf1–d3

Gut spielbar ist natürlich auch 5. a3 mit Übergang in die Botwinnik-Variante.

5. .. **c7–c5**
6. Sg1–f3 **Sb8–c6**
7. 0–0 **0–0**
8. a2–a3 **Lb4xc3**
9. b2xc3 **d5xc4**
10. Ld3xc4 **Dd8–c7**
11. Lc4–d3 **e6–e5**
12. Dd1–c2 **Tf8–e8**
13. e3–e4 *(Diagramm 58)*

58

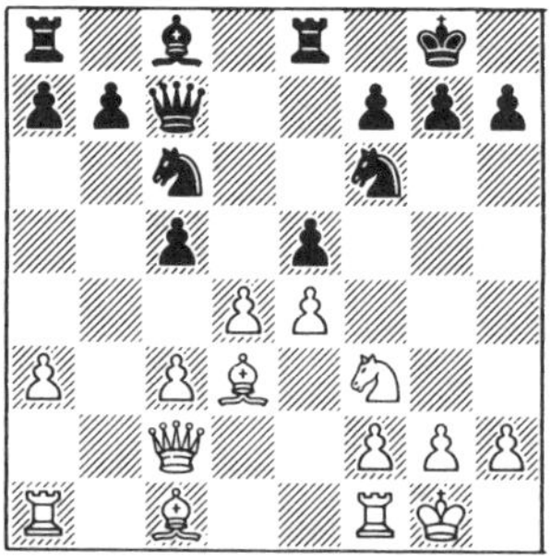

Eine harmlose Abweichung von 13. Sxe5 (siehe Seite 47). Schwarz kann nun wählen, ob er sofort Ausgleich suchen oder ob er Verwicklungen herbeiführen möchte.

13. .. **c5–c4**

Oder 13...exd4 14. cxd4 Lg4 15. Dxc5 Lxf3 16. gxf3 Dd7 und auf 17. Lb2, 17. Lb5 oder 17. Le3 macht 17. .. Sxe4! gefolgt von ... Dg4+ remis. Weiß kann kaum mehr erreichen, denn 17. d5 Se5 18. Le2 Dh3 19. De3 Sxd5 20. exd5 Sg5 sieht nicht besonders gut für ihn aus. Falls Weiß nicht 15. Dxc5 spielt, wird es für ihn sogar noch gefährlicher, z.B. 15. e5 Lxf3 16. exf6 Sxd4 17. Lxh7+ Kh8 18. fxg7+ Kxg7 19. Lb2 Tad8 20. gxf3 Th8 21. Kh1 Kf8! 22. De4 f6 23. Lxd4 Txd4 24. Dg6 Txh7 25. Dxf6+ Df7 oder 20. Tfc1 Th8 21. Dxc5 Dxc5 22. Txc5 Kxh7 23. gxf3 Thg8+ ∓∓.

14. Ld3xc4 **exd4**
15. cxd4 **Te8xe4!?**

Eindeutig Ausgleich bietet 15. ..Sa5 16. Ld3 Dxc2 17. Lxc2 Sxe4 18. Tfe1 Lf5 19. Lf4 Sd6 20. La4 b5 21. Lxd6 bxa4 Donner – Larsen, Wettkampf 1958. Der Textzug sieht riskanter aus, doch Schwarz hat viele Möglichkeiten zur Verfügung.

16. Lc4–d3

Falls 16. Sg5, so 16. ..Sxd4 17. Lxf7+ .Dxf7 18. Dxe4 Sxe4 19. Sxf7 Kxf7 ∓.

16. .. **Te4–e7**
17. Lc1–g5?!

Stärker ist 17. d5! Sxd5 18. Lxh7+ Kh8 19. Lg5 f6 20. Ld2 Le6 21. Tfe1.

17. .. **Lc8–g4**
18. Lg5xf6

Wenn Weiß das Bauernopfer annimmt, werden die schwarzen Figuren auf der e- und h-Linie äußerst aktiv. Am sichersten ist 18. Se5 Sxe5 19. Dxc7 Txc7 20. dxe5 Sd5 21. Tfc1 mit dem Läuferpaar im Endspiel.

18. .. **g7xf6**
19. Ld3xh7+ **Kg8–g7**
20. Lh7–e4

Oder 20. d5 Th8 21. dxc6 Txh7 22. cxb7 Db8! 23. h3 Lxf3 24. Dc8 Dxb7

20. .. **Ta8–e8**
(Diagramm 59)

Weiß hat nun die Wahl zwischen mehreren unangenehmen Möglichkeiten:

a) 21. Tfe1 Lxf3 22. gxf3 Th8 ∓∓.

59

b) 21. Ld5 Td7 22. Da2 Se7 23. Lxf7 Th8 ∓∓.

c) 21. Sd2 Th8 22. g3 Dd7 mit guten Angriffschancen. Auch 21. ..Sxd4 ist ebenfalls zufriedenstellend für Schwarz, dennoch ist dieses Abspiel die beste Verteidigung für Weiß.

21. Le4xc6? Lg4xf3!

Nützt auf hübsche Weise die Fesselung aus, die plötzlich auf der c-Linie entstanden ist.

22. Lc6–a4

Und wieder scheitert 22. gxf3 an ... Th8.

22. ... Dc7–f4

23. g2–g3

Falls 23. gxf3, so 23. .. Th8 oder 23. h3 Th8 24. Dc3 Txh3! 25. gxh3 Dg5+ ∓∓.

23. ... Df4–g4

24. Dc2–c3 Te8–h8

0–1

Gegen ... Txh2! gibt es keine Verteidigung mehr.

Portisch – Spassky
Kandidatenturnier 1977
Halbfinale (10. Partie)

(1. d4 Sf6 2. c4 e6 3. Sc3 Lb4 4. e3)

4. ... c7–c5

5. Lf1–d3 d7–d5

6. Sg1–f3 0–0

7. 0–0 Sb8–c6

8. a2–a3 Lb4xc3

9. b2xc3

Etwa 1933 hat man sich darauf geeinigt, diese mit 4. e3 beginnenden Zugfolge als Normal-Variante zu bezeichnen. Schwarz hat seine Figuren konsequent auf die üblichen Felder entwickelt, er hat keine Tempi darauf verwendet, seinen schwarzfeldigen Läufer zu erhalten, und er hat energisch das Zentrum mit seinen Bauern behauptet. Obwohl dies nicht mit der Auffassung übereinstimmt, die Nimzowitsch bei der Premiere 1913 von dieser Verteidigung hatte, nämlich das Zentrum mit Figuren zu kontrollieren, akzeptierte er allmählich die Existenzfähigkeit einer solchen Alternativstrategie, wie in der Partie Reti – Nimzowitsch, Berlin 1928: 1. d4 Sf6 2. c4 e6 3. Sc3 Lb4 4. Dc2 d5 5. e3 c5 6. Sf3 Sc6 7. a3 Lxc3+ 8. bxc3 b6 9. Ld3 0–0 10. cxd5 exd5 11. 0–0 c4 12. Le2 Lg4 13. Te1 Lh5 14. Sd2 Lg6 15. Dd1 b5. Dank seines Raumvorteils kam Nimzowitsch entscheidend in Vorteil und gewann die Partie.

9. ... d5xc4

Von den verschiedenen Möglichkeiten, die Schwarz zur Verfügung hat, ist dies die Korrekteste. 9. .. cxd4 10. cxd4 ist positioneller Selbstmord, da Weiß seinen Doppelbauern aufgelöst hat und unangefochten im Besitz des Läuferpaars bleibt. Spielbar, wenn auch ein wenig passiv, ist der Wartezug 9... Dc7, z.B.: 10. cxd5 exd5 11. Sh4 Se7 12. a4 c4 13. Lb1! Weiß hat einen vielversprechenden Plan in Form von Ta2–e2 nebst f3 und e4 und bringt im Stile Botwinniks eine Bauernwalze im Zentrum ins Rollen.

10. Ld3xc4 Dd8–c7

(Diagramm 60)

10... De7 (Chandler – Speelman, Brighton 1979) wird am besten mit 11. a4 und La3 beantwortet. Der Textzug ist ein verdeckter Angriff auf den Läufer c4 und deckt zugleich ... e5.

11. Lc4–d3

Wir wollen kurz die möglichen Alternativen betrachten:

a) **11. Te1** e5 12. d5 Sa5 13. d6 Dd8

60

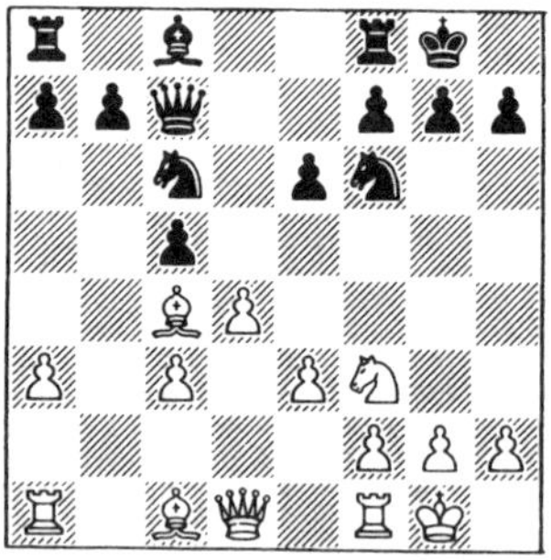

14. Sxe5 Sxc4 15. Sxc4 Le6. Schwarz gewinnt den Bauern nun leicht zurück und zaubert im Verlauf der Partie auf den weißen Feldern ein Unwetter herbei. In der Partie O. Rodriguez – Olafsson, Las Palmas 1970, folgte: 16. Dd3 Sg4 17. Te2 Lxc4 18. Dxc4 Dxd6 19. g3 Se5 20. Da2 Dg6 21. e4 Tad8 22. Lf4 Sf3+ 23. Kg2 Dg4 24. h3 Sh4+ 25. Kh2 Df3 26. Tg1 Dg2+ 0 – 1
(Diagramm 61)

61

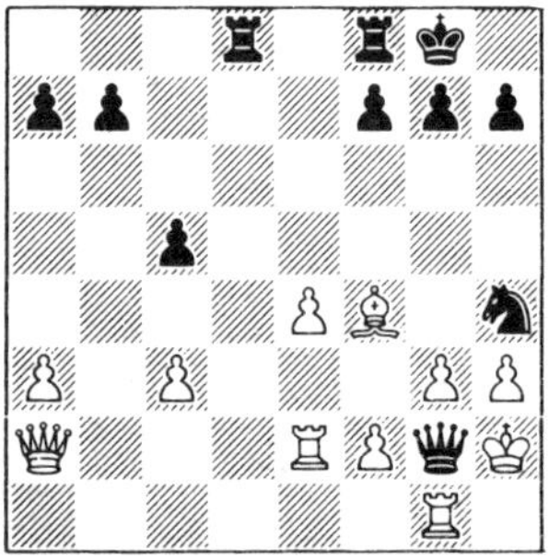

Eine der schönsten Partien, die je in der Normal-Variante gespielt worden ist.
Sie zeigt, wieviel Energie in der schwarzen Stellung steckt.

b) **11. a4** b6 (11. . . e5 12. La3 e4 13. Sd2 b6 ist auch gut, da Schwarz nach 14. dxc5 Td8 15. cxb6 axb6 16. Dc2 Sg4 17. g3 Sce5 18. Le2 Lf5 zu aktiv wird) 12. La3 Lb7 13. Le2 Tfd8 tendierte in der Partie Najdorf – Reshewsky, Kandidatenturnier 1953, zum Ausgleich.

c) **11. Lb5** a6 12. Le2 (nach 12 Ld3 könnte man zu der Textpartie überleiten, die Schwäche des Feldes b6 würde nicht den Umstand aufwiegen, daß Schwarz sofort . . . b5 spielen kann) 12. . . e5 13. Lb2 e4! 14. Sd2 Lf5 15. a4 Tfd8 16. Dc2 (eventuell 16. La3!?) 16. . . Tac8 17. Tfc1 cxd4 18. cxd4 Sxd4 (ein herrliches positionelles Damenopfer) 19. Dxc7 Sxe2+ 20. Kf1 Sxc1 21. Db6 Sd5 22. Da5 Sd3, und Schwarz hat gute Aussichten, Portisch – Spassky, 4. Wettkampfpartie 1980. Nach 11. Le2 könnte sich Schwarz mit Sicherheit ähnlich verhalten.

d) **11. La2** e5 und jetzt:

d1) **12. h3** e4 13. Sh2 (13. Sd2 ist vermutlich besser) 13. . . Sa5 14. f3 b6! Keene – Zaltsman, New York 1980, ist eine Verbesserung gegenüber sämtlichen früheren Theorien (der schwarze Läufer kann nun zwischen a6 und b7 wählen).

d2) **12. Dc2** Lg4 13. dxe5 Sxe5 14. Se1 ist eine ungewöhnliche Idee, die zum ersten Mal in der Partie Portisch – Sosonko, Tilburg 1978, erprobt wurde. Da Portisch einer der fleißigsten Großmeister ist, die 1. d4 spielen, sind Nimzo-Indisch-Spieler beider Farben gut beraten, wenn sie seinen Gedankengängen in veröffentlichten Partien und Analysen folgen.
Schwarz sollte nun 14. . . b5!? spielen oder 14. . . Tad8 15. f3 Le6 16. c4 a6! mit der Absicht, . . . b5 folgen zu lassen. In der Partie kostete 16. . . Da5? 17. Lb2 Td2 18. Dc1 Sd3 19. Dc3 die Qualität.

d3) Schließlich noch 12. d5, eine attraktive Fortsetzung, die den Eindruck erweckt, als ob Weiß hinter einem sicher sitzenden Freibauern seinen Vorteil im Zentrum festigen und aus seinen Läufern Kapital schlagen könnte. Der Schein trügt jedoch. Schwarz rettet sich mit folgender Taktik: 12. ..e4! 13. dxc6 Lg4 14. h3 (oder 14. Db3 exf3 15. Dxb7 De5 mit guter Kompensation für den Bauern) 14. .. Tad8 15. Da4 b5! 16. Dc2 exf3. Diese Variante wird in der „Enzyklopädie der Schach-Eröffnungen" als ausgeglichen beurteilt. Aber nach 17. hxg4 Sxg4 18. g3 De5 19. Lb1 g6 kann sich Weiß gegen . .. Dh5 nicht mehr verteidigen und wird auf h2 mattgesetzt.

11. . . **e6–e5**

Schwarz wird als Kompensation für das Läuferpaar, das er Weiß überläßt, Zentralisation, freie Entwicklung und eine bessere Bauernstruktur am Damenflügel erhalten. Deshalb ist es wichtig, daß der weiße c-Bauer nicht abgetauscht wird.

12. Dd1–c2 **Tf8–e8**

Droht ... e4 und hofft so, Weiß zu mehrfachem Abtausch auf e5 zwingen zu können. Weniger überzeugend ist 12. .. Lg4 13. Sxe5 Sxe5 14. dxe5 Dxe5 15. f3, und der erzwungene Rückzug des schwarzen Läufers bedeutet Tempoverlust, während 12. .. Td8 dem schwarzen e-Bauern keine durchschlagende Wirkung verleiht.

13. Sf3xe5

13. e4 siehe Seite 44

13. . . **Sc6xe5**

14. d4xe5 **Dc7xe5**

15. f2–f3 *(Diagramm 62)*

Eine der Gefahren für Schwarz liegt in dem methodischen Vorstoß des weißen e- und f-Bauern. Der Textzug unterstützt den Zug e4 als ersten Schritt dieses Planes. Sofort 15. e4 ist gefährlich für Weiß: 15. .. c4! 16. Lxc4 Sg4 17. g3 Dh5 18. h4

62

Se5 19. Le2 Lg4! mit starkem Angriff auf den weißen Feldern.

15. . . **Lc8–d7!**

Dies ist nach unserer Auffassung das beste Feld für den Läufer. Eine Pointe dieses Zuges ist die taktische Finesse ... La4! und falls Weiß mit der Dame auf a4 nimmt, greift Schwarz nach ... Dxc3 gleichzeitig den Turm a1 und den Läufer d3 an. Darüber hinaus ist mit dem Textzug ein tiefer strategischer Plan verbunden: Der Läufer soll nach c6, von wo aus er auf die weißen Zentrumsbauern Druck ausüben kann. Gleichzeitig gibt er die e- und d-Linie für die schwarzen Schwerfiguren frei.

Im Vergleich dazu erscheint uns 15. ..Le6 weniger erstrebenswert. Zum einen deshalb, weil dadurch die e-Linie blockiert wird, zum anderen, weil der für später geplante Zug ... c4 dem weißen schwarzfeldigen Läufer die Diagonale a7–g1 überläßt. Als Beispiel die 4. Partie Portisch – Spassky aus demselben Kandidatenhalbfinale 1977: 15. .. Le6 16. e4 c4 17. Le2 Dc5+ 18. Kh1 Sd7 19. Lf4 b5 20. Tfd1 f6 21. a4 a6 22. Dd2, und Weiß ist etwas im Vorteil. In einer früheren Partie spielte Spassky ebenfalls 15. ..Le6, lenkte aber bald darauf den Läufer über d7! nach c6. In der Partie Karpow – Spassky, Kandidatenhalbfinale 1974, folgte 15. .. Le6 16. e4 (viel schlechter ist 16. Te1 Tad8 17. Tb1 Dd5 18. Lf1 Lf5 19. e4 Sxe4!, was die gewaltige schwarze Zentralisierung ausnützt.

Falls nun 20. fxe4 Txe4 21. Txe4 Lxe4 22. Db2 Lxb1 23. Dxb1 Dd1 24. Db2 Te8 gefolgt von ... Te1 −+. In der Partie Najdorf – Unzicker, Santa Monica 1966, flehte Weiß mit 20. Db3! um Remis) 16... Tad8 17. Le2 b6 18. a4 Ld7 19. Td1 Lc6 20. Txd8 Txd8 21. Le3 h6 22. Lf2 Sh5 23. g3 g5! und Schwarz besaß aufgrund des Vorstoßes des schwarzen g-Bauern und des Läufers auf c6 die besseren Aussichten. Weiß hätte aktiver 18. c4! spielen müssen, wonach der schwarzfeldige Läufer das für ihn beste Feld b2 besetzen kann. Dann wäre 18... Dxa1 19. Lb2 Da2 20. Ta1 für Weiß günstig.

16. a3–a4

Verhindert ... La4!

16. ... **Ta8–d8**

Ähnlich verlief die Partie Donner – Bouwmeester, Amsterdam 1963: 16... Lc6 17. Tfe1 h5 18. e4 Sd5 19. Ld2 Sf4 20. Lf1 h4 21. Le3 Tad8 22. a5 Td6 23. Tad1 Ted8 24. Txd6 Txd6 25. Td1 Txd1 26. Dxd1 Se6, und wir glauben nicht, daß Schwarz irgendetwas zu befürchten hat.

17. e3–e4 **Ld7–c6**

Bouwmeester hätte ebenfalls abwarten und seine Mobilisierung beenden können, bevor er mit seinem h-Bauern voreilig vorpreschte.

18. Ld3–c4 **Td8–d7**
19. Dc2–b3 **Te8–d8**
20. Ta1–a2 **Sf6–h5**
21. g2–g3 *(Diagramm 63)*

63

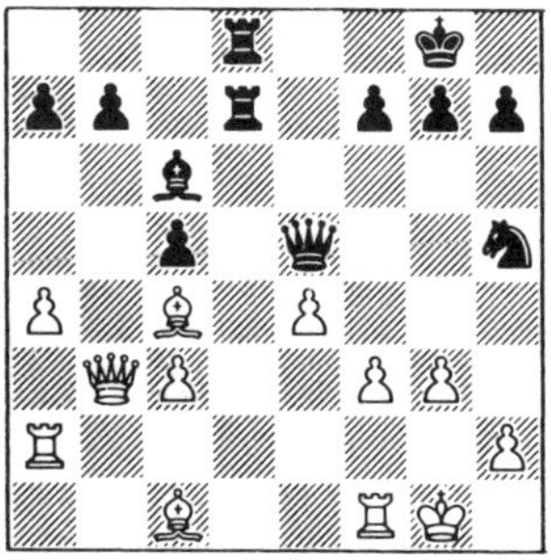

Schwarz hat seine Figuren klug und wirkungsvoll entwickelt und hätte sicherlich wie in der Partie gegen Karpow auf einen vollen Punkt spielen können. Stattdessen ergriff Spassky die Gelegenheit, ein elegantes Remis zu erzwingen, wobei er eines der Geheimnisse dieses Stellungstyps verriet.

21. ... **Sh5xg3!?**
22. h2xg3 **Td7–d2!**
23. Ta2xd2 **Td8xd2**
24. Lc1xd2 **De5xg3+**
25. Kg1–h1 **Dg3–h3+**
26. Kh1–g1 **Dh3–g3+**

und remis durch Dauerschach.

Gligoric – Andersson
Berlin 1971

(1. d4 Sf6 2. c4 e6 3. Sc3 Lb4 4. e3)

4. ... **0–0**
5. Lf1–d3 **c7–c5**
6. Sg1–f3 **d7–d5**
7. 0–0

In seinem Buch „Selected Chess Masterpieces" berichtet Gligoric, wie er 1968 im Kandidatenturnier gegen Tal in einer Modevariante des Nimzo-Inders eine gefährliche Opfervariante entdeckte. Tal hätte diesen Einschlag in der 2. und 4. Partie zugelassen, aber es kam niemals zur Ausführung, da Gligoric erst gegen Ende des Turniers auf diesen Einfall kam. Vor der 8. Partie war Gligoric soweit, daß er seinen Plan ausprobieren konnte, aber... doch nun soll Gligoric selber zu Wort kommen: „Tal dachte bei seinem 7. Zug in einer Standardstellung im Nimzo-Inder 17 Minuten lang nach. Spürte der Schachzauberer aus Riga, daß irgendetwas Verdächtiges in der Luft lag? Er spielte seine gut vorbereitete Variante, in der er sich in der 2. und 4. Partie wohlgefühlt hatte und die er auch bei seinem nächsten Wettkampf gegen Kortschnoi anwandte. Doch plötzlich änderte Tal, obwohl zum ersten Mal in

Führung liegend, seinen Plan und spielte etwas ganz anderes, etwas, das er bei weitem nicht so gut kannte." Armer Gligoric! Er erhielt jedoch seine Belohnung. Später im selben Jahr schlug er mit seiner Spezialvariante zwei Großmeister, zuerst Damjanovic in der Jugoslawischen Meisterschaft in Pula und später Yanofsky (der von seinem bedauernswerten Vorgänger nichts wußte) bei der Olympiade in Lugano. Und in Berlin fand er sein drittes Opfer.

7. . .   Sb8–d7?

Nicht exakt die Normal-Variante. Dieser Zug war Mitte der 50iger Jahre sehr populär. 10 Jahre später erlebte er eine Renaissance, und verschwand schließlich nach Bekanntwerden der Spezialvariante von Gligoric von der Bildfläche. Schwarz verliert zwar nicht zwingend, gerät jedoch in eine schwierige Stellung mit wenig Chancen auf Gegenspiel.

8. a2–a3

Es empfiehlt sich, sofort a3 zu spielen. Das einleuchtende aber ungenaue 8. cxd5 exd5 9. a3 erlaubt 9. . . Lxc3+ 10. bxc3 c4! und eine erfolgversprechende Blockade liegt in der Luft, z.B. 11. Lc2 Te8 12. Sd2 Da5 13. Lb2 Sb6 (13. . . b5!?) 14. Te1 Ld7 15. a4 Se4 16. Sf1 f5 wie in der Partie Petrosjan – Debarnot, Las Palmas 1975.

8. . .   Lb4–a5

Andere Züge sind ebenfalls unbefriedigend: 8. . . dxc4 9. axb4 cxd4 10. Lxh7+ Sxh7 11. Dxd4 Sb6 12. Dxd8 Txd8 13. e4 Ld7 14. Le3 gefolgt von Se5 ±. Dagegen scheint 8. . . cxd4 akzeptabel, scheitert jedoch an dem überraschenden taktischen Gegenschlag 9. Sxd5! exd5 10. axb4 dxc4 11. Lxc4 Sb6 12. Lb3 dxe3 13. Lxe3 Sbd5 14. Lc5, und Weiß hat eine ideale Stellung mit Läuferpaar. Eine mögliche Verbesserung ist 13. . . Le6 14. Lxe6 fxe6 15. Dxd8 Tfxd8 16. Txa7! Txa7 17. Lxb6 Tda8 18. Lxa7 Txa7, sie ist jedoch nicht besonders ermutigend.

Stünde der schwarze Springer auf c6 (7. . . Sc6 statt 7. . . Sbd7), wäre es klug, den schwarzen Läufer im 8. Zug gegen den Springer zu tauschen (siehe Seite 41). Mit dem Springer auf d7 ist dieser Plan jedoch nicht durchführbar, da Schwarz zu wenig Druck gegen d4 ausübt, z.B. 8. . . Lxc3 9. bxc3 dxc4 10. Lxc4 Dc7 11. De2 e5 12. e4 b6 13. Lg5 Lb7 14. d5 ± (Tal). So wird Schwarz mit Gewalt in die Netze der Gligoric'schen Spezialvariante gelockt.

9. c4xd5   e6xd5

10. b2–b4   *(Diagramm 64)*

64

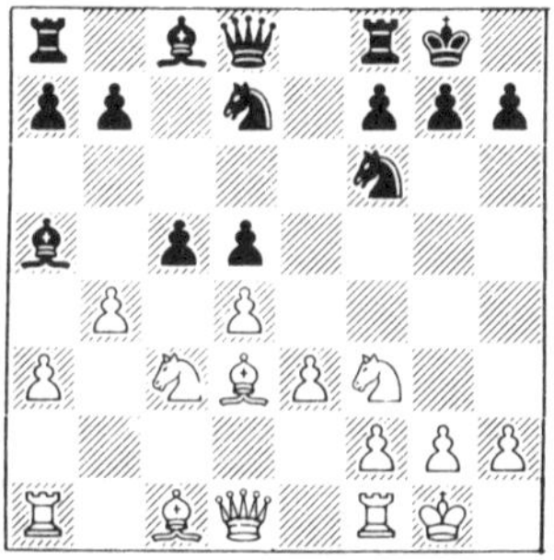

Das ist es, was Gligoric während seines Wettkampfes mit Tal entdeckt hat. Auf Kosten eines Bauern stört Weiß die schwarze Entwicklung und öffnet am Damenflügel Linien, auf denen seine Figuren in das schwarze Lager eindringen können.

10. . .   c5xb4

Oder 10. . . cxd4 11. exd4 Lc7 12. Lg5! Sb6 13. Se5, und Weiß hat die Stellung gut im Griff. Eine allgemeine Regel ist: In Stellungen, in denen beide Seiten einen isolierten d-Bauern besitzen, hat derjenige, der die Initiative besitzt, einen Vorteil, der kaum zu neutralisieren ist.

11. Sc3–b5   a7–a6?

Nicht 11. . . bxa3? 12. Lxa3 Te8 13. Sd6 Te6 14. Lf5 ±±. Schwarz kann mit dem paradoxen Rückzug 11. . . Sb8 etwas Widerstand leisten. 12. axb4 Lb6! Am erfolgversprechendsten ist aber zweifellos

11. ..Se4! 12. axb4 Lb6 13. Db3 Sdf6 14. Se5 Ld7 15. f3 Lxb5 16. Lxb5 Sg5, und der weiße Vorteil ist auf ein Minimum beschränkt. In der Partie Baumbach – Dünhaupt, Fernschach 1975, folgte: 17. Sd7 Sxd7 18. Dxd5 Se6 19. Lxd7 Sc7 20. Df5 g6 21. Dh3 f5 22. La4 Lxd4 23. Ta2 Lg7. Weiß stand zwar besser, konnte aber nicht gewinnen.

12. Dd1–b3! b4xa3

Alternativen sind:

a) **12. ..axb5** 13. axb4! und Weiß gewinnt den Läufer mit großem positionellen Vorteil zurück.

b) **12...De7** 13. Ld2 Se4 14. Lxb4 Lxb4 15. Dxb4 Dxb4 16. axb4 Sdf6 17. Sc7 Tb8 18. Sxd5! Sxd5 19. Lxe4, und Weiß gewinnt, Gligoric – Yanofski, Lugano Olympiade 1968.

13. Sb5–d6

Droht 14. Lxa3 und 15. Sxc8 mit Qualitätsgewinn, deshalb muß sich Schwarz nolens volens beeilen, seinen Läufer gegen den Springer d6 zu tauschen, wonach Weiß die schwarzen Felder kontrolliert.

13...	**La5–c7**
14. Lc1xa3	**Lc7xd6**
15. La3xd6	**Tf8–e8**
16. Tf1–c1	**Te8–e6**
17. Ld6–f4!	*(Diagramm 65)*

65

Nun sieht man, daß das Opfer von Weiß völlig berechtigt war. Die dürftige Investition eines Bauern wurde mit exzellentem Figurenspiel belohnt (besonders auf den Einbruchsfeldern auf der c-Linie). Dazu stehen zwei ernsthafte Bauernschwächen im gegnerischen Lager (b7 und d5), und Weiß ist unangefochten im Besitz des Läuferpaars. Die weiße Stellung mag vielleicht noch nicht zum Gewinn ausreichen, wir können jedoch mit Sicherheit behaupten, daß Weiß hervorragende Gewinnchancen besitzt, während Schwarz im besten Falle Aussichten auf Remis hat. Der 17. weiße Zug ist tatsächlich der erste neue Zug in der Partie und stellt die von Gligoric selber vorgeschlagene Verbesserung dar gegenüber 17. Lc7, was er gegen Damjanovic in Pula gespielt hatte. In jener Partie folgte: 17. Lc7 De7 18. h3 Tc6 19. Lf4 h6 20. Txc6 bxc6 21. Tc1 mit nur geringem Vorteil für Weiß. Das alles soll nebenbei bemerkt demonstrieren, welch fundiertes Eröffnungswissen benötigt wird, wenn jemand im internationalen Schach auf höchster Ebene erfolgreich mithalten möchte.

17...	**h7–h6**
18. h2–h3	

Ein nützlicher Wartezug. Schwarz kann nichts Konstruktives unternehmen.

18...	**Sd7–f8**
19. Lf4–c7	**Dd8–e8**
20. Sf3–e5	**g7–g6**

Das sieht schlecht aus, weil Schwarz auf der Diagonale a1 – h8 geschwächt wird. Andersson fürchtete sich jedoch zweifellos vor Lf5 und wollte diese Drohung mit dem Textzug ausschalten. Es ist aber recht schwierig, hier einleuchtende Alternativen vorzuschlagen, da praktisch alle anderen Züge Material kosten.

21. Ld3–e2

Der Läufer ist auf dem Weg nach f3, um von dort aus den schwachen d-Bauern aufs Korn zu nehmen.

21...	**Sf8–d7**

Schwarz beabsichtigt ...Sxe5 mit anschließendem Qualitätsopfer auf e5, was für seine beengte Stellung eine beträchtliche Erleichterung bedeuten würde. Gligoric ist jedoch auf der Hut.

22. Se5xd7 **De8xd7**
23. Lc7–f4

Droht Lxh6 und Tc7.

23. ... **g6–g5**

Pariert die Drohungen, aber nun wird die schwarze Königsstellung noch unsicherer.

24. Lf4–e5 **Dd7–d8**
25. Le2–f3 **Sf6–e4**
26. Le5–c7 **Dd8–d7**
27. Lc7–e5

Ursprünglich hatte Gligoric 27. Lg4 geplant, aber nach 27. ... Sd2! 28. Lxe6 Dxe6 29. Dame zieht beliebig 29. ... Sc4 erhält Schwarz für die Qualität gutes Spiel, da der Springer c4 praktisch unangreifbar ist und den Vorstoß der Bauern am Damenflügel decken kann. Deshalb spielt Gligoric den Läufer wieder nach e5 und sucht währenddessen nach einer neuen Fortsetzung.

27. ... **Dd7–d8**

Natürlich nicht 27. ... Sd2? 28. Dxd5!

28. Lf3xe4

Eine glänzende Entscheidung. Selbst mit verschiedenfarbigen Läufern und einem Bauern weniger greift Weiß weiter an. Das daraus folgende Spiel auf den schwarzen Feldern (das von dem Läufer auf e5 in allen Richtungen unterstützt wird) ist höchst elegant und eindrucksvoll und wird durch einige taktische Pointen bereichert.

28. ... **d5xe4**
29. Tc1–c7 **Dd7–e8**
30. Ta1–c1 **Te6–c6**

Oder 30. ... Te7 31. Dd5, greift den schwarzen e-Bauern von hinten an und spielt mit dem Gedanken Dd6–f6.

31. Tc1xc6 **b7xc6**
32. Db3–c3 **Lc8–e6**

Falls 32. ... Ld7, so 33. d5! mit der vernichtenden Drohung Lh8.

33. Tc7xc6 **Ta8–c8**
34. d4–d5 *(Diagramm 66)*

66

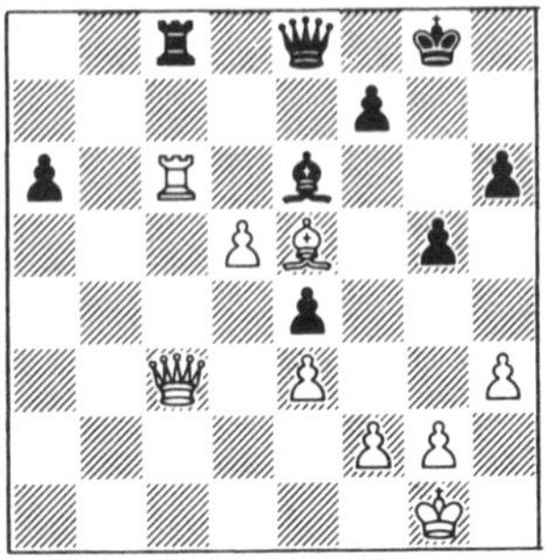

Nun ist 34. ... Lxd5 nicht möglich, und nebenbei droht Lh8. Deshalb muß Schwarz freiwillig das Entstehen eines enorm starken gegnerischen Freibauern in Kauf nehmen.

34. ... **Tc8xc6**
35. d5xc6 **Le6–c8**
36. c6–c7 **Kg8–h7**
37. Dc3–d4 **De8–d7**

Falls Schwarz versucht, den e-Bauern zu halten, dringt Weiß (nach 37. ... f5) ein mit 38. Dd8 Dd7 39. Kh2 (ein Wartezug) und eine Drohung ist 40. g4 fxg4 41. hxg4 Dxg4 42. Dh8+ Kg6 43. Dg8+ Kh5 44. De8+ Kh4 45. Lg3+. Und dennoch wäre dies besser gewesen, als den e-Bauern zu verlieren, danach steht Schwarz nämlich hoffnungslos auf Verlust.

38. Dd4xe4+ **Dd7–f5**
39. De4–d5

Weiß darf die Dame natürlich nicht tauschen. Die restlichen Züge waren: **39. ... Dd7 40. Dc5 Kg6 41. Ld4 g4 42. hxg4 Dxg4 43. Dd6+ De6** (nach 43. ... Le6 würde 44. c8D? Dauerschach zulassen – ... Dd1+, ... Dh5+ – aber 44. f3 Dh4 45. Lc3 Dc4 46. De5 wäre entscheidend) **44. Dd8 f5 45. Df8 a5 46. f3 a4 47. Kh2 Kh5 48. e4 fxe4 49. g4+ Kg5 50. Kg3** 1–0. Nach 50. ... exf3 51. Dg7+ kann sich Weiß das Matt aussuchen (Le3 / Lf6).

Keene – Langeweg
Rotterdam 1980

(1. d4 Sf6 2. c4 e6 3. Sc3 Lb4)
4. e2–e3 0–0
5. Lf1–d3 c7–c5
6. Sg1–e2

Diese Variante hat viel Ähnlichkeit mit der Normal-Variante, nur, daß hier der weiße Königsspringer nach e2 zieht (um den Damenflügel zu verteidigen) und nicht nach f3. Es gibt auch einige offensichtliche Möglichkeiten, in die Botwinnik-Variante überzugehen.

6. ... d7–d5
7. 0–0 Sb8–c6

Oder . 7. . . dxc4 8. Lxc4 cxd4 9. exd4 Sc6 (9. . . Ld6!? 10. Sb5 Le7 11. Lf4 ist interessant) 10. Le3 b6 11. a3 Le7 12. Dd3 Lb7 13. Tac1 Tac8 14. Tfd1 Te8 15. La2 Dd7 16. Sf4 Tcd8 17. d5 exd5 18. Scxd5 Sxd5 19. Sxd5 Se5 20. Df5! ± (falls 20. . . Dxf5?, so 21. Sxe7+) Keene – Blackstock, Canton (Kwang-Chow).

8. c4xd5 e6xd5
9. a2–a3 c5xd4
10. a3xb4 d4xc3
11. b4–b5! *(Diagramm 67)*

67

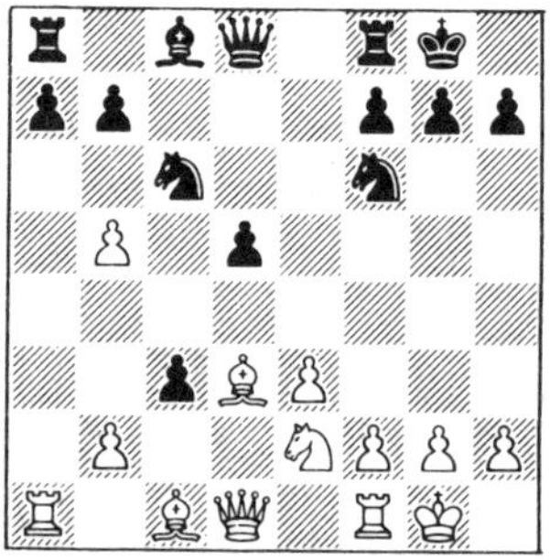

Falls nun 11. . . cxb2, so 12. Lxb2 Sb4 13. Lxh7+ Sxh7 14. Dd4 oder 13. . . Kxh7 14. Lxf6 Dxf6 15. Db1+.

11. ... Sc6–e5
12. Se2xc3 Dd8–c7

12. . . Sxd3 13. Dxd3 ist so gut wie ausgeglichen, obwohl Weiß d4 kontrolliert. Und 12. . . Lg4 13. f3 d4 14. Lxh7+ Sxh7 ist äußerst kompliziert.

13. Ld3–e2 Tf8–d8
14. Dd1–d4 b7–b6
15. b2–b3 Lc8–f5?

Nun wird Schwarz völlig zurückgedrängt. Der korrekte Zug hier ist 15. . . Seg4!

16. Lc1–b2 Se5–g6
17. g2–g4! Lf5–e6
18. f2–f4 Sg6–e7
19. f4–f5 Le6–c8
20. g4–g5 Sf6–e8
21. Le2–d3 f7–f6
22. Sc3–e2 Kg8–h8
23. Tf1–f3 Lc8–d7
24. Ta1–f1

1 – 0

Schwarz ist machtlos gegen die Drohung Sf4–g6+ gefolgt von Th3.

9 Die Normal-Variante mit 7. . . dxc4

1. d2–d4	**Sg8–f6**
2. c2–c4	**e7–e6**
3. Sb1–c3	**Lf8–b4**
4. e2–e3	**0–0**
5. Lf1–d3	**c7–c5**
6. Sg1–f3	**d7–d5**
7. 0–0	**d5xc4**
8. Ld3xc4	*(Diagramm 68)*

68

Diese Nimzo-Indische Stellung ist in der heutigen Meister- und Großmeisterpraxis wohl am populärsten, deshalb wollen wir sie in diesem Kapitel behandeln. Die alten Araber nannten eine solche Stellung 'tabia' oder Grundformation, die von beiden Seiten angestrebt wird und die schon den Ausgangspunkt von vielen Partien darstellte. Die sich ergebenden Stellungen sind flexibel und bieten beiden Seiten reichlich Möglichkeiten. Schwarz vor allem behält es sich vor, seinen Läufer gegen den weißen Springer zu tauschen oder ihn nach e7 zurückzuziehen.

Die Flexibilität drückt sich auch darin aus, daß Schwarz im 8. Zug eine ganze Reihe von Möglichkeiten zur Auswahl stehen: Er kann wählen zwischen 8. . . De7, 8. . . Sc6, 8. . . cxd4, 8. . . Ld7 und 8. . . b6. Ein weiterer Grund für die Popularität von 7. . . dxc4 ist die Tatsache, daß meist eine der beiden klassischen Konfrontationen auf dem Schachbrett erreicht werden kann – der Kampf zwischen dem weißen Isolani d4 oder dem beweglichen weißen Duo auf der c- und d-Linie gegen die aktiven schwarzen Figuren, die aus dem Hinterhalt auf das weiße Zentrum 'schießen'. Solche Stellungen bieten beiden Seiten vielfältige Gewinnmöglichkeiten.

Taimanow – Karpow
UdSSR Mannschaftswettkampf 1973

(1. d4 Sf6 2. c4 e6 3. Sc3 Lb4)

4. e2–e3	**c7–c5**
5. Lf1–d3	**0–0**

Weiß konnte nun 6. d5 versuchen, was Kortschnoi zweimal während der Weltmeisterschaft 1978 in Baguio gegen Karpow spielte. Karpow antwortete mit dem Gambit 6. . . b5, das Kortschnoi beide Male annahm und dabei in Vorteil kam. Besser ist aber 6. . . h6 mit der Drohung, auf d5 zu nehmen, da Weiß nicht mehr Lxh7+ erwidern kann. So ist z.B. 7. e4 exd5 8. exd5 Lxc3+ 9. bxc3 Te8+ 10. Se2 d6 recht gut für Schwarz. Möglich ist jedoch auch 6. . . b5 7. dxe6 bxc4 8. exf7+ Kh8 9. Lxc4, Bagirow – Awerbach, UdSSR 1980.

6. Sg1–f3	**d7–d5**
7. 0–0	**d5xc4**

Schwarz hat hier hauptsächlich zwei Alternativen:

a) **7. . . b6** (die Keres-Variante ist immer noch eine gute Waffe – Spassky hat sie mit Erfolg gegen Portisch und Gligoric angewandt). Die Partie Gligoric – Spassky, Bugojno 1978, ging wie folgt weiter: 8. cxd5 exd5 9. Se5 Lb7 10. Ld2 Sc6 11. a3 Lxc3 12. Lxc3 Te8 13. Sxc6 Lxc6 14. Tc1 c4 mit Vorteil für Schwarz wegen der Bauernwalze am Damenflügel und der Kontrolle von e4. Stärker ist 14. dxc5 bxc5 15. b4 d4 16. exd4 cxd4 17. Lb2 Dd5 18. f3 Sg4 19. Dd2 (19. Le4?De5!) 19... Se3 20. Tfc1 mit dem Plan Tc5 und Tac1.

b) **7... Sc6** wurde für ein zuverlässiges System gehalten, bis 1974 beim Kandidatenturnier in der Partie Polugajewski - Karpow Weiß klar in Vorteil kam: 8. a3 dxc4 9. Lxc4 La5 10. La2 a6 (10. .. Lb6) 11. Lb1 Lb6 12. Dc2! g6? 13. dxc5 Lxc5 14. b4 Le7 15. Lb2 mit klarem Vorteil für Weiß wegen seines Druckes gegen den schwarzen Königsflügel.

8. Ld3xc4	**c5xd4**
9. e3xd4	**b7–b6**
10. Dd1–e2	**Lc8–b7**
11. Tf1–d1	**Sb8–d7**
12. Lc1–d2	**Ta8–c8**
13. Lc4–a6	**Lb7xa6**
14. De2xa6	**Lb4xc3**
15. b2xc3	**Tc8–c7**
16. Ta1–c1	

Nicht 16. c4 Dc8.

16...	**Dd8–c8**
17. Da6–a4	*(Diagramm 69)*

69

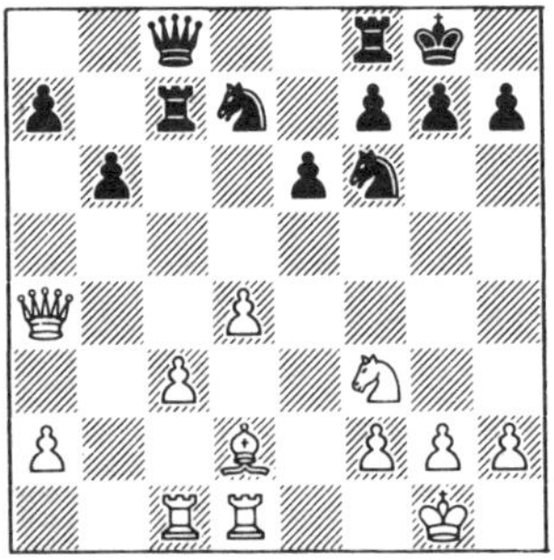

Taimanow hoffte nun, c4 durchsetzen zu können mit starker weißer Stellung, doch Karpow ergriff mit einem Bauernopfer die Initiative. **17... Tc4 18. Dxa7 Dc6 19. Da3 Tc8 20. h3 h6 21. Tb1 Ta4 22. Db3 Sd5 23. Tdc1 Tc4 24. Tb2 f6 25. Te1 Kf7 26. Dd1 Sf8 27. Tb3 Sg6 28. Db1 Ta8 29. Te4** (Weiß hätte 29. Dd3 versuchen können mit der Idee 29... Txa2 30. Txe6 Kxe6 31. Dxg6). **29. .. Tca4 30. Tb2 Sf8 31. Dd3 Tc4 32. Te1 Ta3 33. Db1 Sg6 34. Tc1** (besser war 34. Dd3 in der Absicht, irgendwann Txe6 zu spielen) **34. .. Sxc3 35. Dd3 Se2+ 36. Dxe2 Txc1+ 37. Lxc1 Dxc1+ 38. Kh2** (besser ist 38. Se1) **38... Txf3 39. gxf3 Sh4** 0-1 (durch Zeitüberschreitung). Schwarz droht ... Df4+ mit Gewinn. Falls 40. Txb6, so Dc7+, falls 40. Tb3, so Dg5 41. Df1 Df4+ 42. beliebiger Königszug und 42... Sxf3 gewinnt.

Reshewsky – Donner
Santa Monica 1966

(1. d4 Sf6 2. c4 e6 3. Sc3 Lb4)

4. e2–e3	**c7–c5**
5. Lf1–d3	

Entwickelt sich in Richtung Hauptsystem. Gegen die von Schwarz gewählte Zugfolge kann man auch gut 5. Se2 spielen, besonders wenn Weiß den Hübnerschen Blockadeplan vermeiden möchte: 5. Ld3 Sc6 6. Sf3 Lxc3+ 7. bxc3 d6 usw. (siehe Kapitel 10).

5...	**d7–d5**
6. Sg1–f3	**0–0**
7. 0–0	**d5xc4**

Verringert etwas die Spannung im Zentrum im Gegensatz zu dem orthodoxen Zug 7... Sc6.

8. Ld3xc4	**Sb8–d7**

Dies ist der vermutlich flexibelste Zug in dieser Stellung. Schwarz zögert die Fianchettierung des weißfeldigen Läufers noch etwas hinaus und legt sich noch nicht fest mit dem Abtausch seines schwarzfeldigen Läufers.

9. Lc4–d3

Die zwingendste Fortsetzung ist 9. De2,

doch Reshewsky zeigt gewöhnlich in dieser Variante eine Vorliebe für solide Pläne und verlagert das Hauptgewicht des Kampfes ins Mittelspiel. Deshalb ist diese Partie besonders wertvoll und liefert ein hervorragendes und eindeutiges Beispiel einer typischen Gegenstrategie.

9. ... b7–b6
10. a2–a3 c5xd4
11. e3xd4

Nicht 11. axb4 dxc3 12. bxc3 Dc7, und Schwarz hat eine bequeme Stellung. Weiß hätte Schwierigkeiten, seine Bauern am Damenflügel zu mobilisieren.

11. ... Lb4xc3

Oder 11 ... Le7 12. Te1 Lb7 13. Lc2, was zu einer Art angenommenem Damengambit oder Semi-Tarrasch führt.

12. b2xc3 Lc8–b7
13. Tf1–e1 Dd8–c7
14. Lc1–d2 *(Diagramm 70)*

70

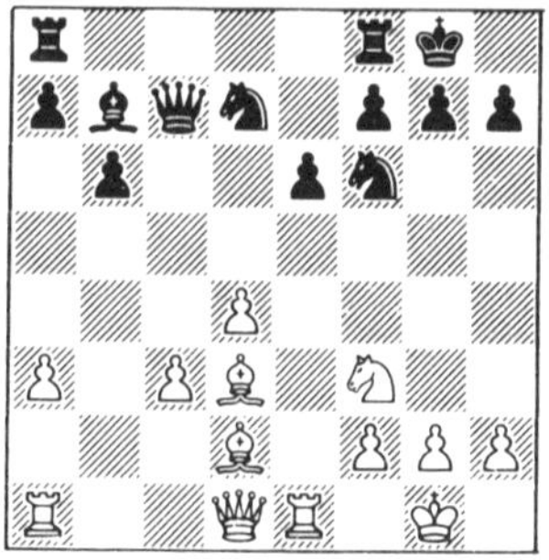

Eine wichtige Entscheidung. Es wirkt aggressiver, wenn der Läufer auf b2 postiert wird. Weiß besäße dann die sogenannten Horwitz-Läufer, die mit tödlicher Kraft in Richtung schwarzer König zielen. Es sprechen jedoch zwei gute Gründe dafür, Lb2 abzulehnen und stattdessen den eher bescheidenen Textzug zu spielen:

a) Der Läufer bleibt auf b2 untätig, solange Weiß nicht mit c4 und d5 das Zentrum aufbrechen kann. Dieser starke Zentrumsvorstoß ist aber so gut wie unmöglich, weil Schwarz die weißen Zentrumsfelder fest kontrolliert. Der Umstand, daß der schwarze Springer auf f6 ausreichend gedeckt ist, spricht gegen den Erfolg eines auf c4 und d5 basierenden Opfers.
b) Es ist ratsam für Weiß, sich mit a4–a5 von dem isolierten a-Bauern zu befreien. Dieser 'Mini'-Minoritätsangriff wird den schwarzen b-Bauern bloßstellen. Wenn dies auch nur ein kleiner Triumph sein mag, so ist es doch hilfreich, wenn der Läufer auf d2 steht und von dort aus den Vorstoß des weißen a-Bauern decken kann.

14. ... Tf8–e8

Ein Zug, der zwei Fortsetzungsmöglichkeiten bietet: Schwarz kann nun ... e5 spielen, oder er kann seinen Springer über f8 nach g6 überführen.

15. Dd1–e2

Reshewsky erwähnt auch 15. Se5 Sxe5 16. Txe5 Dc6 17. f3 (oder 17. Df1), wir sind allerdings der Meinung, daß der Abtausch von Figuren die Verteidigung für Schwarz erleichtert.

15. ... Ta8–c8
16. Ta1–c1 Lb7–d5

Provoziert den rückständigen Bauern zum Vorrücken. Ein anderer vernünftiger Plan ist 16. ... Db8 und dann ... Da8. In solchen Stellungen verdoppelt Schwarz gewöhnlich seine Figuren auf der weißen Diagonalen, wobei er seine Dame entweder nach a8 oder nach c6, wie später in der Partie, stellt.

17. c3–c4 Ld5–b7

Reshewsky empfiehlt 17...Lxf3 18. Dxf3 e5, dann aber kommt Weiß mit d5 in Vorteil. Schwarz kann nicht mit 19. ... e4 opfern und 19. ... Sc5 läßt 20. Lf5 nebst 21. Lg5 $\pm$ zu.

18. a3–a4 Dc7–c6

In der Partie Portisch – Karpow, Bugojno 1978, ist tatsächlich diese Stellung erreicht worden, allerdings mit dem bedeutenden Unterschied, daß der weiße a-Bauer noch auf a2, der schwarze h-Bauer schon auf h6 stand. Karpow fuhr fort: 1. . . Lxf3 2. Dxf3 e5 3. Dg3 exd4, und Weiß hat nichts für den Bauern. Man beachte, daß 3. d5 Sc5 4. Lf5 Tcd8 gut ist, weil jetzt 5. Lg5 nicht möglich ist.

19. Ld2–f4

Bietet den Tausch a4 gegen a7 an.

19. . .	**Dc6xa4**
20. Tc1–a1	**Da4–c6**
21. Ta1xa7	**Tc8–a8**
22. Ta7xa8	**Te8xa8**
23. h2–h3	*(Diagramm 71)*

71

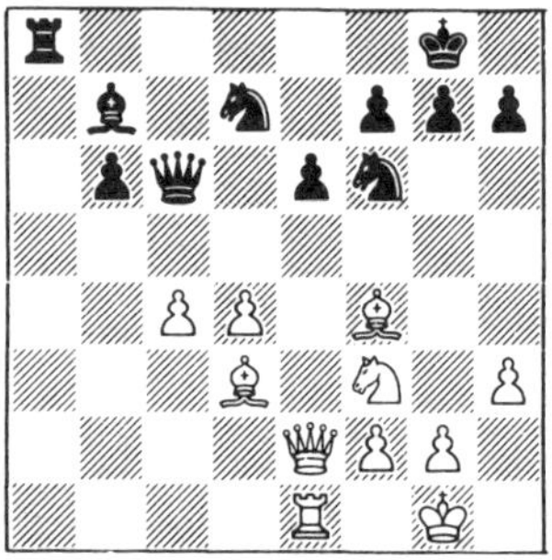

Es ist interessant zu beobachten, daß selbst führende Großmeister diese typische, positionelle Stellung unterschiedlich beurteilen. Reshewsky behauptete, Weiß sei wegen des Läuferpaars im Vorteil, während Donner schrieb: „Meiner Meinung nach bietet diese Stellung beiden Seiten gleiche Chancen. Weiß besitzt das Läuferpaar, wobei sein schwarzfeldiger Läufer besonders stark ist. Schwarz besitzt aber aktives Spiel gegen die hängenden Bauern d4 und c4."

Wir teilen im Großen und Ganzen die Meinung von Donner. Damit sich aber dessen Version als richtig erweist, darf Weiß nicht plötzlich die Fesselung seines Springers durch den Bauernvorstoß d5 unterbrechen können.

23. . .	**Ta8–a3?**

Ein unüberlegter Zug, der die 8. Reihe schwächt und den Turm allen möglichen unangenehmen taktischen Drohungen aussetzt. Donner: „Wäre Reshewsky nicht in Zeitnot gewesen, hätte ich diesen Zug nie gespielt." Nach dem korrekten 23. . . h6! kann Weiß nicht sehr viel gegen die solide schwarze Festung unternehmen.

24. d4–d5!

Die Rache folgt auf dem Fuße!

24. . .	**e6xd5**
25. c4xd5	**Dc6xd5**

Oder 25. . Sxd5 26. Lb5 De6 27. Db2 ±±.

26. Ld3–c4	**Dd5–c5**

Nun startet Reshewsky einen Großangriff gegen f7. Auf 26. . . Dh5 hätte Weiß 27. Sg5 Dxe2 28. Lxf7+ Kh8 29. Txe2 ± spielen können. 26. . . Df5 dagegen scheitert an 27. De7 Dxf4 28. Dxf7+ Kh8 29. Te8+ Sxe8 30. Dg8 matt.

27. Lc4xf7+	**Kg8xf7**

Peinlich, erzwungen war 27. . . Kh8!

28. De2–e6+	**Kf7–g6**
29. Lf4–d6	

Und wieder kann Weiß den unglücklichen 23. Zug von Schwarz ausnützen. Reshewsky wies auch auf die hübsche Variante hin: 29. Sh4+ Kh5 30. Sf5 und auf 30. . . Dc6 folgt 31. Df7+ g6 32. Dxh7+ Sxh7 33. g4 matt. Vielleicht mußte Schwarz den Verzweiflungszug 30. . . Lxg2 versuchen.

29. . .	**Dc5–a5**
30. Sf3–e5+	**Sd7xe5**
31. Te1xe5	**Ta3–a1+**
32. Kg1–h2	**Da5–a8**

Ein exotisches Feld für die Dame, sie muß jedoch den Läufer decken.

33. De6–f5+	**Kg6–f7**
34. Te5–e7+	**Kf7–g8**
35. Ld6–e5	

Schwarz kann sich gegen ein weiteres Opfer, diesmal auf g7, nicht mehr verteidigen.

35. . .	**Ta1–e1**
36. Te7xg7+	

1 – 0

Keene – Rantanen
Havanna Olympiade 1966

(1. d4 Sf6 2. c4 e6 3. Sc3 Lb4 4. e3)

4. ..	**0–0**
5. Lf1–d3	**d7–d5**
6. Sg1–f3	**c7–c5**
7. 0–0	**d5xc4**
8. Ld3xc4	**Sb8–d7**

Wir haben diese Partie unter anderem deshalb ausgewählt, um demonstrieren zu können, wie wertvoll das Studium guter Beispielpartien sein kann. Weiß legt sein Mittelspiel bewußt nach dem Vorbild der Partie Reshewsky – Donner, die wie soeben untersucht haben, an.

9. Dd1–e2	**b7–b6**
10. Lc1–d2	

Vermeidet die Verwicklungen des 'Theoriezuges' 10. d5!?, z.B. 10. ..Lxc3 11. dxe6 Se5 12. exf7 + Kh8 13. bxc3 Lg4 14. e4 De7 15. Te1 b5 16. Lxb5 Sh5 17. Lg5 De6 18. De3 Lxf3 19. gxf3 Dxf7 20. Le2 h6 21. f4 Sxf4 22. Lxf4 Dxf4 23. Tad1! Gligoric – H. Olafsson, Lone Pine 1979. 17. ..Sxf3 + ist vermutlich stärker.

10. ..	**Lc8–b7**
11. Lc4–d3	**c5xd4**
12. e3xd4	**Lb4xc3!?**

Verschenkt im Vergleich zur Partie Reshewsky – Donner ein Tempo, was aber nicht unbedingt ein Unglück sein muß. Ein konstruktiver Wartezug, wie z.B. Te8, hätte jedoch den Erfordernissen der Stellung mehr entsprochen.

13. b2xc3	**Dd8–c7**
14. Ta1–c1	**Tf8–e8**

14...Sg4? verliert nach 15. Lxh7+ Kh8 16. Le4.

15. Tf1–e1	**h7–h6**
16. h2–h3	**Ta8–c8**
17. a2–a4	**Lb7–d5**
18. c3–c4	**Ld5–b7**
19. a4–a5	**Lb7–a6**

(Diagramm 72)

72

Eine zu direkte Art, gegen die hängenden Bauern vorzugehen. Wie wir von der Partie Reshewsky - Donner wissen, muß Schwarz den Druck auf der Diagonalen a8–h1 mit Dc6! verstärken. Die Hauptsache dabei ist, daß der weiße Springer auf f3 gefesselt bleibt.

20. a5xb6	**a7xb6**
21. Tc1–c3	

Hält den c-Bauern gedeckt und bereitet sich gleichzeitig darauf vor, auf der dritten Reihe zum Königsflügel hinüberzuschwenken.

21. ..	**La6–b7**
22. Ld3–b1	**Lb7–a6**

Immer noch war Zeit für 22...Dc6!

23. Lb1–d3?	

Sollte nur eine harmlose Zugwiederholung sein, gab jedoch Schwarz erneut die Möglichkeit zu...Dc6 im 24. Zug.

23. ..	**La6–b7**
24. Ld3–b1	**Lb7–a6?**
25. Sf3–e5!	

Schwarz muß nun hilflos zusehen, wie Weiß seine Figuren auf den Königsflügel überführt.

25. ..	**Sd7xe5**
26. d4xe5	**Sf6–d7**
27. Tc3–g3	**La6xc4**
28. De2–h5	

Noch einfacher ist 28. Dg4, was den Vorstoß des schwarzen g-Bauern erzwingen würde. Dem Textzug gebührt jedoch das Verdienst, eine elegante Opferwendung einzuleiten.

28. ..	**f7–f5**

29. Tg3xg7+!

Von jetzt an sind alle schwarzen Züge erzwungen. Die Partie endete: **29. .. Kxg7 30. Dxh6+ Kg8 31. Te3 Sxe5 32. Tg3+ Sg4 33. hxg4 Te7 34. gxf5+ Tg7 35. f6 Txg3 36. fxg3 e5** (ein verzweifelter Versuch, den Läufer zu aktivieren) **37. Dg6+ Kh8 38. Dh6+ Kg8 39. Dg6+ Kh8 40. Lh6 Ld5 41. Lg7+ Kg8 42. f7+** und Matt im nächsten Zug (1 – 0).

Gligoric – Taimanow
Montilla 1977

(1. d4 Sf6 2. c4 e6 3. Sc3 Lb4 4. e3)

4. . .	**0–0**
5. Lf1–d3	**d7–d5**
6. Sg1–f3	**c7–c5**
7. 0–0	**d5xc4**
8. Ld3xc4	**Lc8–d7!?**

(Diagramm 73)

73

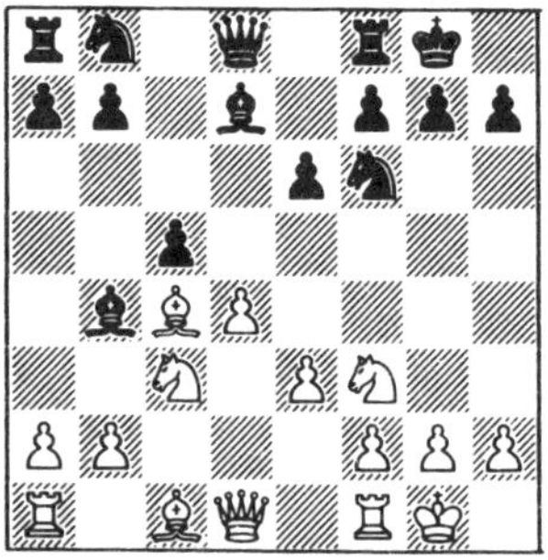

Bronsteins Idee! Geplant ist, den Läufer auf c6 zu „fianchettieren", ohne dabei die schwarze Bauernstruktur am Damenflügel in irgendeiner Form zu schwächen. Ein möglicher Nachteil dabei ist, daß der Läufer durch ein späteres Se5 angegriffen wird. Eine der Pläne von Schwarz besteht jedoch darin, den Läufer auf c6 gegen den Springer auf f3 zu tauschen und dann mit Sc6 auf den weißen d-Bauern zu drücken. In Anbetracht dessen sollte sich Se5 als nicht allzu unangenehm erweisen.

9. Dd1–e2

Der natürlichste Zug. Alternativen sind:

a) **9. Se5** Le8! gefolgt von . . . Sc6 oder . . . Sbd7, mit Entlastung für die schwarze Stellung.

b) **9. dxc5** (schwach) 9. ..Lc6 10. Sb5 a6 11. Sbd4 Lxc5 =.

c) **9. Ld3** Lc6 10. Se5 Sbd7 11. Sxc6 bxc6 12. Df3 cxd 13. exd Sd5 ist laut Cholmov gut für Schwarz, obwohl wir uns vorstellen können, daß diese Ansicht nicht jedermanns Geschmack ist.

d) **9. a3** Lxc3 (oder 9. . . cxd4 10. exd4 Lxc3 11. bxc3. Mit 9. . . La5 wird die gleiche Stellung erreicht wie in der Anmerkung zum 11. Textzug) 10. bxc3 Lc6 11. Te1 Sbd7 12. Ld3 Da5 13. Lb2 cxd4 14. cxd4 Le4 (Versucht, durchaus korrekt, die weißfeldigen Läufer zu tauschen.) 15. Se5 Lxd3 16. Sxd7 Sxd7 17. Dxd3 Tac8 = Geller – Keres, Wettkampf 1962. Eine andere Möglichkeit wäre 11. Se5 Ld5! 12. Le2 cxd4 13. cxd4 Sc6 = Taimanow – Wade, Buenos Aires 1960.

9. . .	**Ld7–c6**
10. Tf1–d1	**Dd8–e7**

Nach 10. . . Lxf3 11. Dxf3 Sc6 12. a3 Lxc3 13. bxc3 e5 gefällt uns 14. Df5! Schwarz könnte auch 13. . . Dc7!? versuchen, wir sehen jedoch nichts, was man den weißen Läufern entgegensetzen könnte.

11. a2–a3	**Lb4xc3**

Nach 11 . . . La5 wollte Gligoric das seltsam aussehende 12. Sa2!? spielen, mit der Drohung, auf c5 zu schlagen. Schwarz könnte dann jedoch den thematischen Abtausch 12 . . . Lxf3 13. Dxf3 durchführen nebst 13 . . . Sc6 und später . . . Tfd8. Dies wäre vermutlich auch besser gewesen als der Textzug. Nach 11 . . . La5 aber könnte Weiß ganz normal die Stellung verschärfen: 12. Ld2 Lxf3

13. Dxf3 Sc6 14. dxc5 Dxc5 15. Lf1 De5 (15. . . De7!) 16. g3 Tad8 17. Tac1 Kortschnoi – Mantanovic, Palma de Mallorca 1968.

12. b2xc3 Sb8–d7

12. . . Lxf3 13. Dxf3 Sc6 würde offensichtlich nicht viel leisten, weil der weiße d-Bauer gut geschützt ist.

13. a3–a4!

Dieser Zug war ein Schock für Taimanow, der in seinem Buch über die Nimzo-Indische Verteidigung lediglich 13. Lb2 Sb6 mit gutem Spiel für Schwarz erwähnt. Es ist ganz klar, daß Schwarz versuchen wird, die weißen Felder am Damenflügel zu kontrollieren, und so ist a4 ein logischer Zug, um einmal einen schwarzen Springer von b6 vertreiben zu können.

13. . . Tf8–c8
14. Lc4–b3 De7–e8

Ein feiner Zug. Die Dame geht zum einen der Bauernfesselung nach La3 aus dem Weg und unterstützt von e8 aus die schwarzen Aktionen auf den weißen Feldern. Eine verlockende Alternative ist 14. . . c4, aber nach 15. Lc2 (15. Lxc4? Lxf3! 16. gxf3 Sb6) 15. . . Le4 16. Lxe4 Sxe4 17. Dc2 f5 18. Se1 wird Weiß im Zentrum mit f3 und e4 eine Bauernwalze in Bewegung setzen.

15. c3–c4 c5xd4
16. e3xd4 Sd7–b6
17. a4–a5 *(Diagramm 74)*

74

17. . . Lc6–a4?

Wenn Weiß zwei hängende Bauern besitzt, ist es im allgemeinen gut für Schwarz, die weißfeldigen Läufer zu tauschen. Hier jedoch ist diese bewährte Strategie fehl am Platze – der schwarze Springer stürzt sich auf a4 ins eigene Verderben. Korrekt ist 17. . . Lxf3! (endlich!) 18. Dxf3 Sxc4 19. Dxb7 Sd5 oder 18. gxf3 Sbd7 19. f4 g6, und der zerschlagene weiße Königsflügel entschädigt Schwarz für den Vorteil, den Weiß durch das Läuferpaar und die mobilen Zentrumsbauern besitzt. Schwarz muß seinen Springer f6 nun so schnell wie möglich (über h5 und g7) nach f5 spielen.

18. Lb3xa4 Sb6xa4
19. Lc1–d2 b7–b6

Leitet ein Rettungsmanöver für den gestrandeten Springer ein. Taimanow hatte ursprünglich 19. . . b5 20. cxb5 Sd5 geplant und dabei übersehen, daß sein Springer auf a4 nicht mehr gedeckt wäre.

20. Td1–b1 b6xa5
21. c4–c5 Sf6–d5
22. De2–d3

Droht bereits Da3.

22. . . Ta8–b8
23. Tb1xb8 Tc8xb8
24. Dd3–c2 Sa4–b6

Auf b2 wären die Tage des Springers schnell gezählt. Deshalb opfert Taimanow den Springer so, daß er zwei verbundene Freibauern erhält. Die Kompensation reicht aber objektiv gesehen nicht aus, allerdings ist die schwarze Stellung nur sehr schwer zu knacken.

25. c5xb6 a7xb6
26. Sf3–g5

Schwarz kann am Damenflügel kaum angegriffen werden, deshalb muß Weiß die Mehrfigur zu einem Angriff auf den schwarzen König ausnutzen. Der Textzug erzwingt eine Schwächung der schwarzen Felder am Königsflügel.

26. . . g7–g6
27. Dc2–e4 Tb8–c8

28. De4–h4 **h7–h5**
29. Dh4–e4 **a5–a4**

Versucht, Weiß von seinem Vorhaben abzulenken.

30. h2–h3 **b7–b5**
31. g2–g4 **h5xg4**

Ein unfreiwilliger Abtausch, der für die weiße Dame h1 (!) freimacht, doch auf 31. . . b4 folgt 32. gxh5 b3 33. hxg6 fxg6 34. Sxe6 b2 35. Te1 Sf6 36. De5 ±±.

32. h3xg4 **Tc8–c4!**

Eine gute Verteidigung gegen alle möglichen drohenden Unheile.

33. Dh4–h1 **Sd5–f6**
34. Sg5–e4

Eliminiert eine starke Verteidigungsfigur. Aber nicht 34. Lf4? Txd4 35. Le5 Txg4+ 36. Kf1 Sh5.

34. . . **Sf6xe4**
35. Dh1xe4 **De8–d7**

Schwarz setzt seine ganze Hoffnung auf einen Durchbruch mit . . . e5 und . . . Dxg4+. Sofort 35. . . e5 führt zu einem verlorenen Endspiel, in dem die schwarzen Bauern leicht blockiert werden können: 36. Dxe5 Dxe5 37. dxe5 Txg4+ 38. Kf1 Te4 39. Lc3 Tc4 40. Lb2 Tc2 41. La3.

36. Ld2–e3 **e6–e5**
37. De4xe5 **Dd7xg4+**
38. Kg1–h2 **Dg4–h4+**
39. Kh2–g2 **Dh4–g4+**
40. De5–g3

Nun gehen die Schachgebote aus, und nach Th1 ist Weiß deutlich im Vorteil. Die restlichen Züge waren: **40. . . Dd7 41. Df3 Kg7 42. Th1 b4 43. Lh6+ Kg8 44. Lg5 f5 45. Df4** (der Abgabezug! Stärker ist 45. Dh3 Db7+ 46. f3 Tc2+ 47. Kg3 Dg7 48. Te1!) **45. . . De6 46. Kg3 Tc3+ 47. f3** (droht 48. Db8+ Dc8 49. De5 oder 48. . . Tc8 49. Db7) **47. . . Kf7 48. Th7+ Kg8 49. Te7 Da6 50. Db8+** 1 – 0.

Taimanow – Browne
Wijk aan Zee 1981

(1. d4 Sf6 2. c4 e6 3. Sc3 Lb4 4. e3)

4. . . **c7–c5**
5. Sg1–f3 **0–0**
6. Lf1–d3 **d7–d5**
7. 0–0 **c5xd4**
8. e3xd4 **d5xc4**
9. Ld3xc4 *(Diagramm 75)*

75

Diese Stellung – man kann sie auch erreichen mit 7. . . dxc4 8. Lxc4 cxd4 9. exd4 – ist eine sehr wichtige Stellung im Nimzo-Inder. Es ist eine typische Stellung mit isoliertem d-Bauern, die in schon vielen Partien aufgetreten ist. Es gibt ähnliche Stellungen, die aus dem Damengambit entstehen, wo der schwarze Läufer auf e7 steht. Schwarz kann dort mit . . . Sc6 und . . . Sb4 die Kontrolle von d5 anstreben, was hier jedoch nicht möglich ist. Schwarz fianchettiert deshalb seinen weißfeldigen Läufer und postiert einen Springer nach d7.

Weiß versucht, die Abwesenheit des schwarzen Läufers von e7 mit der Fesselung Lg5 auszunützen.

9. . . **b7–b6**

Eine Alternative für Schwarz ist 9. . . a6 mit der Absicht . . . b5. Weiß kann das entweder zulassen oder aber auch a4 spielen.

In beiden Fällen stehen seine Chancen besser.

10. Lc1–g5 Lc8–b7
11. Ta1–c1!?

Wenn Schwarz ... Lcx3 spielt, will Weiß auf c3 mit dem Turm zurücknehmen und dann den Turm zu Angriffszwecken auf der 3. Reihe zu den Königsflügel bringen. Anstelle dieses Zuges, der darauf zielt, die Dame nach e2 zu stellen, ist Te1 eine gute Alternative. Hier einige Beispiele:

a) 11. Te1 Sbd7 12. Tc1 Tc8 13. Db3 De7 (Browne zeigt nun, wie gefährlich die Fesselung des schwarzen Springers ist. Viel sicherer war 13... Le7) 14. Ld5!! (stellt den Läufer überraschenderweise auf ein Feld, auf dem er auf drei verschiedene Möglichkeiten geschlagen werden kann) 14. .. La6 (nicht 14. .. Lxd5 15. Sxd5, nicht 14. .. Tb8 15. Lxb7 Txb7 16. Sd5 und auch nicht 14. .. Lxc3 15. Lxb7 Lxe1 16. Lxc8) 15. Da4 Lxc3 16. bxc3 Sb8 17. Lb3 b5 (bessere Aussicht verspricht 17... Ld3 gefolgt von ... Lg6) 18. Da5 Db7 19. Lxf6 gxf6 20. d5 exd5 21. Db4 Dd7 22. Dh4 Kg7 23. Sd4 1–0 (nach 23. .. Sc6 gewinnt 24. Lc2) Browne – Ljubojevic, Tilburg 1978.

b) 11. Te1 Lxc3 12. bxc3 Sbd7 13. Ld3 Tc8 14. Tc1 Dc7 15. Lh4 (nachdem sich Schwarz von der unangenehmen Fesselung befreit hat, versucht Weiß die schwarze Dame mit Lg3 zu stören) 15... Dc6 16. c4 Sh5 (besser ist 16. .. Tfe8 oder 16. .. h6) 17. d5 mit klarem Vorteil für Weiß wie in der Partie Portisch – Browne, Tilburg 1978.

11... Sb8–d7

In der Partie Øgaard – Browne, Reykjavik 1978, wurde das sichere 11... Le7 gespielt.

12. Dd1–e2

12. Te1 Tc8 13. Ld3 Te8 14. De2 Lxc3 15. bxc3 Dc7 16. Lh4 Sh5 17. De3 Sdf6 war in der Partie Gligoric – Browne, Novi Sad 1979, befriedigend für Schwarz. Stärker ist vermutlich 16. c4 Dc6 17. h3 Tcd8 18. Tcd1 Sf8 19. De5 S6d7 20. Dg3 Ta8 21. h4 Gligoric – Portisch, Lugano 1968. Seltsam, wie schnell sich Meinungen ändern können. Im Schachinformator 6 (1968) beurteilte Gligoric die Stellung nach 14. De2 noch optimistisch mit '±'.

Mit dem Textzug 12. De2 beabsichtigt Weiß, den Turm f1 erst dann zu ziehen, wenn es sein muß, und dafür den Springer auf e5 zu postieren und dank der Springerfesselung Druck auf die schwarze Stellung auszuüben.

12... Ta8–c8

Auch hier scheint 12... Le7 besser zu sein. Auf 12... h6 folgt 13. Lf4 und eventuell Sb5.

13. Sf3–e5 h7–h6?!

In der Partie Knaak – Estevez, Camaguey 1974, ist 13. .. Le7 gespielt worden. Ebenfalls 13... h6 hat Karpow gegen Keres gespielt, San Antonio 1972. Keres fuhr fort mit 14. Lf4 Sxe5 15. Lxe5 De7 16. La6 Lxa6 17. Dxa6 Lxc3 18. bxc3 Sd5 mit ausgeglichenem Spiel. Später empfahl Keres dann 14. Sxd7.

14. Se5xd7 Dd8xd7
15. Lg5xf6 g7xf6
16. Tf1–d1 *(Diagramm 76)*

76

In der 'Enzyklopädie der Schach-Eröffnungen' wird die Stellung als gut für Weiß beurteilt. Der schwarze Königsflügel ist zerstört, die offene g-Linie bietet keine ausreichende Kompensation.

16. . . **Dd7–c6**

17. De2–g4+ **Kg8–h7**

17 . . . Kh8 18. Lb5 Dd6 19. Dh4 und Weiß gewinnt.

18.Sc3–d5!

Die Entscheidung! Die Partie endete: **18. . .f5 19. Sf6+ Kh8 20. Dh3! Kg7 21. Sh5+ Kh8** (21. . . Kh7 22. Dg3 Tg8 23. Sf6+ Kh8 24. d5! und gewinnt) **22. Dg3 Tg8 23. De5+ f6 24. Dxf6+ Kh7 25. d5 De8 26. Sf4 Ld6 27. dxe6 Tf8 28. Dh4 Dc6 29. Lf1! Dxc1 30. Txd6** 1 – 0. Gegen die Drohungen 31. Td7+ und 31. e7 ist Schwarz machtlos.

10 Hübners Blockadeplan

1. d2–d4	**Sg8–f6**
2. c2–c4	**e7–e6**
3. Sb1–c3	**Lf8–b4**
4. e2–e3	**c7–c5**
5. Lf1–d3	**Sb8–c6**
6. Sg1–f3	**Lb4xc3+**
7. b2xc3	*(Diagramm 77)*

77

Dies ist die Ausgangsstellung der Hübner-Variante. Schwarz hat seinen Läufer gegen den weißen Springer getauscht, ohne daß Weiß a3 gespielt hat. Dies mag als Tempoverlust erscheinen, Schwarz besitzt jedoch einen guten Plan. Er ist dabei, auf den schwarzen Feldern mit ...d6 und ...e5 ein solides Bauernzentrum zu errichten. Schwarz hofft, so die beiden weißen Läufer blokkieren zu können. Schließlich wird Schwarz versuchen, den weißen Doppelbauern auf der c-Linie anzugreifen. Dies ist jedoch ein recht langfristiges Ziel. In der Eröffnung und im frühen Mittelspiel müssen zunächst alle Angriffschancen, die sich dem Weiß am Königsflügel bieten, im Keim erstickt werden. Im Gegensatz zu vielen anderen Nimzo-Indischen Stellungen wird diese hier blockiert, und das Spiel entwickelt sich dabei bedeutend langsamer.

Spassky – Fischer
Reykjavik 1975
(5. Wettkampfpartie)

(1. d4 Sf6 2. c4 e6 3. Sc3 Lb4 4. e3 c5 5. Ld3 Sc6 6. Sf3 Lxc3+ 7. bxc3)

7. . . **d7–d6**

8. e3–e4

Die Hauptalternative zu 8. e4 ist 8. 0–0, sie wird in der Partie Portisch – Timman (Seite 66) untersucht. Spassky wählt den aggressiveren Zug, mit dem sich Weiß aber auch mehr festlegt. Nach der Partie Spassky – Fischer ist 8. 0–0 verständlicherweise beliebter geworden. Ebenfalls möglich ist 8. Sd2.

8. . . **e6–e5**

9. d4–d5

Die neueste Idee ist 9. h3!? (Portisch – Miles, IBM 1981) 9. . . h6 10. De2. Die Spannung soll erhalten bleiben, und, falls Schwarz zweimal auf d4 tauscht, soll der Bauer d4 mit Lb2 zurückgenommen werden.

9. . . **Sc6–e7**

Wichtig ist zu verstehen, warum Schwarz . . . Se7 und nicht das natürliche 9. . . Sa5 spielt, womit der Doppelbauer angegriffen würde. Nach 9. . . Sa5 10. h3 (um den Läufer nach e3 entwikkeln zu können) 10. . . b6 11. Le3 La6 12. De2 Dd7 (droht . . . Da4) 13. a4 ist Weiß im Vorteil, denn Schwarz hat keine Möglichkeit mehr, die schwachen weißen Bauern anzugreifen. Da er aber all seine Figuren zum Damenflügel hin entwickelt hat, wird er Probleme bekommen, seinen Königsflügel gegen einen weißen Angriff zu verteidigen. Weiß kann selbst dann noch am Königsflügel angreifen, wenn Schwarz zum Damenflügel hin rochiert.

10. Sf3–h4

Ein weiterer Angriffzug von Weiß, der f4 vorbereitet. Versucht Schwarz, dies mit 10... Sg6 zu verhindern, kann Weiß seinen Springer nach f5 ziehen und eine gute Stellung erreichen. Schwarz kann den störenden Springer abtauschen, doch dann erhält Weiß einen starken Bauern auf f5 und kann einen Bauernvorstoß am Königsflügel einleiten.
Weiß kann dagegen auch das stille 10. Sd2 spielen, was auf den ersten Blick ungefährlicher zu sein scheint als Sh4. Weiß will den Springer nach f1 zurückziehen, von wo aus er nach e3 oder g3 gelangen soll. Schwarz muß nach 10. Sd2 vorsichtig sein, da Weiß danach positionell in Vorteil kommt, z.B. Petrosjan - Ivkov, Nizza 1974: 10. ..0-0 11. Sf1 Da5 12. Ld2 Se8 13. Sg3 (Schwarz war im Begriff, ... f5 vorzubereiten, deshalb ergreift Petrosjan vorbeugende Maßnahmen) 13. .. f5 (Ivkov hätte 13... g6 spielen sollen, um auf f5 mit dem Bauern zurücknehmen zu können) 14. exf5 Sxf5 15. Dc2 g6 16. 0-0 Ld7 17. Se4 Sf6 18. Sg5 Tae8 19. f3 Sg7 20. g4 Da4 (besser ist wohl 20. .. b5 21. cxb5 c4 22. Lxc4 Lxb5, wo Schwarz einen Bauern opfert um Gegenspiel am Damenflügel zu erhalten. Man beachte die Schwierigkeiten, die Weiß hat, um den Bauern zu verteidigen) 21. Db3 Tb8. Das Ende der Partie kann auf Seite 19 nachgelesen werden.
Ein guter Plan für Schwarz nach 10. Sd2 ist 10. .. Da5 11. Dc2 h5! 12. h4 Ld7 13. g3 0-0-0, Gligoric - Larsen, Bugojno 1980. Dem schwarzen König ist am Damenflügel kaum beizukommen.

10... **h7-h6**

Verhindert Lg5 und bereitet mit ... g5 Raumgewinn am Königsflügel vor.

11. f2-f4

Die logische Folge von 10. Sh4, Weiß kann aber auch 11. 0-0 oder 11. f3 spielen. Beide Züge sichern Schwarz nach ... g5 gutes Spiel, z.B. 11. 0-0 g5 12. Sf5 Sxf5 13. exf5 e4 14. Lc2 Lxf5 15. f3 Lg6 16. h4 Sd7 17. f4 gxh4 18. f5 Lh7 19. f6 Lg6 Kraidman - Mc Grillen, Skopje 1972, oder 11. f3 Da5 12. Dc2 g5 13. Sf5 Sxf5 14. exf5 Ld7 15. h4 g4 16. fxg4 (16. h5!?) 16. .. Sxg4 17. Le2 Tg8 18. Lxg4 Txg4 19. Lxh6 Lxf5 20. Dxf5 Dxc3+ 21. Kf2 Db2+ 22. Ke3 Txg2 0-1 Donner - Portisch, Skopje 1972.

11... **Se7-g6!**

(Diagramm 78)

78

Ein feiner Zug, der von Fischer stammt. Auf den ersten Blick gewinnt 11... exf4 12. Lxf4 g5 eine Figur, aber nach 13. e5 Sg4 (13...Sg8 14. exd6) 14. e6 Sf6 15. Lg3 gxh4 16. Lxh4 Sg6 17. Lxg6 fxg6 18. Dd3 verfügt Weiß über enormen Druck. Dies alles hatte Spassky vorbereitet, und so war Fischers Zug möglicherweise eine Überraschung.
Nach 11... Sg6 kann Schwarz den gefährlichen weißen Springer ausschalten, da 12. Sf5 Lxf5 13. exf5 Sxf4 einen Bauern gewinnt und das wichtige Feld e5 kontrolliert. Der nach 12. Sxg6 entstehende Doppelbauer sieht wie eine Schwäche aus, er hat jedoch auch seine Vorzüge: f5 ist nicht mehr so gefährlich, zudem kann Schwarz in manchen Stellungen ... g5 spielen, mit der Idee, auf f4 einen Springer festzusetzen. Dabei kann der schwarze Doppelbauer sehr nützlich sein.

12. Sh4xg6 **f7xg6**

13. f4xe5??

Nach diesem schlechten Zug besitzt Spassky kaum noch Chancen. Der Freibauer auf der d-Linie kann von Schwarz leicht blockiert werden. Besser ist 13. 0–0 gefolgt von f5. Nach f5 kann Schwarz entweder tauschen oder ... g5 spielen, z.B. 13. 0–0 0–0 14. De1 Ld7 15. Dg3 De8 16. f5 g5 mit gutem Spiel für Schwarz, Tarjan – Dzhindzhihashvili, Hastings 1978, oder 13. 0–0 0–0 14. f5 gxf5 15. exf5 Ld7 und Schwarz hat eine befriedigende Stellung, Lombard – Panno, Biel 1977. Oder 14 ... b5!? 15. cxb5 c4 16. Lc2 gxf5 17. exf5 Db6+ 18. Kh1 Dxb5 wie in der Partie Unzicker – Timman, Wijk aan Zee 1981.

13. ... dxe5
14. Lc1–e3 b7–b6
15. 0–0 0–0
16. a2–a4? a7–a5

Hier hat Fischer wiederum richtig entschieden. Der schwarze Bauer b6 ist nun zwar schwach, der weiße a-Bauer aber noch schwächer. Schwarz kann seinen b-Bauern mit ... Ld7 und ... Tb8 leicht verteidigen und besitzt großen Vorteil, denn Weiß muß den a-Bauern verteidigen und zugleich den Königsflügel im Auge behalten.

17. Ta1–b1 Lc8–d7
18. Tb1–b2 Ta8–b8
19. Tb2–f2 Dd8–e7
20. Ld3–c2 g6–g5
(Diagramm 79)

79

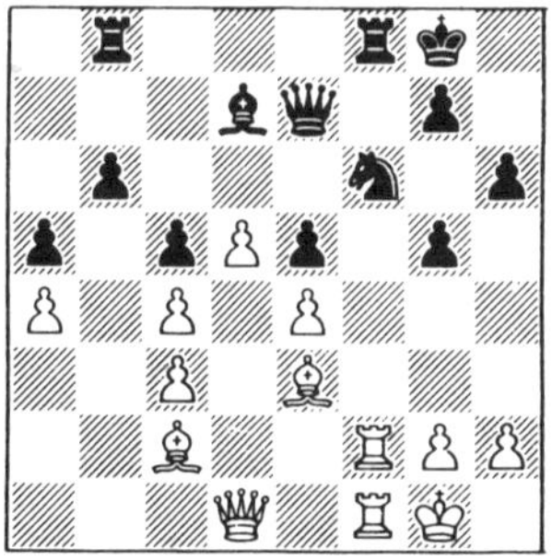

Nun sieht man, wie nützlich der schwarze Doppelbauer auf der g-Linie ist. Er bereitet den Vorposten f4 für den Springer vor. Obwohl die verdoppelten Türme auf der offenen f-Linie gut plaziert scheinen, können sie der schwarzen Stellung nichts anhaben.

21. Le3–d2 De7–e8

Fischer plant, die Dame nach g6 zu spielen, um von dort aus den e-Bauern anzugreifen. Man beachte, daß die weiße Dame und der weiße Läufer an die Verteidigung von a4 gebunden sind.

22. Ld2–e1 De8–g6
23. Dd1–d3 Sf6–h5

Schwarz beschließt, seinen Springer auf f4 festzusetzen und die aktiven weißen Türme abzutauschen.

24. Tf2xf8+ Tb8xf8
25. Tf1xf8+ Kg8xf8
26. Lc2–d1 Sh5–f4

'Nimzowitsch hätte diese Stellung sehr gefallen – Hemmung, Blockade, Doppelbauer und Vorposten auf der offenen Linie.' (Keene: Aron Nimzowitsch – A Reappraisal).

27. Dc3–c2?? *(Diagramm 80)*

80

Spassky hätte 27. Db1 spielen müssen, was alle schwachen Punkte verteidigt hätte, doch hätte Schwarz vermutlich trotzdem gewonnen. Er hätte seinen König zum Schutz des b-Bauern nach a7 bringen und dann mit der Dame auf dem Königsflügel eindringen können.

27. ... Ld7xa4!
0 – 1

Nach 28. Dxa4 Dxe4 droht Matt.
Das Bemerkenswerte an dieser Partie ist die Geschwindigkeit, mit der die weiße Stellung zusammenbrach, nachdem sie ihrer ganzen Dynamik beraubt war.

Portisch – Timman
Wijk aan Zee 1978

(1. d4 Sf6 2. c4 e6 3. Sc3 Lb4 4. e3 c5 5. Ld3 Sc6 6. Sf3 Lxc3+ 7. bxc3)

7. ... d7–d6

8. 0–0

Nach der Partie Spassky – Fischer ist nach Alternativen zu 8. e4 gesucht worden.

8. ... e6–e5

9. Sf3–d2 *(Diagramm 81)*

81

Weiß spielt ein Gambit. Schwarz kann auf verschiedenen Wegen einen Bauern gewinnen, tut dies aber meistens nicht, weil dadurch die Stellung für die beiden weißen Läufer geöffnet würde. Die Idee des Textzuges ist es, den Springer nach b3 zu überführen, von wo aus er das Zentrum verteidigen und Druck auf den schwarzen Damenflügel ausüben soll. Außerdem kann Weiß seinen f-Bauern vorrücken und das schwarze Zentrum angreifen.
Andere Methoden für Weiß sind

a) **9. Dc2** De7 10. Sd2 0–0 (nicht 10. ... cxd4 11. exd exd4 Lb2 mit gutem Spiel für den Bauern) 11. dxc5 dxc5 12. Se4 (Der normale Plan in solchen Stellungen. Weiß will die Springer tauschen und dann seinen Läufer auf d5 postieren, wo er gut stehen wird) 12. .. g6 13. Sxf6+ Dxf6 14. f4 (14. Le4 Lf5) 14. .. exf4 15. exf4 Lf5 16. Lxf5 Dxf5 17. Dxf5 gxf5 18. Le3 b6 mit gutem Spiel für Schwarz wegen der weißen Bauernschwächen am Damenflügel, Taimanow – Hübner, Palma 1970.

b) **9. d5** Se7 10. Dc2 0–0 11. Sd2 h6 12. f3 mit leichtem Vorteil für Weiß, Vaganian – Steinberg, UdSSR 1970.

c) **9. Sg5** 0–0 10. f4 cxd4 11. cxd4 exd4 12. exd4 d5 mit annehmbarem Spiel für Schwarz. Schwarz kann den weißen Springer mit . . . h6 vertreiben und dann e4 als Vorposten für seinen eigenen Springer nutzen, Flear – Plaskett, London 1980. Anstelle von 12. . . d5 ist hier auch 12. . . Db6 möglich.

9. ... c5xd4

Timman beschließt, das Bauernopfer anzunehmen, doch diese Idee scheint zweifelhaft zu sein. Zufriedenstellend für Schwarz ist es, das Opfer mit 9. . . 0–0 abzulehnen. Nach 10. Sb3 kann Schwarz wählen zwischen . . . b6 und . . . e4. Hierzu zwei Partiebeispiele:

a) Olafsson – Andersson, Reykjavik 1972. 9. .. 0–0 10. Sb3 e4 11. Lc2 De7 f3 (Der Plan von Weiß ist es, den schwarzen e-Bauern zu eliminieren und dann selbst im Zentrum vorzugehen. Andersson verhindert dies.) 12. .. Te8 13. Kh1 h6 14. Sd2 exf3 15. gxf3 cxd4 16. cxd4 Dxe3 (sieht sehr gefährlich für Schwarz aus, aber Andersson hat genau gerechnet) 17. Se4 Dxd4 18. Dxd4 Sxd4 19.Sxf6 + gxf6 20. Tg1 + Kf8 21. Lxh6 + Ke7 22.Le4 Le6 23. Tab1 Tab8 24. Lxb7 Lxc4 mit gutem Endspiel für Schwarz.

b) Johner – Nimzowitsch, Dresden 1926: 9. . . 0–0 10. Sb3 b6 11. f4 e4 12. Le2 Dd7. Nimzowitschs Züge mögen sehr überrascht haben, sie zeigen jedoch ganz klar, wo's für Schwarz lang geht:
Er bereitet sich darauf vor, die Dame auf den Königsflügel, den Zentrum des Kampfes, zu bringen. Die ganze Partie ist auf Seite 13 zu finden.

10. c3xd4	**e5xd4**
11. e3xd4	**Sc6xd4**
12. Tf1–e1+	*(Diagramm 82)*

82

12. . . **Sd4–e6**

Schwarz hätte auch mit 12. . . Le6 den Läufer dazwischenziehen können, doch dann hätte Weiß seinen Angriff mit 13. Lb2 Sc6 14. Se4 Sxe4 15. Lxe4 fortsetzen können und hätte zwei sehr starke Läufer behalten. Schwarz darf dann nicht rochieren: 15. . . 0–0 16. Dh5 h6 17. Te3 und falls nun 17. . . Dg5, so 18. Tg3 Dxh5 19. Txg7+ Kh8 20. Th7+ Kg8 21. Th8 matt. Die einzige Verteidigung wäre 17. . . Se5, aber nach 18. Lxe5 dxe5 19. Dxe5 ist Weiß immer noch im Vorteil.

13. Lc1–a3

13. Se4 ist nun nicht so wirkungsvoll, da der schwarze Springer auf e6 besser plaziert ist und den Königsflügel verteidigen kann.

13. . . **0–0**
14. Sd2–b3

Weiß bedroht nun den schwarzen d-Bauern (Lxd6), Schwarz darf wegen Lxh7+ nicht zurücknehmen.

14. . . **Dd8–d7**

Nach 14. . . Se8 ist Schwarz völlig eingeschnürt, und Weiß kann weitere Probleme stellen mit 15. Le4, wodurch Schwarz an der Entwicklung seines weißfeldigen Läufers gehindert wird 14. . . Sf4 15. Lc2 stellt Schwarz ebenfalls vor das Problem, wie er seinen Läufer entwickeln soll. Timmans Zug verteidigt auf raffinierte Weise den d-Bauern: Nach 15. Lxd6 Td8 16. c5 Sxc5 17. Lxh7+ Kxh7 18. Dc2+ Df5 ist die Stellung ausgeglichen.

13. Te1–e3

Portisch beginnt, einen Angriff am Königsflügel aufzubauen. Schwarz kann seine Figuren nicht rasch genug entwikkeln.

15. . . **Dd7–c6**

Nach 15. . . Td8 16. Lb2 Se8 17. Dh5 h6 18. Tg3 Kf8 19. Te1 steht Schwarz hilflos vor der weißen Drohung Lxg7+ nebst Dxh6.

16. La3xd6	**Tf8–d8**
17. Ld6–e5	**Sf6–d7**
18. Dd1–h5	**h7–h6**
19. Le5–b2	*(Diagramm 83)*

83

Schwarz kann sich gegen 20. Tg3 und 21. Dxh6 nicht verteidigen, deshalb muß Timman die Damen tauschen. **19. . . Dxg2+ 20. Kxg2 Sf4+ 21. Kg1 Sxh5 22. Td1 Tf8 23. La3 Td8 24. Lb2**

Tf8 25. La3 Td8 26. Lf5 (Nachdem Portisch seine Beute umzingelt hat, stürzt er sich auf sie und vernichtet sie. Weiß droht 27. Lxd7 Txd7 (27. .. Lxd7 28. Ted3) 28. Te8+ Kh7 29. Txd7) **26. .. Shf6 27. Le7 Te8 28. Lxf6 Sxf6 29. Txe8+ Sxe8 30. Td8 Kf8 31. Lxc8** (31. Txc8 Txc8 32. Lxc8 Sd6 läßt Schwarz noch Widerstand leisten) 1 – 0.

11 Die Rubinstein-Variante

1. d2–d4	**Sg8–f6**
2. c2–c4	**e7–e6**
3. Sb1–c3	**Lf8–b4**
4. e2–e3	**c7–c5**
5. Sg1–e2	*(Diagramm 84)*

84

Das war Rubinsteins neue Idee, die verhindern soll, daß nach Abtausch des schwarzen Läufers gegen den Springer auf c3 ein Doppelbauer entsteht. Auch wenn der weiße Aufbau bescheiden aussieht, darf Schwarz dem Weißen das Läuferpaar nicht ohne Gegenspiel überlassen. Das Problem für Weiß besteht darin, nicht zu weit in der Entwicklung zurückbleiben, denn sein weißfeldiger Läufer ist vorübergehend eingesperrt. Die Erfolge der Hübnerschen-Variante hat auch die Rubinstein-Variante wieder aufleben lassen.

Botwinnik – Tolush
Moskau – Leningrad 1965

(1. d4 Sf6 2. c4 e6 3. Sc3 Lb4 4. e3 c5 5. Se2)

5. . .	**d7–d5**
6. a2–a3	**Lb4xc3+**

Schwarz kann auch 6. . . La5 7. dxc5 dxc4 8. Dxd8+ Kxd8 9. Ld2 spielen, wobei Weiß das etwas bessere Endspiel hat. 6. . . cxd4 7. exd4 Le7 8. c5 bietet Weiß aufgrund seines Raumvorteils und der Bauernmehrheit am Damenflügel gute Aussichten.

7. Se2xc3	**c5xd4**
8. e3xd4	**d5xc4**
9. Lf1xc4	*(Diagramm 85)*

85

Wiederum ist eine Stellung mit isoliertem d-Bauern entstanden. Was sind ihre Hauptfaktoren? Weiß besitzt das Läuferpaar, er wird aber Le3 spielen müssen, um nach . . . Sc6 seinen d-Bauern dekken zu können. Und so wird Weiß zunächst Schwierigkeiten haben, irgendwelche Angriffspläne zu entwickeln. Schwarz kann d5 blockieren, indem er seinen Läufer fianchettiert und den Springer nach e7 spielt. Auf den ersten Blick scheint Schwarz besser zu stehen, sein Spiel beruht jedoch mehr darauf, Weiß im Zaum zu halten, als selbst aktiv zu werden. Schließlich wird Weiß den d-Bauern verteidigen und zu anderen Plänen übergehen können.

9. . .	**Sb8–c6**
10. Lf1–e3	

10. d5 exd5 11. Sxd5 Le6 bringt beiden Seiten nichts ein.

10. . .	**0–0**

11. 0–0 **b7–b6**
12. Dd1–d3 *(Diagramm 86)*

86

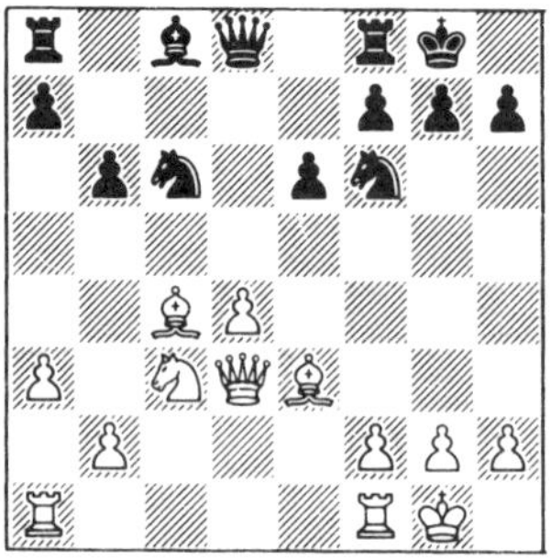

Ein guter, vielseitiger Zug. Weiß kann nun den Damenturm nach d1 stellen, von wo aus er den d-Bauern unterstützen und den Vorstoß d5 mit größerer Kraft durchsetzen wird. Und Weiß kann Mattdrohungen aufstellen, indem er den Läufer über a2 nach b1 führt.
Alternativen sind:

a) **12. d5** Se5 13. La2 exd5 14. Ld4 (14. Sxd5 Sxd5 15. Lxd5 La6) 14. . . Sed7 15. Lxf6 Sxf6 mit remis, O'Kelly – Parma, Solingen 1968.
b) **12. Df3** Lb7 13. Ld3 ist vorgeschlagen worden mit der Idee, die Dame nach h3 zu überführen. Schwarz kann aber 13. . . Dd7 spielen, wonach 14. Se4 Sxe4 15. Dxe4 f5 16. Dh4 Se7 gut für ihn ist, wegen des Drucks auf d4. Besser für Weiß ist 14. Dh3 Sxd4 15. Tad1, denn 15. ..e5 scheitert nun an 16. Lxh7+.

12. . . **Lc8–b7**
13. Ta1–d1 **Sc6–e7**
(Diagramm 87)

Karpow spielte gegen Kortschnoi bei der Weltmeisterschaft in Baguio 1978 den besseren Zug 13. . . h6, um Lg5 zu verhindern. Es folgte 14. f3 Se7 15. Lf2 Sfd5 16. La2 Sf4 17. Dd2, und Weiß war im Besitz der Initiative. Tolush wird nun Opfer eines hinterhältigen Angriffs. **14. Lg5 Sg6 15. f4 h6 16. f5 exf5**

87

17. Lxf6 Dxf6 18. Txf5 Sf4 19. Txf6 Sxd3 20. Txf7 Sxb2 21. Txf8+ Kxf8 22. Tf1+ Ke8 23. Le6 Td8 24. d5. *(Diagramm 88)*

88

Weiß besitzt aufgrund seines Freibauern auf der d-Linie entscheidenden Vorteil. Tolush kann den Bauern zwar stoppen und beseitigen, Botwinnik aber dringt mit seinem Turm auf die 7. Reihe ein. Der Turm grast auf seiner Lieblingsreihe hin und her und holt die Bauern ab. **24. . . Lc8 25. Tf7 Lxe6 26. dxe6 Td6 27. Txg7 Txe6 28. Txa7 Sd3 29. h3 Sf4 30. Ta4 Se2+ 31. Sxe2 Txe2 32. Ta7 Kf8 33. Tb7 Te6 34. Kf2 Tf6+ 35. Kg3 Tg6+ 36. Kf3 Kg8 37. g3 Tc6 38. Kg4 Kh8 39. Kf5 Tc5+ 40. Kg6 Tc6+ 41. Kh5** 1 – 0.

Chandler – Andersson
Malta Olympiade 1980

(1. d4 Sf6 2. c4 e6 3. Sc3 Lb4 4. e3 c5 5. Se2)

5. . .	**c5xd4**
6. e3xd4	**0–0**

(Diagramm 89)

89

Dies war kein gut überlegter Zug, denn Weiß kann nun entweder mit 7. a3 Le7 8. d5 Raumvorteil oder mit 7. a3 Lxc3+ 8. Sxc3 das Läuferpaar gewinnen, ohne dabei Bauernschwächen in Kauf nehmen zu müssen. Verschiedene Partien haben in jüngster Zeit jedoch gezeigt, daß Schwarz seinen Läufer zurückziehen und eine zufriedenstellende Stellung erreichen kann.

7. a2–a3	**Lb4–e7**
8. d4–d5	

8. Sf4 d5 9. Le3 Sc6 10. cxd5 Sxd5 und die Stellung ist ausgeglichen, Ree – Olafsson, Wijk aan Zee 1976.
Schwarz muß nach 8. d5 aktiv spielen, um nicht erdrückt zu werden.

8. . .	**e6xd5**
9. c4xd5	**Tf8–e8**

Sehr interessant ist sofort 9. . . Lc5, was Short 1980 gegen Gligoric spielte. Das Bauernopfer im 10. Zug wird dadurch vermieden. Ebenso Kasparows Zug 10. Le3. Gligoric setzte fort mit 10. Sd4 d6 11. Le2 a6 12. 0–0 Sbd7 13. Lg5 h6 14. Lh4 Te8 15. Tc1 Sf8 16. b4 La7 17. Sb3 Sg6 18. Lg3 Se7 19. h3 Sf5 mit besserem Spiel für Schwarz.

10. g2–g3

In der Partie Gligoric – Kasparow, Bugojno 1980, versuchte Weiß das ehrgeizige Bauernopfer 10. d6 Lf8 11. g3 Te6 12. Lg2 Txd6. Es wurde in der Partie Tal – Andersson, Tilburg 1980, wiederholt. Weiß bekam in beiden Partien positionellen Druck, wobei Schwarz aber nicht gerade schlecht stand.
Kasparow spielte 1981 in Moskau gegen Andersson das neue 10. Le3, ein Versuch, um . . . Lc5 von Schwarz zu verhindern. Nach 10. . . d6 11. h3 Sbd7 12. Sg3 Lf8 13. Le2 opferte Andersson die Qualität mit 13. . . Txe3 14. fxe3 g6 15. 0–0 De7 16. Dd4 Lg7 17. Df4 Se8 18. Tc1 Le5 19. Df2 Sdf6 20. Ld3 h5, und Weiß hatte eine zähe Festung zu stürmen, was ihm nicht gelang. In der Partie Keene – Mednis, New York 1980, wurde eine Idee von Speelman/Miles versucht: 10. h3 Lc5 11. b4 Lb6 12. g4, und die Stellung ist alles andere als klar. Weiß gewinnt viel Raum, allerdings auf Kosten einer gewissen Auflockerung seiner Stellung.

10. . .	**Le7–c5**

Nun steht der schwarze Läufer auf einer guten Diagonalen und kann auf f2 drükken. Weiß besitzt Raumvorteil, ist aber noch immer in der Entwicklung zurück.

11. Lf1–g2

In der Partie Polugajewsky – Holmov, UdSSR 1961, ist mit Erfolg 11. Sa4 versucht worden. Schwarz kann jedoch anstatt wie in der Partie 11. . . Lf8 12. Lg2 d6 13. 0–0 besser 11. . . d6 spielen. Nach 11. Sa4 d6 kann Weiß auf c5 nicht tauschen, weil sein d-Bauer schwach wird.

11. . .	**d7–d6**
12. h2–h3	**a7–a6**

(Diagramm 90)

90

91

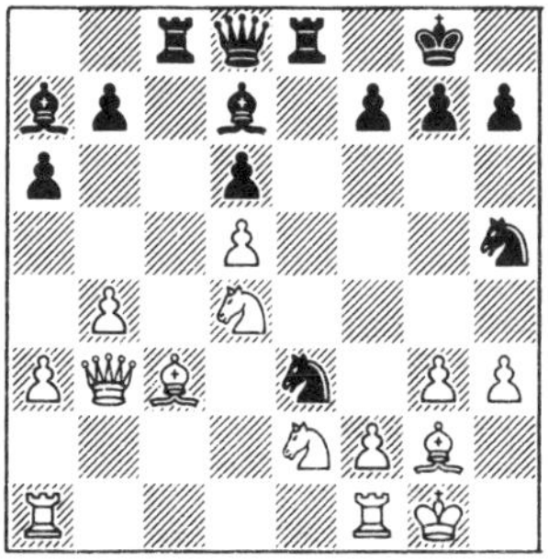

12. . . a6 ist wichtig, damit Schwarz seinen starken Läufer behalten kann. In der Partie Kasparow - Csom, Baku 1980, folgte 12. . . Lf5 13. 0–0 Sbd7 14. g4 Le4 15. Sg3 mit gutem Spiel für Weiß. Nach 15. . . Lxg2 16. Kxg2 sind die weißen Springer hervorragend postiert und können nach f5 und e4 gelangen.

13. 0–0 Sb8–d7

Andersson spielt ein sehr subtiles Schach. Würde er seinen weißfeldigen Läufer entwickeln, könnte Weiß mit Tempo g4 spielen, was er ohnehin vorhatte.

14. Se2–d4 Sd7–e5
15. Sc3–e2 Lc8–d7

Weiß will einen Angriff am Königsflügel einleiten, doch der starke Läufer auf c5 und die Möglichkeit, daß Schwarz den Druck mit . . . Db6 noch verstärken kann, hindern ihn daran, f4 zu ziehen. Deshalb beschließt er, zunächst den schwarzen Läufer zu vertreiben. Doch dadurch kommen die Springer besser ins Spiel.

16. b2–b4 Lc5–a7
17. Dd1–b3 Ta8–c8
18. Lc1–f4 Sf6–h5
19. Lf4–d2 Se5–c4

Der strategische Höhepunkt des schwarzen Spiels - der Springer bereitet Weiß große Probleme. Weiß spielte nun das natürliche

20. Ld2–c3

doch nach

20. . . Sc4-e3!!

(Diagramm 91)

verwüstet der Springer die weiße Stellung.

21. Tf1–e1

Nach 21. fxe3 Txe3 droht Schwarz mit . . . Txe2, . . . Texc3, . . . Tcxc3 und . . . Lxd4, und Weiß kann sich nicht dagegen wehren. Nach dem Textzug ist der weiße Königsflügel gefährlich schwach.

21. . . Se3xg2
22. Kg1xg2 Dd8–g5
23. Ta1–d1 Te8–e4
24. Lc3–d2 Dg5–g6
25. Ld2–e3 Tc8–e8
26. Kg2–h2 h7–h6
27. Te1–g1 La7xd4
28. Se2xd4 Sh5–f6

Nun droht Schwarz einfach . . . Dh5. Weiß war gegen die letzten Züge machtlos. Andersson hatte alle notwendigen Vorkehrungen getroffen, bevor er sich auf einen direkten Angriff auf den weißen Feldern einließ.

29. Sd4–f3

Falls 29. g4, so gewinnt 29. . . Lxg4, z.B. 30. hxg4 Sxg4+ 31. Txg4 Txg4.

29. . . Dg6–f5
30. g3–g4 und 0 - 1

Awerbach – Panno
Portoroz, Interzonenturnier 1958

(1. d4 Sf6 2. c4 e6 3. Sc3 Lb4 4. e3 c5 5. Se2)

5. . . **c5xd4**

6. e3xd4 **d7–d5**

Die solideste Variante für Schwarz.

7. c4–c5

7. a3 würde wohl überleiten in die Partie Botwinnik – Tolush (Seite 69), denn nach 7. . . Le7 8. c5 b6 9. b4 0–0 10. Lf4 a5 11. Sa4 bxc5 12. bxc5 Sfd7 13. Sec3 Sc6 14. Lb5 Lb7 15. 0–0 hat Weiß das bequemere Spiel, Torre – Pinter, Hastings 1980/81 (1 – 0 im 41. Zug).

7. . . **Sf6–e4**

Nach 7. . . e5!? 8. a3 Lxc3+ 9. Sxc3 exd4 10. Lb5+ gefolgt von Dxd4 ist Weiß leicht im Vorteil.

8. Lc1–d2

Falls 8. a3, so 8. . . Lxc3+ 9. Sxc3 Sxc3 10. bxc3 0–0 11. Ld3 b6 12. Dh5 f5! =.

8. . . **Se4xd2**

9. Dd1xd2 **b7–b6**

Schlechter ist 9. . . a5 10. a3 Lxc3 11. Sxc3 a4 12. f4 0–0 13. Lb5! Ld7 14. 0–0 f5 15. Tf1, Kortschnoi – Seirawan, Bad Kissingen 1981, oder 14. . . b6 15. f5! exf5 16. Lxd7 Dxd7 17. cxb6 Sc6 18. Df4, Gligoric – Lein, Lone Pine 1981.

10. a2–a3 **Lb4xc3**

11. Se2xc3 **b6xc5**

12. d4xc5 **a7–a5!**

13. Lf1–b5+

Vermutlich leistet 13. Sa4 Sd7 14. Le2 mehr.

13. . . **Lc8–d7**

14. Ta1–c1

Falls 14. 0–0, so 14. . . a4!, und der weiße Damenflügel ist festgelegt, z.B. 15. Dd4 Lxb5 16. Dxg7 Lxf1 17. Dxh8+ Ke7 18. Dxd8+ Kxd8 19. Kxf1 Kd7 ∓.

14. . . **a5–a4**

Schwarz hat sein Ziel am Damenflügel erreicht, deshalb beschließt Weiß, das Remis zu erzwingen.

15. c5–c6 **Ld7xc6**

16. Sc3xd5 **Dd8xd5**

17. Dd1xd5 **e6xd5**

remis

Weiß setzt fort mit 18. Txc6! Sxc6 19. Lxc6+ Ke7 20. Lxa8 Txa8 21. Kd2 =. Aber nicht 18. Lxc6+ Sxc6 19. Txc6 – laut der „Enzyklopädie der Schach-Eröffnungen" ausgeglichen – denn Schwarz stünde nach 19. . . Kd7 nebst . . . Thb8 besser.

12 Die Reshewsky-Variante

1. d2–d4	**Sg8–f6**
2. c2–c4	**e7–e6**
3. Sb1–c3	**Lf8–b4**
4. e2–e3	**0–0**
5. Sg1–e2	**d7–d5**
6. a2–a3	*(Diagramm 92)*

92

Ein ruhiges System für Weiß, das von dem amerikanischen Großmeister und ehemaligen Weltmeisterschaftskandidaten Reshewsky bevorzugt gespielt wird. Schwarz steht im Vergleich zu den Varianten, in denen er ... c5 spielt, nicht vor dem Problem, nach a3 für seinen Läufer kein brauchbares Rückzugsfeld zu finden. Hier kann er den Läufer einfach nach e7 zurückziehen. Der Reiz dieser Variante für Weiß ist, daß sich Schwarz meist darauf beschränken muß, die Pläne von Weiß zu parieren, anstatt selbst etwas unternehmen zu können. Einer der Vorteile von Weiß ist seine Bauernmehrheit, die sich von der d- bis zur h-Linie erstreckt. Er muß jedoch vorsichtig sein, daß er keine Schwächen erzeugt, wenn er diese in Bewegung setzt, denn ein wesentlicher Bestandteil seines Planes ist das zweischneidige g4.

Torre – Peters
Hastings 1980/81

(1. d4 Sf6 2. c4 e6 3. Sc3 Lb4 4. e3 0–0 5. Se2 d5 6. a3)

6. ... Lb4–e7

Nach 6. ... Lxc3+ 7. Sxc3 besitzt Weiß das Läuferpaar und Schwarz hat keinerlei Kompensation dafür.

7. c4xd5 e6xd5

7. ... Sxd5 ist eine gute Alternative, die Schwarz Ausgleich bietet, z.B. 8. g3 Sd7 9. Lg2 Sxc3 10. bxc3 c5 11. 0–0 Tb8 gefolgt von ... b5 und ... La6, Soos – Suba, Bensheim 1979.

8. g2–g3

8. Sg3 c5 9. dxc5 Lxc5 10. b4 d4 läßt Schwarz die Initiative ergreifen, Euwe – Aljechin, Wettkampf 1937 (25. Partie).

8. ... Sb8–d7
9. Lf1–g2 Sd7–b6

Eine mögliche Verbesserung ist 9. ... c6, wonach der Springer zur Unterstützung des Königsflügels verwendet wird, z.B. 9. ... c6 10. 0–0 Te8 11. h3 Sf8 12. b4 a6 13. Sf4 Sg6 14. Sxg6 hxg6 15. g4 Ld6 16. f3 a5 17. Tb1 axb4 18. axb4 Lc7 19. Dc2 Dd6 mit klarem Vorteil für Schwarz wegen der schlechten Stellung des weißen Königs, Torre – Unzikker, Wijk aan Zee 1981. Weiß sollte 11. Dd3 spielen und Entscheidungen über Bauernzüge am Königsflügel noch so lange hinauszögern, bis er Klarheit darüber hat, wo Schwarz seinen Springer d7 hinzieht.

10. 0–0 a7–a5

Schwarz beabsichtigt a4, um den Springer auf den Vorposten c4 zu stellen, doch Torre verhindert dies.

11. a3–a4 Tf8–e8

(Diagramm 93)

Weiß hat, typisch für diese Variante, eine

leichte Schwäche auf b4. Schwarz kann im Augenblick nichts bestimmtes unter-

93

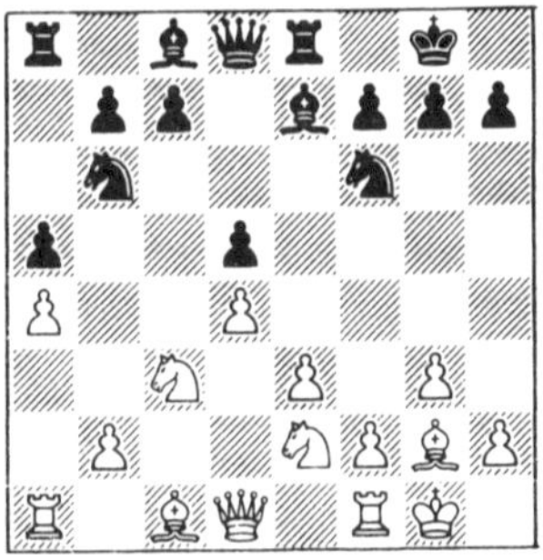

nehmen. Er kann nicht . . . c5 spielen, denn würde Weiß auf c5 nehmen, bliebe Schwarz mit dem isolierten d-Bauern zurück. Schwarz muß versuchen, die weißen Angriffspläne zu durchkreuzen. Weiß besitzt jedoch mehrere Möglichkeiten, mit denen er versuchen kann, in Vorteil zu kommen:

1. Weiß kann mit e4 das Zentrum öffnen. Schwarz ist jedoch gut postiert und kann d5 blockieren.
2. Weiß kann den Springer e2 nach e5 oder c5 überführen und dann mit den Bauern am Königsflügel vorrücken.
3. Weiß kann mit f3, e4, e5 und f4 ruhig im Zentrum vormarschieren.

12. b2–b3

Torre bereitet sich darauf vor, den Turm über a2 auf den Königsflügel zu bringen und verhindert, daß der schwarze Springer irgendwann einmal nach c4 gelangen und dort Ärger bereiten kann. Zudem kann Weiß auch die schwarzfeldigen Läufer tauschen, um die Festsetzung seines Springers auf e5 zu erleichtern.

12. . .	**Lc8–f5**
13. h2–h3	**h7–h6**

Schwarz kann Weiß kaum daran hindern, f4 zu spielen, denn nach 13. . . h5 14. Sf4 g6 15. f3 steht Schwarz unangenehm. Deshalb bereitet er ein Schlupfloch für seinen Läufer vor.

14. g3–g4	**Lf5–h7**
15. f2–f4	**Sf6–e4**

(Diagramm 94)

94

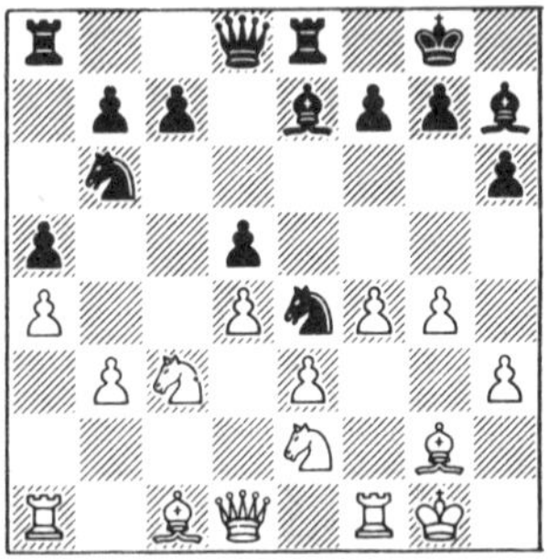

Nicht 15. . . Le4 16. g5 hxg5 17. fxg5 Sh7 18. Sxe4 dxe4 19. g6 fxg6 20. Lxe4 mit großem Vorteil für Weiß. Peters hat sich bisher gut verteidigt, und Weiß mußte einen rückständigen e-Bauern in Kauf nehmen, um weiter zu kommen.

16. f4–f5

Nun hat Schwarz Probleme wegen des eingesperrten Läufers auf h7.

16. . .	**Se4xc3**
17. Se2xc3	**c7–c6**
18. Ta1–a2	**Kg8–h8**
19. Ta2–e2	**Lh7–g8**
20. Kg1–h1	**f7–f6?**

(Diagramm 95)

95

Dieser Zug der den schwarzfeldigen Läufer einsperrt, war unnötig. Nach

20. . . Sc8 mit dem Ziel d6 hat Schwarz keine Probleme: 20. . . Sc8 21. Ld2 Sd6 22. Le1 Lh4 mit gutem Spiel für Schwarz und 20. . . Sc8 21. e4 dxe4 22. Sxe4 f6 gefolgt von . . . Sd6 ist für Schwarz auch zufriedenstellend.

21. Lg2–f3 **Lg8–f7**
22. Te2–g2 **Kh8–g8**
23. h3–h4 **Sb6–d7**
24. Tf1–g1 **Sd7–f8**
25. g4–g5! *(Diagramm 96)*

96

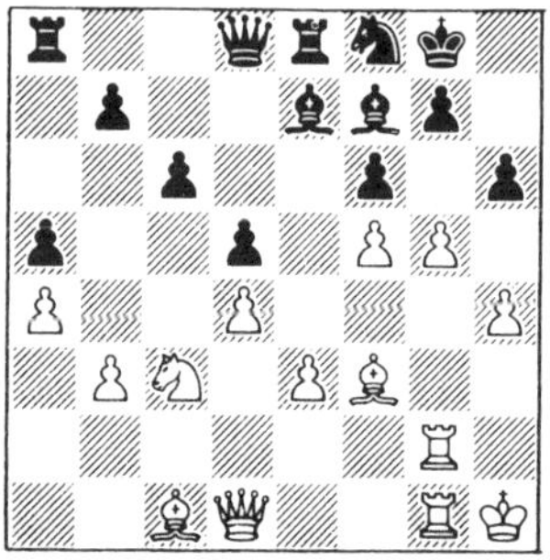

Weiß schlägt zu, bevor Schwarz . . . Sh7 spielen kann.

25. . . **f6xg5**
26. h4xg5 **Le7xg5**
27. e3–e4!

Die Pointe des weißen Spiels. Nach 27. . . Lxc1 28. Dxc1 Dh4+ 29. Th2 Df6 30. e5 Dxf5 31. Txg7+ gewinnt Weiß.

27. . . **Sf8–h7**
28. e4–e5

Weiß hat einen Bauern geopfert, um eine beherrschende Bauernwalze im Zentrum zu bekommen. Er droht, mit e6 eine Figur zu gewinnen.

28. . . **Lg5xc1**
29. Tg2xg7+ **Kg8–h8**
30. f5–f6 **Lc1–g5**
(Diagramm 97)

97

Weiß gewinnt nun leicht. Am schnellsten wäre es gegangen mit 31. Dc2 Lg8 32. Dg6 Sxf6 33. Txg5 hxg5 34. exf6. Stattdessen endete die Partie **31. Txf7 Tf8 32. Te7 Te8 33. Tf7 Tf8 34. Te7 Te8 35. Txh7+ Kxh7 36. Dc2+ Kh8 37. Dh2 Le3 38. Sd1 Tg8 39. Sxe3 Txg1+ 40. Dxg1 Dd7 41. e6 Dh7 42. e7 Tg8 43. Dxg8+ Dxg8 44. Lh5** 1 – 0. Eine eindrucksvolle Partie.

13 4. e3 b6 (Das Damenflügelfianchetto)

1. d2–d4	**Sg8–f6**
2. c2–c4	**e7–e6**
3. Sb1–c3	**Lf8–b4**
4. e2–e3	**b7–b6**

(Diagramm 98)

98

Die sofortige Fianchettierung des Läufers nach b7 ist die Variante, die der ursprünglichen Konzeption von Nimzowitschs Verteidigung am meisten entspricht, besonders dann, wenn es Schwarz auch noch gelingt, den weißen c-Bauern zu verdoppeln.

Im wesentlichen besitzt Weiß nun zwei Möglichkeiten. Er kann erstens das schwarze Fianchetto mit 5. Ld3 Lb7 6. Sf3 hinnehmen. Schwarz hat dann die Wahl zwischen dem scharfen 6. . . Se4, dem grundsoliden 6. . . 0–0 7. 0–0 d5 und dem mehr geläufigen 6. . . 0–0 7. 0–0 c5. Zweitens kann Weiß das Fianchetto mit 5. Se2 bekämpfen, wonach 5. . . Lb7 6. a3 Le7 7. d5 ausgezeichnet für Weiß ist. Deshalb muß Schwarz nach 5. Se2 La6! ziehen. 6. Sg3 und 6. a3 führen dann zu den mit umstrittensten und strategisch ergiebigsten Stellungen im modernen Nimzo-Inder.

Portisch – Spassky
Moskau 1967

(1. d4 Sf6 2. c4 e6 3. Sc3 Lb4 4. e3 b6)
5. Sg1–e2

Ob man nun diesen Zug (Portisch, Donner, Botwinnik, . . .) oder 5. Ld3 (Gligoric, Polugajewski, . . .) bevorzugt, ist lediglich eine Geschmacksfrage.

5. . . Lc8–a6

Schwarz paßt sich den Umständen an! Nach 5. . . Lb7 6. a3 Le7 7. d5 0–0 8. Sg3 wird Schwarz, wenn er irgendwann . . . b5 spielt, eine ganze Reihe taktischer Chancen erhalten, die uns aber allesamt bisher nicht überzeugen konnten, wenn sie gegen den weißen Zentrumskeil gerichtet waren.

6. Se2–g3 0–0

7. . . Lxc3+ siehe Portisch – Fischer (Seite 81).

Kaum zu empfehlen ist 6. . . c5 7. d5 exd5 8. cxd5 Lxf1 9. Kxf1, denn Weiß kann mit Zügen wie e4 und f3 mehr oder weniger gratis einen Angriff entwickeln, der von Sf5 und Lg5 noch unterstützt wird.

Daß sein König auf f1 steht, ist nur ein geringer Preis, den Weiß für die Initiative bezahlen muß.

7. e3–e4 Sb8–c6

(Diagramm 99)

99

Weiß scheint ein ideales Zentrum errichtet zu haben. Schwarz mangelt es jedoch nicht an Gegenchancen, wenn er rasch genug mit ... d5 oder ... e5 vorstößt. Diese Partie zeigt, daß ... d5 suspekt ist.

8. Lf1–d3 d7–d5?!

Nicht 8. .. Sxd4 9. Da4! ±±, am flexibelsten ist jedoch 8. .. e5! 9. 0–0 Sxd4 (9. .. exd4 10. Sd5! ±) 10. Da4 Lxc3 11. bxc3 Se6! 12. La3! Lb7 13. Lxf8 Dxf8 mit ausgezeichneter Kompensation für die Qualität, Lombard – Kortschnoi, Schweizer Mannschaftspokal 1978. Ironischerweise wurde Kortschnoi wegen dieser Partie lobend im Schachinformator erwähnt, dabei hatte Co-Autor Keene ihm im Sommer 1977 die komplette Analyse gezeigt. Oder 8. .. e5! 9. d5 Lxc3+ 10. bxc3 Se7 (nach 10. ..Sa5 steht der Springer zu sehr im Abseits) 11. Lg5 Se8 (Knaak – Ligterink, Yurmala 1978) gefolgt von ... f6 und d6, und Schwarz hat wieder die gleiche Blockade errichtet wie in der Partie Janowski – Nimzowitsch (Seite 11). Schließlich noch 8. .. e5! 9. a3 Lxc3+ 10. bxc3 exd4 11. cxd4 Sxd4 12. Lb2 c5 13. Lxd4 cxd4 14. Le2, was laut Bronstein 14. .. b5! 15. cxb5 Lxb5 16. Lxb5 Da5+ oder 15. c5 d5! zuläßt.

9. c4xd5	**La6xd3**
10. Dd1xd3	**e6xd5**
11. e4–e5	**Sf6–e4**
12. a2–a3	**Lb4xc3+**
13. b2xc3	**f7–f5**

(Diagramm 100)

Der Springer soll nicht auf g3 getauscht, sondern gedeckt werden. Nach einem Abtausch auf g3 könnte Weiß unverzüglich auf der h-Linie einen entscheidenden Angriff einleiten. Unglücklicherweise gerät der Springer aber bald in Schwierigkeiten, da ihm keine annehmbaren Rückzugsfelder zur Verfügung stehen, und eben dies ist der Grund für den Untergang von Schwarz.

14. Sg3–e2! Sc6–a5

100

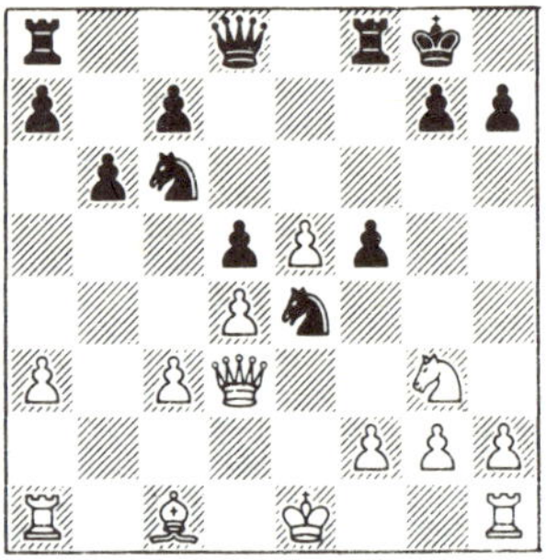

Falls 14. ..Sg5, so gewinnt 15. Db5! sofort.

15. h2–h4

Der schwarze Springer auf e4 wird systematisch eingekreist.

15. ...	**Sa5–b3**
16. Ta1–b1	**Sb3xc1**
17. Tb1xc1	**f5–f4**

Das einzige Mittel gegen f3, doch es hilft nur kurze Zeit. Auf Dauer kann der f-Bauer nicht gehalten werden.

18. Dd3–f3 Dd8–e7

Es ist nur natürlich, wenn der weiße Bauer auf a3 angegriffen wird, aber vielleicht hat Spassky doch den nächsten weißen Zug unterschätzt. Angesichts dessen, was noch geschehen wird, wäre 18. .. Dd7 korrekter gewesen.

19. c3–c4

Deckt a3 und greift die Deckung des schwarzen Springers an.

19. ...	**c7–c6**
20. c4xd5	**c6xd5**
21. Se2xf4	**De7–d7**
22. g2–g3	

Entscheidet sich für die Sicherheit. Tatsächlich stellt 22. 0–0 Sd2 23. Dxd5+ Dxd5 24. Sxd5 Sxf1 25. Kxf1 ein äußerst vielversprechendes Qualitätsopfer dar.

22. ...	**Dd7–b5**
23. Df3–e2	

Portisch gibt den Bauern zurück, da er aufgrund der immer noch unsicheren Stellung des schwarzen Springers auf seine Gewinnchance vertraut.

23. ... Db5–a5+

24. Ke1–f1 **Da5xa3**
25. Kf1–g2 **Tf8–f7**
(Diagramm 101)

101

Die einzige Chance für Schwarz besteht darin, einen seiner Türme gegen den starken weißen Schwarz zu tauschen. Deshalb verdoppelt er die Türme auf der f-Linie.

26. Tc1–c2

Und nicht das gefällige 26. e6? Txf4 27. gxf4 Dd6, und Schwarz beseitigt auf Kosten einer Qualität sämtliche Nachteile seiner Stellung.

26... **Ta8–f8**
27. Th1–c1 **h7–h6**

Schwarz hofft, mit ..g5 Gegenspiel einleiten zu können.

28. De2–g4 **Da3–a4**
29. e5–e6

Jetzt ist dieser Zug entscheidend, denn Weiß gewinnt Material und hält seine Bauern am Königsflügel intakt. Die restlichen Züge waren **29...Txf4 30. gxf4 Dxd4 31. Td1 Df6 32. Tc7 Sc5 33. f5 De5 24. Txa7 h5 35. Dg6 d4 36. Te1 Df6 37. Dxf6 gxf6 38. Kf3 d3 39. Tg1+ Kh8 40. Tgg7 1–0.**

Botwinnik – Smyslow
2. Weltmeisterschaftspartie
Moskau 1954

(1. d4 Sf6 2. c4 e6 3. Sc3 Lb4 4. e3 b6)
5. Sg1–e2 **Lc8–a6**
6. a2–a3 **Lf8–e7**

Obwohl dies umstritten ist, behaupten wir, daß der Rückzug des schwarzen Läufers zuverlässiger ist als 6... Lxc3+. Wir waren immer der Meinung, daß Schwarz für die Aufgabe des Läuferpaars nach Lxc3+ nur ungenügende Kompensation erhält, z.B. 6. .. Lxc3+ 7. Sxc3 d5 8. b3 ± Hort – Lombardy, Reykjavik 1978.

7. Se2–f4

Ziemlich harmlos ist 7. Sg3, z.B. 7...d5 8. cxd5 Lxf1 9. Sxf1 exd5 10. Sg3 Dd7 11. Df3 Sc6 12. 0–0 g6! mit der Absicht h5–h4, ∓, Botwinnik – Bronstein, 19. Weltmeisterschaftspartie 1951. Allgemein kann gesagt werden, daß der Abtausch der weißfeldigen Läufer in dieser Variante für Schwarz dann von Vorteil ist, wenn er auf d5 einen Bauern festsetzen kann. Die Textpartie mag da eine Ausnahme sein, aber vieles ist noch unklar.

7... **d7–d5**
8. c4xd5

Es gibt noch eine Reihe weiterer beachtenswerter Möglichkeiten, die als Grundlage für Analysen dienen können, falls der Textzug einmal widerlegt werden sollte.

a) **8. b3** 0–0 9. Lb2 dxc4 10. bxc4 Sbd7 gefolgt von ... c5 =.
b) **9. Df3!?** c6 9. b3 0–0 10. g4!? Sfd7 11. Dh3 dxc4 12. bxc4 e5 13. Ld3 g6 14. S4e2 Sc5 15. Lc2 exd4 16. exd4 Sb7 ∓ Brinck–Claussen–Panno, Havanna Olympiade 1966.

8... **La6xf1**
9. Ke1xf1 *(Diagramm 102)*

9. dxe6!? bietet bestenfalls Ausgleich: 9. .. La6 10. exf7+ Kxf7 11. Db3+ Ke8 12. Se6 Dd7 13. Sxg7+ Kd8 14. Se6+ Kc8, und an der schwarzen Stellung gibt es nichts auszusetzen. Oder 11. e4 c5 12. Le3 Sc6 13. Db3+ c4 14. Dd1 Ld6 15. e5 Sxe5 16. dxe5 Lxe5 Lombardy – Keres, Mar del Plata 1957.

Schwarz hat sich dadurch, daß er ver-

102

nünftigerweise das gewonnene Material zurückgegeben hat, ein gut spielbares Mittelfeld gesichert, und nachdem Keres diese Partie gewonnen hat, verschwand 9. dxe6!? fast völlig aus der Turnierpraxis.

9. . . **e6xd5**

Dieser Zug setzt Schwarz einem starken Angriff aus, den Botwinnik stilgerecht mit dem typischen Vorstoß g4 einleitet. Angesichts der für Schwarz entstehenden Schwierigkeiten (die aber nicht unüberwindbar sein müssen) wollen wir untersuchen, ob 9. . . Sxd5!? möglich ist. In seinen persönlichen Anmerkungen zu dieser Partie schrieb Botwinnik: „Natürlich nicht 9. . . Sxd5 10. Scxd5 exd5 11. Dh5 c6 12. Se6 g6 13. De5 Lf6 14. Sxd8+ Lxe5 15. Sxf7." Weiß gewinnt mit diesem Manöver zwar einen Bauern, doch die Geschichte ist hier noch lange nicht zu Ende. Botwinnik hätte seine Analyse noch etwas fortsetzen sollen. Was ist mit 15. . . Kxf7 16. dxe5 Sd7? Nun ist 17. f4 erzwungen, aber der weiße Läufer wird schwach, und Schwarz bekommt für seine Figuren auf e4, e6 und f5 feine Felder. 17. . . Sc5 18. Ke2 Se4 19. Ld2 h5. Schwarz besitzt zwei Pläne, entweder den Vorstoß seiner Damenflügelbauern oder . . . Ke6 gefolgt von . . . g5 und . . . Tag8. Die dominierende Stellung des schwarzen Springers in Verbindung mit der gesünderen Bauernstellung scheinen für den weißen Mehrbauern und den gedeckten Freibauern volle Kompensation zu geben. Diese Idee, die erstmals 1978 von Keene in 'Modern Chess Theory' veröffentlicht worden ist, wurde in den Partien Timman – Hübner, Montreal 1979, und Unzicker – Kortschnoi, Südafrika 1979, erfolgreich angewandt. In der letzteren Partie bevorzugte Weiß den Remiszug 15. Sxc6.

10. g2–g4! *(Diagramm 103)*

103

Ein ausgezeichneter Zug, der den Königsflügel (g5, h4–h5 etc.) und das Zentrum von Schwarz gefährdet, denn Weiß droht ständig die Deckung des schwarzen Bauern d5 anzugreifen. Die einzige Chance für Schwarz mitzuhalten ist der energische Gegenschlag 10. . . g5! Botwinnik schrieb darüber: „Nach 10. . . g5 11. Sh5 Sxh5 12. gxh5 c6 13. Df3 Sa6 14. e4 Sc7 entsteht eine Stellung, die Taimanow in seinem Buch über diese Eröffnung als ausgeglichen bezeichnet. Ich kann ihm da nicht zustimmen."
Der Leser wird jetzt mit Recht eine Aufklärung erwarten, doch die Großmeister tragen nichts dazu bei. Um ehrlich zu sein, eine Stellungsbeurteilung nach 14. . . Sc7 ist schwierig. Irgendwie stehen beide Seiten schlecht, denn beide haben eine solide Bauernstellung geopfert (Weiß dazu noch die sichere Stellung seines Königs), um die Initiative zu behalten oder zu ergreifen. Wie auch immer, hier ein mögliches Abspiel: 15. Tg1 h6 16. Ld2 Dd7 17. Te1 0–0–0 18. Dxf7

Tdf8 19. Dg6 Dh3+ 20. Tg2 Tf6 21. Dg7 Thf8, und Schwarz hat mindestens remis. Dies ist allerdings nichts endgültiges, doch müssen wir feststellen, daß die Richtung unserer Stellungsanalyse wieder einmal nicht mit der Botwinnikschen übereinstimmt. Schwarz hat auch die weitere Möglichkeit 10. .. g5 11. Sh5 Sxh5 12. gxh5 Tf8 mit der Absicht ...f5 (Muir). Wenn dies korrekt ist, dann sollte sich Weiß mit dem bescheidenen 10. g4 g5 11. Sd3 zufriedengeben. Es sollte auch noch erwähnt werden, daß 10. Df3 c6 11. g4 Schwarz nicht zu beunruhigen braucht, denn nach 11 ... 0–0 12. g5 Se8 steht der schwarze Springer relativ gut.

10. ... c7–c6

Viel zu passiv!

11. g4–g5 Sf6–d7

Oder 11... Se4 12. Sxe4 dxe4 13. h4 Ld6 14. Sh5 0–0 15. Dg4 mit der Drohung Sf6+. Diese Variante zeigt deutlich die Gefahren, die nun über dem schwarzen Königsflügel und seinen Zentrumsbauern hängen.

12. h2–h4 Le7–d6

Falls sofort 12... 0–0, so hat Weiß 13. e4 dxe4 14. Sxe4 Sc5 15. Sxc5 bxc5 16. Le3 zur Verfügung ±.

13. e3–e4 d5xe4
14. Sc3xe4 Ld6xf4
15. Lc1xf4 0–0
16. h4–h5

Droht h6, wodurch auf f6 ein einladendes Loch für den weißen Springer entstehen würde, z.B. 16. .. De7 17. Df3 De6 18. h6 g6 19. Sd6 gefolgt von Te1 ±±. Um dies zu verhindern, beschließt Smyslow einen Turm für den zentralisierten Springer zu opfern.

16. ... Tf8–e8
17. Se4–d6 Te8–e6
18. d4–d5 *(Diagramm 104)*

Falls nun 18. .. cxd5 19. Dxd5 Sa6, so kann Weiß die Partie mit einer Kombination beenden: 20. Sxf7 Kxf7 21. g6+ hxg6 22. hxg6+ Ke7 23. Ld6+ Kf6 24. Df3+ Kxg6 25. Tg1+ Kh7 26. Df5+ ±±.

104

18. ... Te6xd6
19. Lf4xd6 Dd8xg5
20. Dd1–f3

Was wir an den restlichen Zügen der Partie am meisten bewundern, ist Botwinniks scharfe Technik, die Smyslow jeglicher Chancen beraubt: **20... Dxd5 21. Dxd5 cxd5 22. Tc1 Sa6 23. b4! h6 24. Th3 Kh7 25. Td3 Sf6 26. b5 Sc5 27. Lxc5 bxc5 28. Txc5 Tb8 29. a4 Tb7 30. Tdc3** 1 – 0. Falls 30. .. Se4, so 31. Tc7 ±±.

Eine der berühmtesten Meisterpartien Botwinniks und eine Partie, die jeder Spieler, der sich mit Nimzo-Indisch beschäftigt, kennen sollte.

Portisch – Fischer
Santa Monica 1966

(1. d4 Sf6 2. c4 e6 3. Sc3 Lb4 4. e3 b6)

5. Sg1–e2 Lc8–a6
6. Se2–g3 *(Diagramm 105)*

Die Hauptalternative von Weiß ist 6. a3 (siehe Botwinnik – Smyslow, Seite 79). 6. a3 ist der logische, positionelle Zug. Mit 6. Sg3 verzichtet Weiß darauf, mit dem Springer auf c3 zurückzunehmen. Dafür kann er sich rasch entwickeln und hat am Königsflügel gute Aussichten.

6. ... Lb4xc3+

105

6. ..0–0 siehe Portisch – Spassky (Seite 77).

7. b2xc3 **d7–d5**

(Diagramm 106)

106

Nun muß Weiß eine kritische Entscheidung treffen. Sein Bauer c4 ist zweimal angegriffen, und er kann ihn nicht ausreichend decken. Weiß kann den Bauern opfern und La3 spielen, um Schwarz an der kurzen Rochade zu hindern. Die Partie Szabo – Hort, Wijk aan Zee, ist ein gutes Beispiel für dieses Gambit: 8. La3 Lxc4 (Die beste Art zu schlagen. So werden die Läufer getauscht. 8...dxc4 9. e4 bringt Vorteil für Weiß, weil der schwarze Läufer schlecht steht, Portisch – Fischer, Siegen 1970). 9. Lxc4 dxc4 10. e4 (Weiß kann den Bauern mit 10. Da4+ Dd7 11. Dxc4 zurückgewinnen, aber dann ist 11...Dc6 gut für Schwarz) 10...Dd7 11. 0–0 Db5. Horts Vorgehen ist sehr gut. Er plant ...Sbd7 und 0–0–0. Szabo erhält Ausgleich, mehr aber auch nicht. Die Alternative ist 8. cxd5 Lxf1 9. Kxf1 Dxd5 wie in der Partie Gligoric – Portisch, Torremolinos 1961. Wenn Schwarz mit der Dame auf d5 nimmt, erhält er auf den weißen Zentrumsfeldern gutes Spiel. Nimmt er mit dem Bauern, läßt er zu, daß Weiß mit f3 und e4 ein starkes Bauernzentrum aufbaut.

8. Dd1–f3 **0–0**

9. e3–e4

9. cxd5 Dxd5 10. e4 (10. Dxd5 Sxd5 führt zu einem ausgeglichenen Endspiel) 10...Da5 wurde in der Partie Keene – Pritchett, London 1980 gespielt. Die schwarze Dame steht auf a5 gut, und Weiß besitzt nach 11. Lxa6 Dxa6 12. De2 im Endspiel nur geringen Vorteil.

9... **d5xe4**

Der beste Zug (9. ..dxc4 10. Lg5 gibt Weiß gute Angriffschancen, Saidy – Fischer, US-Meisterschaft 1966).

10. Sg3xe4 **Sf6xe4**

11. Dd3xe4 **Dd8–d7**

(Diagramm 107)

107

Ein ausgezeichneter Plan! Nach 12. Dxa8 Sc6 13. Dxf8+ Kxf8 ist die schwarze Dame bedeutend stärker als die beiden Türme von Weiß, da Schwarz mit ...Sa5 die Kontrolle über die weißen Zentrumsfelder gewinnt. Schwarz kann nun seinen Springer nach c6 entwickeln und die schwachen weißen Zentrumsbauern angreifen.

12. Lc1–a3 Tf8–e8
13. Lf1–d3 f7–f5
14. De4xa8

Besser ist 13. De2 Sc6, und Weiß steht wegen seiner schwachen Bauern ein wenig schlechter. Portisch stand ververmutlich immer noch unter dem Schock von 11 . . . Dd7.

14. . . Sb8–c6
15. Da8xe8+ Dd7xe8
(Diagramm 108)

108

Schwarz ist klar im Vorteil, da Weiß auf . . . Sa5 keine Antwort parat hat. Nach dem Läufertausch kontrolliert Schwarz die weißen Felder.

16. 0–0 Sc6–a5
17. Ta1–e1 La6xc4

Ebenfalls gut ist 17 . . . Da4 18. Lb4 Lxc4 19. Lxc4 Sxc4 20. Txe6 a5 21. Le7 Kf7.

18. Ld3xc4 Sa5xc4
19. La3–c1 c7–c5
20. d4xc5 b6xc5
21. Lc1–f4 h7–h6
(Diagramm 109)

109
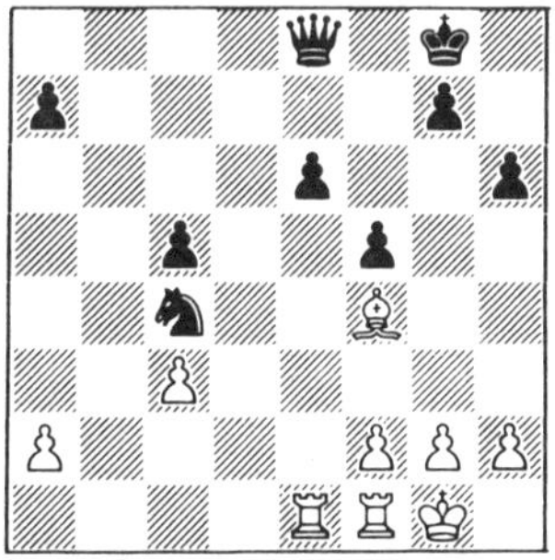

Schwarz steht wegen seines starken Springers auf Gewinn. Die Partie endete **22. Te2 g5 23. Le5 Dd8 24. Tfe1 Kf7 25. h3 f4 26. Kh2 a6 27. Te4 Dd5 28. h4 Se3** (gewinnt die Qualität) **29. T1xe3 fxe3 30. Txe3 Dxa2 31. Tf3+ Ke8 32. Lg7 Dc4 33. hxg5 hxg5 34. Tf8+ Kd7 35. Ta8 Kc6** 0 – 1.

Dame und Springer scheinen gegen zwei Türme und Läufer sehr gut zusammenzuwirken, so wie die Dame und Springer im allgemeinen stärker sind als Dame und Läufer, falls keine weiteren Figuren vorhanden sind.

Portisch – Petrosjan
Lone Pine 1978

(1. d4 Sf6 2. c4 e6 3. Sc3 Lb4 4. e3 b6)
5. Lf1–d3 Lc8–b7
6. Sg1–f3 *(Diagramm 110)*

110

Das ist die Grundstellung der 'Fianchetto-Variante'. Schwarz kann nun wählen zwischen 6. . . Se4, womit er einen Vorposten auf e4 festsetzt (siehe Gligoric – Larsen, Seite 85), oder 6. ..0–0 7. 0–0 d5, einer klassischen Methode, oder dem komplizierten positionellen System 6 . . . 0–0 7. 0–0 c5. Nach 6 . . . 0–0 7. 0–0 c5 8. Sa4 cxd4 9. exd4 Te8 10. Lf4 Lf8 11. Tc1 d6 12. Te1 Sbd7 hat Schwarz eine zufriedenstellende Stellung, Gulko – Matanovic, Biel 1976. Oder im gleichen Abspiel 10. Lg5 Lxf3 11. Dxf3 Sc6, und

Schwarz nimmt den weißen d-Bauern aufs Korn, Visier – Portisch, Las Palmas 1972.

6. . . 0–0

7. 0–0 d7–d5

Ein sehr sicheres System für Schwarz. Es gibt für Weiß keine aggressiven Methoden zur Behandlung dieses Systems. Die Partie weist daher positionellen Charakter auf.

8. a2–a3 *(Diagramm 111)*

111

Alternativen für Weiß sind 8. cxd5 exd5 9. Se5 oder 8. cxd5 exd5 9. Ld2. Portisch verlor 1976 in Las Palmas gegen Rogoff nach 8. cxd5 exd5 9. Se5 Sbd7 10. f4 c5 11. Lf5 g6 12. Lh3 Lxc3 13. bxc3 Sxe5 14. dxe5 Se4 15. Dc2 La6 mit gutem schwarzem Spiel. Dies mag wohl auch der Grund für Portischs Sinneswandel gewesen sein.

8. . . Lb4–d6

Schwarz kann auch 8. . . Lxc3 spielen, was Hübner oft bevorzugte, z.B. 9. bxc3 dxc4 10. Lxc4 c5 11. Ld3 Dc7 12. Lb2 Td8 Gligoric – Hübner, Bad Lauterberg 1977, oder 12. . . Le4, Gligoric – Hübner, Bugojno 1977. Beide Male besaß Schwarz die Kontrolle über die weißen Zentrumsfelder.

9. b2–b4

Weiß rückt am Damenflügel vor, gewinnt Raum und droht nun c5, was den schwarzen Läufer nach e7 zurückdrängen würde. Schwarz hat deshalb nur einen guten Zug zur Verfügung.

9. . . d5xc4

10. Ld3xc4 Sb8–d7

11. Lc1–b2 a7–a5

Damit soll Weiß zu b5 provoziert werden. Schwarz möchte . . . e5 spielen, ohne zulassen zu müssen, daß Weiß Sb5 antwortet und den schwarzen Läufer tauscht.

12. b4–b5 e6–e5

(Diagramm 112)

112

Petrosjan hat genau gespielt und den befreienden Vorstoß durchgesetzt, der im Zentrum ausgezeichnete Aussichten verspricht.

13. Tf1–e1

Vielleicht 13. a4 De7 14. h3 Tad8 15. De2 Tf8 mit leichtem Vorteil für Weiß, Spassky – Tal, Moskau 1975.

13. . . e5–e4

14. Sf3–d2 Dd8–e7

(Diagramm 113)

113

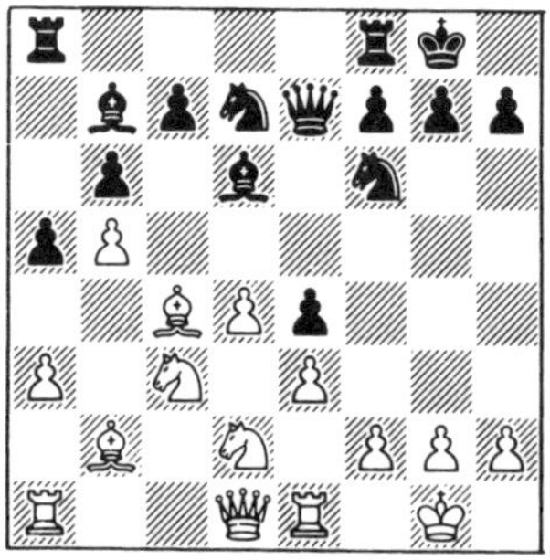

In der Partie Portisch – Bolbochan,

Stockholm 1962, folgte 14...Te8 15. Lf1 h5 16. h3 Sf8 17. Sc4 h4 18. Db3 De7 19. f4 De6, und die Partie endete schließlich remis. Portisch hatte vermutlich Verbesserungen parat.

15. Lc4–e2

Portisch plant, den schwarzen e-Bauern mit f3 anzugreifen und das Zentrum mit eigenen Bauern zu besetzen. Das Problem dabei ist, daß Weiß nach dem Bauerntausch auf den weißen Zentrumsfeldern vorübergehend schwach werden wird. Und Petrosjan hatte für Weiß auch noch einen hübschen Hinterhalt vorbereitet.

15...	**Ta8–d8**
16. Dd1–c2	**Tf8–e8**
17. f2–f3	**e4xf3**
18. Le2xf3	**Lb7xf3**
19. Sd2xf3	

Portisch wollte vermutlich vermeiden, daß sein Königsflügel nach gxf3 geschwächt wird, doch dies wäre immer noch besser gewesen als der Textzug.

19...	**Sf6–e4**
20. Sc3xe4	**De7xe4**
21. Dc2xe4	**Te8xe4**
22. Sf3–d2	**Te4–e8**
23. e3–e4	

Der weiße Plan scheint erfolgreich gewesen zu sein, das Zentrum ist mit Bauern besetzt. Doch nun kommt Petrosjans Überraschung.

23...	**Sd7–c5**

(Diagramm 114)

114

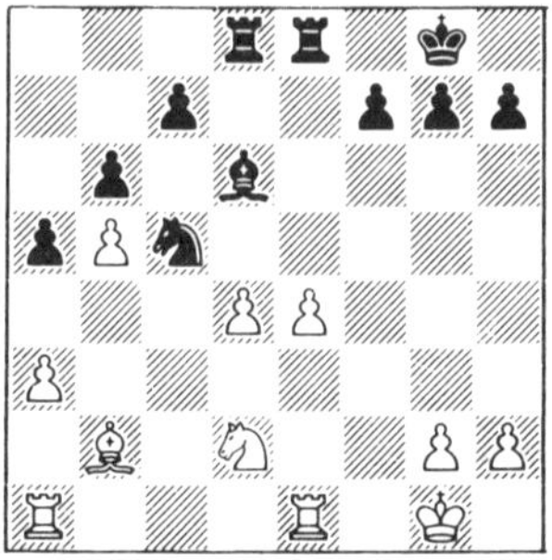

Weiß verliert nun zwingend einen Bauern, denn falls 24. dxc5, so 24...Lxc5+ 25. Kh1 Txd2, oder 24. e5 Lxe5. Strategisch ist die Partie nun entschieden. Auch wenn Weiß noch kämpfen kann, so ist das Ende der Partie für unsere thematische Untersuchung ohne Bedeutung. **24. Sc4 Sxe4 25. Tac1 Lf8 26. Se5 Sd6 27. a4 f6 28. Sf3 Txe1+ 29. Sxe1 Td7 30. Sf3 Sf5 31. Kf2 h5 32. Tc2 g5 33. Tc4 Ld6 34. g3 Kf7 35. Sg1 Se7 36. Se2 Sd5 37. Lc1 Ke6 38. Tc2 Kf5 39. Kf3 g4+ 40. Kf2 Th7 41. Td2 h4 42. Kg2 Ke4 43. Td1 Se3+ 44. Lxe3 Kxe3 45. Sc3 h3+** 0–1. Nach 46. Kf1 Th5 gibt es für Weiß auf 47...Tf5+ und 48...Lb4 keine Verteidigung mehr.

Gligoric – Larsen
Havanna 1967

(1. d4 Sf6 2. c4 e6 3. Sc3 Lb4 4. e3 b6)

5. Lf1–d3	**Lc8–b7**
6. Sg1–f3	**Sf6–e4**

(Diagramm 115)

115

Dieser Zug soll auf e4 einen starken Vorposten für den Springer schaffen und die lange weiße Diagonale kontrollieren. Schwarz muß vorsichtig vorgehen, denn wenn es Weiß gelingt, den schwarzen Vorposten anzugreifen und im Zentrum vorzustoßen, wird der schwarze Fianchettoläufer eingesperrt sein. Vielfach kann Weiß auch auf den Durchbruch d5 spielen.

7. 0–0

Häufig wird auch 7. Dc2 gespielt. Dies leitet nach 7 ... f5 8. 0–0 in die Hauptvariante über.

7. 0–0 bietet ein Gambit an, das Schwarz ablehnen sollte. In der Partie Keres – Spassky, Kandidatenturnier 1965, nahm Schwarz das Gambit an: 7. .. Lxc3 8. bxc3 Sxc3 9. Dc2 Lxf3 10. gxf3 Dg5+ 11. Kh1 Dh5 12. Tg1 Dxf3+ 13. Tg2 f5 14. La3 Se4 15. Tf1 Tg8 16. Le2 Dh3 17. f3 Sf6 18. d5 Kf7 19. e4 c5 20. Lb2 f4 21. e5 Sh5 22. Kg1 g6 23. Tg4 Td8 24. Ld3 Tg8 25. Tf2 1 – 0. Die Dame geht verloren.

7. ... **f7–f5**

(Diagramm 116)

116

8. Ld3xe4

Dies ist ein ungewöhnlicher Zug, mit dem Weiß versucht, Nutzen aus der schwarzen Bauernschwäche e4 zu ziehen. Ebenfalls möglich ist 8. Se2, was Schwarz mit 8. .. Le7 und nicht mit 8. .. Ld6 beantworten sollte, was die Leichtfiguren etwas durcheinanderbringen und die Entwicklung des Damenspringers erschweren würde. Üblich ist 8. Dc2 Lxc3 9. bxc3 0–0, wie in der Partie Rabinovitsch – Aljechin, Moskau 1920, die nach 10. Sd2 Dh4 11. f3 Sxd2 12. Lxd2 Sc6 gutes Spiel für Schwarz einbrachte.

8. d5 ist ein mögliches Bauernopfer, das bereits verschiedene Male gespielt worden ist, allerdings ohne eindeutige Schlußfolgerungen.

Gligoric – Hecht, Belgrad 1969: 8. d5 Sxc3 9. bxc3 Lxc3 10. Tb1 Lf6 11. e4 mit gutem weißen Spiel.

Lucacs – Mednis, Szolnok 1975: 8. d5 Lxc3 9. bxc3 0–0 10. La3 Sc6 11. Lc2 0–0 12. Sd4 Tf7 13. f3 mit ausgeglichener Stellung.

8. ...	**f5xe4**
9. Sf3–d2	**Lb4xc3**
10. b2xc3	**0–0**

(Diagramm 117)

117

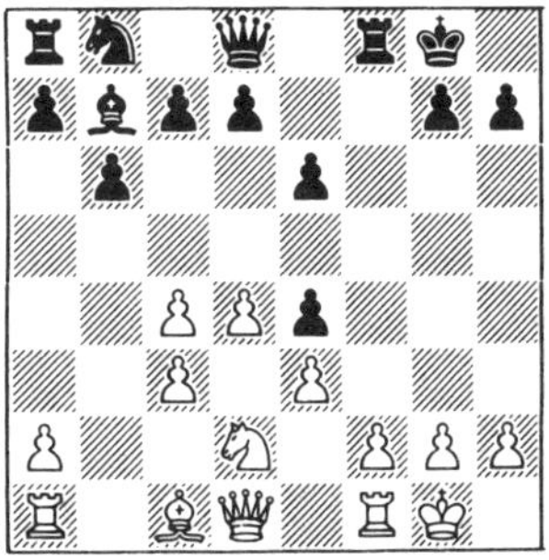

Gilgoric – Andersen, Kopenhagen 1965 10. ..Dg5 11. La3 Sc6 12. c5 h5 13. De2 Dg4 mit besserer Stellung für Weiß. Larsens Zug ist gut, weil er den e-Bauern decken kann.

11. Dd1–g4 **Tf8–f5**

12. d4–d5

Gligoric beschließt, das Spiel zu komplizieren, bevor Schwarz seine Stellung konsolidieren kann.

12. ...	**Tf5–g5**
13. Dg4–f4	**e6xd5**
14. c4xd5	**Lb7xd5**
15. c3–c4	**Ld5–c6**
16. Sd2xe4	**Tg5–g6**

(Diagramm 118)

Schwarz ist wegen seines starken Läufers, der gegen den weißen König gerichtet ist, klar im Vorteil. Zudem ist der weiße Damenflügel sehr schwach.

17. Lc1–b2 **Sb8–a6**

18. f2–f3

Besser war 18. Sg3, um die g-Linie zu blockieren. Darauf plante Larsen

118

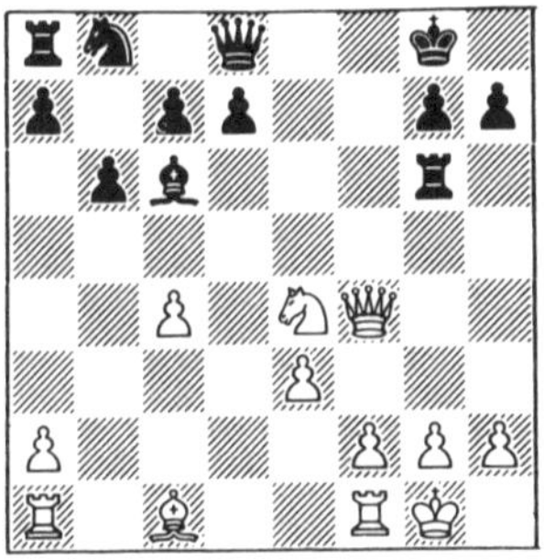

18. . . Dg5 mit Ziel auf ein Endspiel, in dem Weiß Probleme mit seinen schwachen Bauern am Damenflügel haben wird.

18. . .	**Sa6–b4**
19. Lb2–c3	**Sb4–d3**
20. Df4–f5	**Dd8–h4**

(Diagramm 119)

119

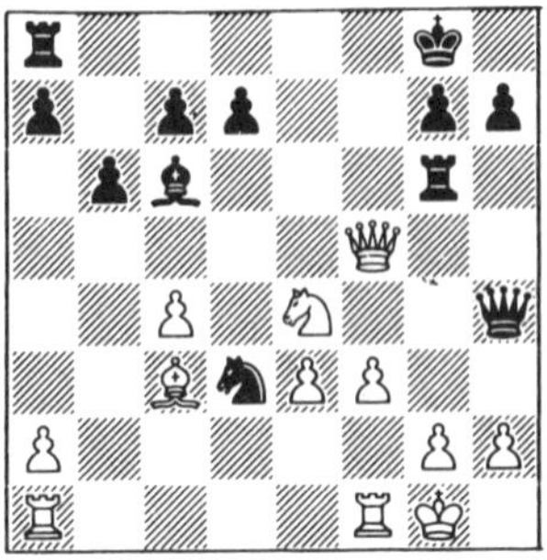

Schwarz droht nun 21 . . . Tf8. Die restlichen Züge waren **21. Sf6+ gxf6 22. Dxd3 Th6 23. h3 Kf7 24. Tf2 Tg8 25. Kf1 Txg2 26. Txg2 Dxh3 27. e4 Tg6** 0 – 1. Nach 28. De2 gewinnt Dh1+.

Diese Partie war für das Wiederaufleben des Interesses an 4 . . . b6 verantwortlich.

14 4. e3 Sc6 (Taimanow-Variante und andere Abspiele)

1. d2–d4	**Sg8–f6**
2. c2–c4	**e7–e6**
3. Sb1–c3	**Lf8–b4**
4. e2–e3	**Sb8–c6**

(Diagramm 120)

120

Dies ist die hypermoderne Taimanow-Variante, die oft in die Ragosin-Verteidigung des abgelehnten Damengambits übergeht. Sie ist schwierig zu spielen, da Schwarz auf den normalen Befreiungszug . . . c5 verzichtet. Schwarz plant . . . d5, . . . dxc4, . . . Ld6 und schließlich . . . e5. Falls ihm das gelingt, steht er meist recht gut im Zentrum und kann seinen weißfeldigen Läufer entwickeln. Unter bestimmten Voraussetzungen kann Schwarz frühzeitig . . . e5 spielen. Bei sorgfältiger Behandlung der Stellung müßte es aber Weiß gelingen, den schwarzen Befreiungszug . . . e5 zu verhindern.

Gligoric – Fischer
Leipzig 1960

(1. d4 Sf6 2. c4 e6 3. Sc3 Lb4 4. e3 Sc6)
Die Taimanow-Variante kann auch auf folgende Weise erreicht werden: 4. . . 0–0 5. Ld3 d5 6. a3 dxc4 7. Lxc4 Ld6 8. Sf3 Sc6 9. b4 (9. Sb5 e5 10. Sxd6 Dxd6 11. dxe5 Dxd1+ 12. Kxd1 Sg4 = Botwinnik – Tal, Weltmeisterschaft 1961, 1. Partie) 9. . . e5 10. Lb2 Lg4 11. d5 Se7 12. h3 Ld7 13. Sg5 Sg6 14. Se6 fxe6 15. dxe6 Kh8 16. exd7 mit Vorteil für Weiß, Botwinnik – Tal, Weltmeisterschaft 1961, 3. Partie).

5. Sg1–f3

Dieser Zug gibt Schwarz die größten Probleme auf. Alternativen sind: 5. Se2 und 5. Ld3.

5. Se2 d5 6. a3 Lf8 (6. . . Le7 7. cxd4 exd4 8. Sf4 mit Vorteil für Weiß, Gligoric – Pachman, Göteborg 1955) 7. cxd5 exd5 8. Sf4 Se7 9. b4 a6 10. g3 c6 11. Lg2 Sf5 12. 0–0 Ld6 = Osnos – Taimanow, Tbilisi 1977. Schwarz muß in diesen Varianten vorsichtig sein wegen des Drucks auf seinen d-Bauern. Taimanows Zug 6. . . Lf8 ist fantastisch.

5. Ld3 erlaubt Schwarz sofort 5. . . e5, z.B. 5. Ld3 e5 (oder 5. . . d5 6. a3 dxc4 7. Lxc4 Ld6 8. f4 Sd5 9. Sf3 Sxc3 10. bxc3 Sa5 11. Ld3 c5 12. 0–0 Ld7 13. Se5 Tc8 14. Dh5 mit klarem Vorteil für Weiß, Keene – Fedorowicz, New York 1981) 6. Se2 exd4 7. exd4 d5 8. cxd5 Sxd5 9. 0–0 0–0 10. a3 Le7 11. Db3 Sf6 12. Td1 a6 mit gutem Spiel für Schwarz, Matanovic – Taimanow.

5. . .	**0–0**
6. Lf1–d3	**d7–d5**
7. 0–0	*(Diagramm 121)*

Nun haben wir eine Stellung der Hauptvariante der Ragosin-Verteidigung des abgelehnten Damengambits erreicht.

7. . .	**d5xc4**

Schwarz kann diesen Zug noch etwas hinauszögern und entweder . . . h6 oder . . . a6 spielen: 7. . . a6 8. h3 dxc4 9. Lxc4 Ld6 10. e4 e5 11. Le3 mit gutem Spiel für Weiß, Taimanow – Fischer, Buenos Aires 1960.

121

8. Ld3xc4 **Lb4–d6**
9. Sc3–b5 *(Diagramm 122)*

122

Mit dem Zug 9. Lb5 durchkreuzt Weiß den schwarzen Plan, indem er droht, den Springer abzutauschen. Schwarz kann aber einen Bauern opfern mit 9. ..e5 10. Lxc6 exd4 11. Lxb7 Lxb7 12. Sxd4, und Schwarz besitzt ausreichend Kompensation für den Bauern, Furman – Lipnitsky, UdSSR 1951. Oder 9. e4 e5 10. d5 Se7 11. Lg5 Sg6 12. Tc1 a6 mit gleichen Aussichten, Zamkhovsky – Sopkov, UdSSR 1952.

9. . . **Ld6–e7**
10. h2–h3 **a7–a6**
11. Sb5–c3 **b7–b5**
12. Lc4–d3 **Lc8–b7**
13. Dd1–e2 **Le7–d6**

(Diagramm 123)

123

Nun stehen die schwarzen Figuren bereit für den Vorstoß . . . e5, Weiß ist jedoch darauf vorbereitet, Gligoric kann, wenn Schwarz . . . e5 gespielt hat, das Feld e4 ausnützen und mit d5 antworten. Schwarz möchte ganz gern noch . . . c5 spielen, hat jedoch nicht die Zeit, um den Springer abzuziehen.

14. Tf1–d1 **Dd8–e7**
15. Ld3–b1 **e6–e5**
16. d4–d5 **Sc6–d8**
17. Sf3–g5 **h7–h6**
18. Sg5–e4 **Sf6xe4**
19. Sc3xe4 **f7–f5**
20. Se4xd6 **cxd6**

(Diagramm 124)

124

Schwarz hat gut gespielt und Ausgleich erzielt. Sein Springer wird über f7 wieder ins Spiel kommen.

21. a2–a4 **b5xa4**
22. Ta1xa4 **Tf8–f6**
23. Ta4–c4 **e5–e4**
24. b2–b4 **Sd8–f7**
25. Lc1–b2

(Diagramm 125)

Schwarz könnte mit 25. . . Se5 nahezu Ausgleich erzielen. Auf g6 steht sein

125

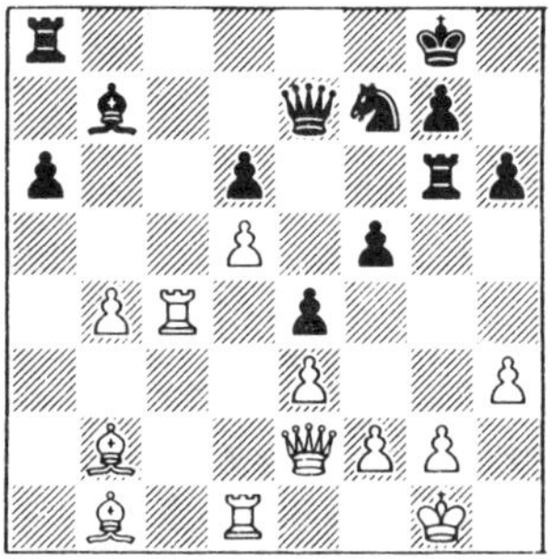

Turm schlecht, und er sollte schließlich verlieren: **26. fe exf3e.p. 27. Dxf3 Tf8 28. Lxf5 Sg5 29. Dh5 Txf5 30. Dxg6 Sxh3+ 31. Kh2 Tg5 32. Te4 Df8 33. De8** 1 – 0.

15 4. Dc2 (Die Klassische Variante)

1. d2–d4	**Sg8–f6**
2. c2–c4	**e7–e6**
3. Sb1–c3	**Lf8–b4**
4. Dd1–c2	*(Diagramm 126)*

126

Das System mit 4. Dc2 war eine der ersten Methoden, Nimzo-Indisch zu bekämpfen. Es wurde Ende der zwanziger Anfang der dreißiger Jahre sehr populär als eine Spielweise, die den Doppelbauern vermeidet. Nimzowitsch selbst spielte nun manchmal 4. ..Lxc3+, was aber völlig unnötig ist, da es mehrere Möglichkeiten zum Ausgleich gibt, zumal jetzt der weiße d-Bauer nicht ungedeckt ist (4...c5 oder 4...Sc6 unterstreichen dies). Zudem steht die weiße Dame auf der c-Linie exponiert, auf dem ungünstigen Feld c3. Heutzutage wird 4. Dc2 nur von wenigen Spielern bevorzugt, gelegentlich wird es als Überraschungswaffe eingesetzt. Gerne gespielt wird es von den Großmeistern Ivkov und Marovic, sowie von den deutschen bzw. englischen Internationalen Meistern Soos und Whiteley.

Keres – Botwinnik
UdSSR Absolute Meisterschaft 1941

(1. d4 Sf6 2. c4 e6 3. Sc3 Lb4 4. Dc2)
Wenn Weiß in diesem System Probleme bekommt, dann gewöhnlich deshalb, weil seine Dame schon frühzeitig über das ganze Brett getrieben wird. Diese Partie ist ein klassisches Beispiel hierfür. Von den 22 Zügen, die Weiß ausführen wird, werden 25% Damenzüge sein!

4. . . **d7–d5**

Botwinnik besaß stets eine Vorliebe für diesen Zug. Es lohnt sich, seine eigene Begründung zu hören: „. . .d5 widerspricht zwar der Grundidee des Nimzo-Inders – Kampf ums Zentrum mit Figuren. Da Weiß aber den nicht gerade unternehmungslustigen Zug 4. Dc2 gespielt und den d-Bauern vorübergehend ungedeckt gelassen hat, ist das energische 4. . .d5 völlig berechtigt."

5. c4xd5

Die Hauptalternative ist 5. a3, wonach 5. . . Lxc3+ 6. Dxc3 Se4 für Schwarz zufriedenstellend ist.

5. . . **e6xd5**

Ebenfalls spielbar ist 5. . .Dxd5, z.B. 6. Sf3 c5 7. Ld2 Lxc3 8. Lxc3 cxd4 9. Sxd4 0–0 gefolgt von . . .e5, und Schwarz hat seine Stellung befreit. Weiß könnte, wenn er auf mehr aus ist, das Gambit 9. Td1!? riskieren.

6. Lc1–g5 **h7–h6**
7. Lg5–h4

22 Jahre später versuchte Petrosjan in der ersten Partie der Weltmeisterschaft 1963 gegen Botwinnik 7. Lxf6, aber nach 7. . . Dxf6 8. a3 Lxc3+ 9. Dxc3 c6 10. e3 0–0 11. Se2 Te8! 12. Sg3 g6 13. f3 h5! war Weiß im Begriff zu verlieren. Stärker ist der natürliche Zug 11. Sf3, aber nach 11. . . Lf5 hat Weiß nichts zu bestellen. Es ist ein einfaches angenommenes Damengambit entstanden, in dem Schwarz seine gesamten Entwicklungsprobleme gelöst hat.

7. . . **c7–c5**

Schwarz greift die Schwäche d4 an und hofft, so die Initiative zu erlangen.

8. 0–0–0

Oder 8. Sf3 Sc6 9. e3 cxd4. 8. dxc5 läßt 8. . . g5 9. Lg3 Se4 10. Le5 0–0 zu.

8. . . Lb4xc3!

Eine feine Entscheidung, die Botwinnik allerdings zu Hause vorbereitet hat, nachdem er im Jahr zuvor gegen Mikenas mit 8. . . 0–0 verloren hatte.

9. Dc2xc3

Am besten war noch 9. Lxf6 Dxf6 10. Dxc3, doch der weiße König wird auf jeden Fall Angriffen auf der c-Linie und der Diagonalen b1–h7 ausgesetzt sein.

9. . . g7–g5
10. Lh4–g3 c5xd4
11. Dc3xd4 Sb8–c6

„Die Ereignisse überstürzen sich und der Faktor Zeit ist von höchster Bedeutung. Die unbeweglichen weißen Figuren am Königsflügel haben keine Zeit mehr, um ihrem König zu Hilfe zu kommen.“ (Botwinnik)

12. Dd4–a4 Lc8–f5
13. e2–e3 Ta8–c8

(Diagramm 127)

127

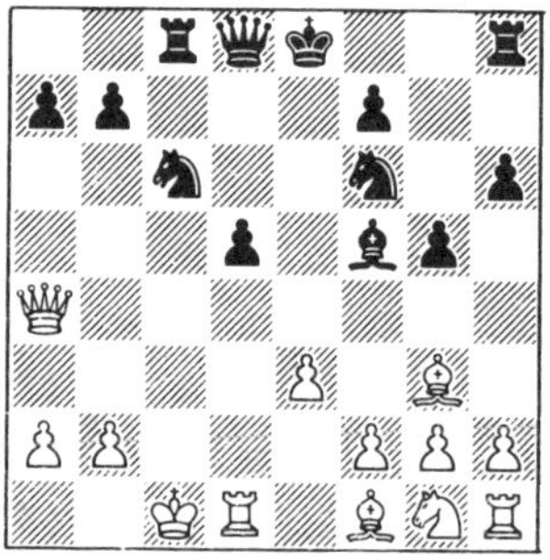

Die weiße Königsstellung ist kritisch. Um einem Schach auf der c-Linie auszuweichen, muß Weiß sich freiwillig in eine tödliche Fesselung begeben.

14. Lf1–d3 Dd8–d7
15. Kc1–b1 Lf5xd3+
16. Td1xd3 Dd7–f5
17. e3–e4

Es gibt keine vernünftige Verteidigung mehr, Weiß könnte bereits aufgeben.

17. . . Sf6xe4
18. Kb1–a1 0–0
19. Td3–d1 b7–b5!
20. Da4xb5 Sc6–d4
21. Db5–d3 Sd4–c2+
22. Ka1–b1 Sc2–b4

0 – 1

Quinteros – Ribli
Montilla 1974

(1. d4 Sf6 2. c4 e6 3. Sc3 Lb4 4. Dc2)

4. . . c7–c5

(Diagramm 128)

128

5. d4xc5 0–0
6. Lc1–f4

Mit 6. a3 Lxc5 7. Sf3 Sc6 8. Lf4 d5 9. e3 Da5 10. Td1 kann man in ein Damengambit mit Lf4 übergehen.

6. . . Sb8–a6
7. a2–a3

7. Ld6 ist besser, z.B. 7. . . Te8 8. a3 Da5 9. Tb1 Lxc3+ 10. bxc3 Sxc5 11. Tb5 Da4 12. Dxa4 Sxa4 13. f3 b6 14. e4. Oder 9. Tc1 Lxc3+ 10. Dxc3 Dxc3+ 11. Txc3 Se4 12. Tc2 Saxc5 13. Lxc5 Sxc5 14. b4 Sa4 gefolgt von . . . a5, . . . b6 und . . . La6. Eine Variante, die Timman und Karpow gerne mit Schwarz spielen.

7. . . Lb4xc3+
8. Dc2xc3 Sf6–e4
9. Dc3–d4 Sa6xc5
10. Ta1–d1

10. b4 Sb3 11. Dxe4 Sxa1 12. Le5 a5 13. Lxa1 axb5 ist gut für Schwarz.

10. ... d7–d5

11. b2–b4

11. cxd5 exd5 12. Dxd5 Le6 ist ein gutes Bauernopfer, z.B. 13. Dxd8 Tfxd8 14. f3 Lb3 15. Txd8+ Txd8 16. fxe4 Td1+ 17. Kf2 Sxe4+ 18. Ke3 Txf1 und falls 19. Kxe4, so Ld5+ und Lxg2.★)

11. ... Sc5–a4

12. f2–f3 Se4–c3

13. Td1–d3 f7–f6

14. Lf4–d2 e6–e5

15. Dd4–h4

Und erneut ist zu sehen, wie Weiß mit seiner Dame auf schändliche Art und Weise Tempi verschenkt.

15. ... d5–d4

16. e2–e3 Lc8–f5

17. Ld2xc3 Sa5xc3

18. Td3–d2 d4xe3

(Diagramm 129)

129

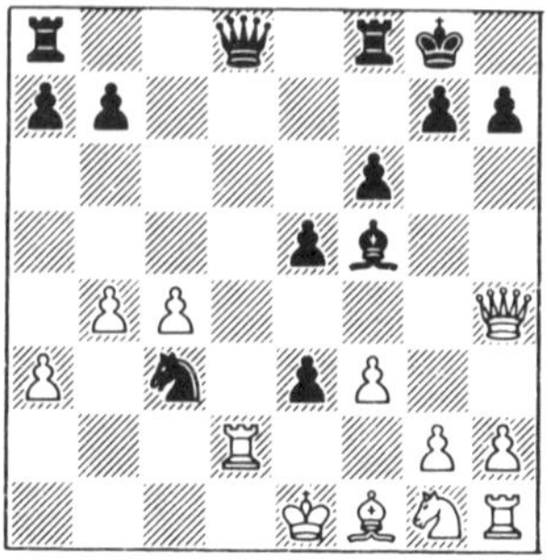

Ein brillantes Damenopfer, dem Weiß völlig hilflos gegenüber steht.

19. Td2xd8 Tf8xd8

20. Lf1–e2 Td8–d2

21. g2–g4 Lf5–d3

22. Ke1–f1 Sc3xe2

23. Sg1xe2 Td2xe2

24. Kf1–g1 Ta8–d8 0–1

Für diese herrliche Partie wurde Ribli mit Recht der Schönheitspreis zuerkannt.

★) Anm. des Verlages: Nach 19. ..Ld5+ kann einfach 20. Kxd5 folgen, mit Gewinnstellung für Weiß! 19. ..La4! scheint der gegebene Zug, da stark 20. Lc6+ droht.

Farago – Groszpeter
Ungarische Meisterschaft 1981

(1. d4 Sf6 2. c4 e6 3. Sc3 Lb4 4. Dc2)

4. ... 0–0

4. ..c5 gilt als das korrekte Mittel, mit dem diese Variante zu behandeln ist, aber 4. ..0–0 ist auch gut spielbar, da Schwarz nach 5. e4?! d5 6. e5 Se4 7. a3 Lxc3+ 8. bxc3 f6 gutes Gegenspiel erhält.

5. a2–a3

Oder 5. Sf3 c5 6. dxc5 Sa6 7. e3 Sxc5 8. Ld2 b6 9. Le2 Lb7 10. 0–0 Sce4 11. Sxe4 Lxe4 12. Ld3 Lxd3 13. Dxd3 Lxd2 14. Dxd2 und die Partie Ivkov – Spassky, Bugojno 1978, war totremis.

5. ... Lb4xc3+

6. Dc2xc3 b7–b6

Eine andere interessante Möglichkeit ist hier 6. ..De8!?, um die Fesselung Lg5 zu entschärfen und um ...e5 vorzubereiten. Zum Beispiel: 7. f3 d6 8. e4 e5 9. d5 Sfd7 10. g4 a5 mit scharfem Spiel, Dueball – Keene, Dortmund 1973.

7. Sg1–f3

Der zuverlässigste Zug. Nach 7. Lg5 Lb7 8. e3 d6 9. f3 Sbd7 10. Ld3 c5 11. Se2 Tc8 12. 0–0 La6!, gefolgt von Druck gegen c4, befindet sich Weiß schon etwas in der Defensive, Gheorghiu – Timman, Malta 1980.

7. ... Lc8–b7

(Diagramm 130)

130

8. b2–b4

Sehr anspruchsvoll! Leitet den Vorstoß

am Damenflügel ein und ermöglicht Aktionen auf der Diagonalen a1–h8, besonders gegen g7. Zurückhaltender ist 8. g3 d6 9. Lg2 Sbd7 10. 0–0 De7 11. b3 e5?! 12. d5 a5 13. Sh4 Sc5 14. Lb2 Tfe8 15. Dc2 b5 16. Sf5 Df8 17. f4 ± Uhlmann – Larsen, Hastings 1972/73. Der 11. Zug von Schwarz war schwach, vgl. Przepiorka – Nimzowitsch, Kecskemet 1927: 11. b4 Se4! 12. Dc2 f5 13. Sg5 Sdf6 14. Sxe4 Lxe4 15. Lxe4 Sxe4 =. Etwas, was der Leser stets beachten sollte: Wenn wir in diesem Buch eine Stellung mit '=' beurteilen, soll das nicht heißen, daß die Stellung remis ist, sondern lediglich, daß für beide Seiten gleiche Chancen bestehen. So hat Nimzowitsch die Partie durch feines Spiel doch noch gewonnen, obwohl sie Weiß hätte halten können.

8. . .	**d7–d6**
9. Lc1–b2	**Sb8–d7**
10. e2–e3	**Sf6–e4**
11. Dc3–c2	**f7–f5**
12. Lf1–d3	**Se4–g5**

Damit soll die Stärke des Fianchettoläufers hervorgehoben werden. Weiß muß aber nicht unbedingt kurz rochieren. Eine Alternative ist 12. . . a5!?, um die von Weiß ins Auge gefaßte lange Rochade zu verhindern.

13. d4–d5	**Sg5xf3+**
14. g2xf3	**Sd7–e5**

Nach e6xd5 fällt der f-Bauer mit weiteren Drohungen gegen h7.

15. 0–0–0	**Dd8–e7**

Um e6 zu schützen.

16. Th1–g1	**Tf8–f7**
17. f3–f4	

Es besteht keine Notwendigkeit, das Läuferpaar zu halten. Der verbleibende weiße Läufer auf b2 ist viel wirkungsvoller als sein schwarzer Gegenpart.

17. . .	**Se5xd3+**
18. Dc2xd3	**e6xd5**
19. c4xd5	**Ta8–e8**
20. Tg1–g5	**De7–d7**
21. Td1–g1	**Te8–e7**
22. b4–b5	**Lb7–c8**

(Diagramm 131)

131

Schwarz besitzt im Grunde genommen eine Figur weniger. Weiß führt nun mit einer Offensive im Zentrum die Entscheidung herbei, sein gewaltiger Vorteil bleibt bis ins Endspiel bestehen. **23. f3 Kf8 24. h4 Ke8 25. h5 Kd8 26. e4 fxe4 27. fxe4 Dh3 28. Dxh3 Lxh3 29. e5 Txf4 30. e6 a6 31. bxa6 c6 32. Txg7 cxd5 33. a7 Tc4+ 34. Kd2** und 1 – 0. Farago erhielt für diese Partie den Preis für die eindruckvollste strategische Leistung der Meisterschaft.

Aljechin – Pachman
Prag 1942

(1. d4 Sf6 2. c4 e6 3. Sc3 Lb4 4. Dc2)

4. . .	**Sb8–c6**

Figurenspiel gegen d4 ist eine sehr solide Strategie gegen das frühe Dc2.

5. Sg1–f3	**d7–d6**
6. Lc1–d2	**0–0**
7. a2–a3	**Lb4xc3**
8. Ld2xc3	*(Diagramm 132)*
8. . .	**Tf8–e8**

Schwarz hat zwei Alternativen:

a) **8. . . De7** 9. e3 e5 10. d5 Sb8 11. Ld3 Sbd7 12. Sg5 g6 13. Se4 Sxe4 = Euwe – Aljechin, Weltmeisterschaft 1935 (22. Partie).

b) **8. . . a5** 9. e4 e5!? 10. dxe5 dxe5

132

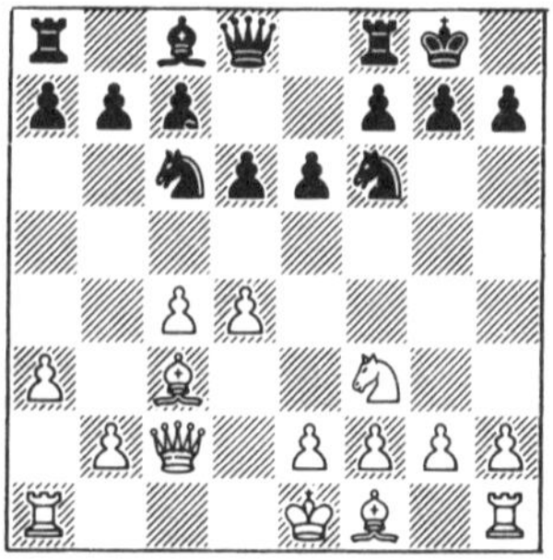

11. Sxe5 De8 12. f4 Sxe5 13. Lxe5 Sg4 14. Ld4 Lf5 15. Ld3 und nun empfiehlt Boleslawski 15. .. Lxe4 16. Lxe4 f5 17. 0–0–0 ±, während Kortschnoi die Variante zu verbessern versuchte, was aber zu einem Endspiel führte, in dem Schwarz um das Remis kämpfen mußte: 15. Td8 16. Lc5 Txd3 17. Dxd3 Lxe4 18. De2 Ld3 19. Dxe8 Txe8+ 20. Kd2 Lxc4 21. The1, Ivkov – Kortschnoi, Baden Baden 1981.

9. Ta1–d1	**Dd8–e7**
10. g2–g3	**e6–e5**
11. d4–d5	

Auf 11. dxe5 (um Linien für den Läufer zu öffnen) folgt 11... dxe5 12. Lg2 Lg4, und Schwarz hat zu viel Freiheit.

11...	**Sc6–b8**
12. Lf1–g2	**Sb8–d7**
13. 0–0	**Sd7–f8**
14. Sf3–h4	**Sf6–h5**
15. Sh4–f5	**Lc8xf5**
16. Dc2xf5	**g7–g6**
17. Df5–c2	**f7–f5**

Die „Enzyklopädie der Schacheröffnungen" beurteilt die Stellung als ausgeglichen. Dies zu beweisen ist jedoch nicht so einfach angesichts der weißen Läufer, die im Hintergrund lauern.

18. e2–e3	**e5–e4**

Soll Weiß an f4 hindern. Aljechin reagiert darauf mit einem scharfen Bauernopfer.

19. f2–f3!?	**e4xf3**
20. Lg2xf3	**Sh5–f6**

Falls 20... Dxe3+, so empfiehlt Aljechin 21. Kg2 Sg7 22. Tde1 Dg5 23. h4 Dd8 24. h5 mit einem starken Angriff, der auf der Aktivität der weißen Läufer und der Möglichkeit, die h-Linie aufzubrechen, beruht.

21. Lc3–d4	**Sf8–d7**
22. b2–b4	*(Diagramm 133)*

133

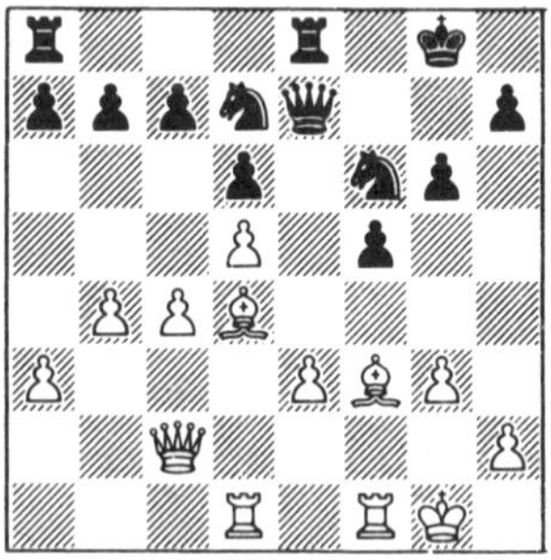

Schwarz sollte nun 22. .. Se5 spielen. Der Textzug, der zwar ganz natürlich aussieht, gibt die Kontrolle über g4 auf und gestattet Weiß, die schwarze Zentrumsbarrikade aufzubrechen.

22...	**Sf6–e4**

Was könnte im positionellen Sinne verlockender sein? das schwache Feld vor einem blockierten, rückständigen und isolierten Bauern zu besetzen, aber...

23. g3–g4	**f5xg4**

Oder 23. ..Sdf6 24. gxf5 gxf5 25. Lxe4! ±.

24. Lf3xg4	*(Diagramm 134)*

134

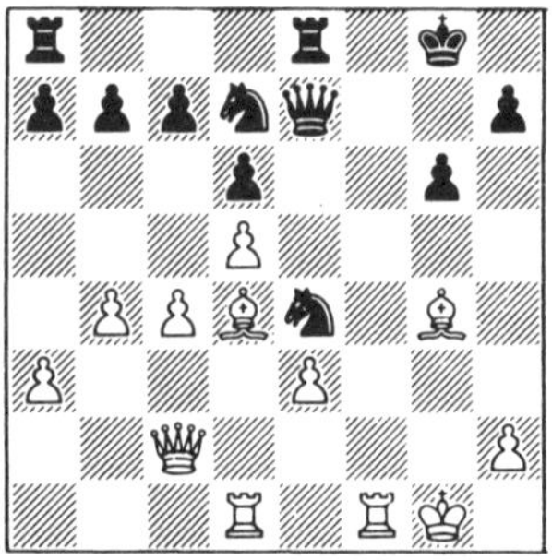

Die Läufer stehen nun überragend. Es

droht Le6+ mit Figurengewinn und auf 24. . . Sf8 folgt 25. Txf8+ Dxf8 26. Tf1 Dh6 27. Tf4 Sg5 28. h4! Sf7 29. Le6.

24. . . De7–g5
25. Dc2–g2 Sd7–f8

Oder 25. . . Se5 26. Tf4 Sxg4 27. Txg4 Df5 28. Tf1.

26. Tf1–f4 h7–h5
27. h2–h4 Dg5–h6
28. Lg4–h3 1 – 0

Aljechin – Euwe
Weltmeisterschaft 1937 (8. Partie)

(1. d4 Sf6 2. c4 e6 3. Sc3 Lb4 4. Dc2)

4. . . d7–d5
5. c4xd5

5. Lg5 ist schwach wegen 5. . . dxc4 6. Sf3 b5 7. a4 c6 8. Lxf6 gxf6 9. g3 a6 10. Lg2 Ta7 11. 0–0 Td7 mit einem soliden Mehrbauern für Schwarz, Capablanca – Nimzowitsch, Bad Kissingen 1928.

Eine scharfe Alternative ist 5. a3 Lxc3+ 6. Dxc3 Se4, und Schwarz versucht, wie so oft in dieser Variante, aus dem Umherziehen der Dame Nutzen zu ziehen, z.B. 7. Dc2 Sc6 8. e3 e5 *(Diagramm 135).*

135

Und nun:

a) **9. f3?** Sf6 10. cxd5 Dxd5 11. Lc4 Dd6 12. dxe5 Sxe5 13. Ld2 0–0 14. Lb4 c5 15. Td1 Dc6 16. Ld2 Lf5 17. Dxf5 Sxc4 18. Lc1 Tfe8 19. Kf2 Te6 20. Sh3 Se4+ und Weiß läuft von Pontius zu Pilatus, Vidmar – Aljechin, San Remo 1930. 15. Lxc5? scheitert: 15. . . Dxc5 16. Lxf7+ Txf7 17. Dxc5 Sd3+.

b) **9. cxd5!** Dxd5 10. Lc4 Da5+ 11. b4 Sxb4 12. Dxe4 Sc2+ 13. Ke2 De1+ 14. Kf3 Sxa1 15. Lb2 0–0 16. Kg3 h6 17. h4 Dd2 18. Sf3 Dxb2 19. Sg5! mit für Weiß günstigen Verwicklungen.

Eine weitere undurchsichtige Möglichkeit ist 5. a3 Lxc3+ 6. Dxc3 Se4 7. Dc2 c5 8. dxc5 Sc6 9. cxd5 exd5 10. Sf3 Lf5 11. b4 0–0 12. Lb2 b6 13. b5 bxc5 14. bxc6 Da5+ 15. Sd2 Tab8 16. Td1 d4 17. c7 Dxc7 18. Sxe4 Lxe4 19. Dd2 Tfe8 20. h4 Tb6 21. Th3, was alles andere als klar ist, Grigorian – Gulko, UdSSR 1975. Wir empfehlen niemandem, sich ohne Netz auf dieses taktische Seil zu begeben und raten zu umfassender analytischer Vorarbeit.

5. . . Dd8xd5

Schwarz nützt die Fesselung des weißen Springers auf c3 dazu um die Dame zu zentralisieren. Wegen 5 . . . exd5 siehe Keres – Botwinnik (Seite 91).

6. e2–e3 c7–c5
7. a2–a3 Lb4xc3
8. b2xc3 Sb8–d7

Die Rochade ist besser.

9. f2–f3 c5xd4

Hier war 9. . . Dc6 10. Ld3 e5 vorzuziehen.

10. c3xd4 Sd7–b6
11. Sg1–e2 Lc8–d7
12. Se2–f4 Dd5–d6
13. Lc1–d2

Nun werden die Probleme von Schwarz sichtbar. Die Drohung Lb4 hindert ihn an der Rochade und hält seinen König im Zentrum fest.

13. . . Ta8–c8
14. Dc2–b2 Sf6–d5
15. Sf4xd5 e6xd5
16. Ld2–b4 Dd6–e6
17. Ke1–f2

Der schnellste Weg, um e3 zu decken

und die Türme zu verbinden. Schwarz hätte nun 17. . . f5 und . . . Kf7 spielen müssen, um den König in Sicherheit zu bringen. Stattdessen faßte der damalige Weltmeister einen scheinbar logischen Plan, mit dem er den weißen Läufer von seinem beherrschenden Posten b4 zu vertreiben gedachte – ein Plan, der an der glänzenden Taktik Aljechins scheitert.

17. . . **Sb6–a4?**
18. Db2–d2 **b7–b6**

Bereitet . . . a5 vor.

19. Lf1–a6

Blockiert den a-Bauern.

19. . . Tc8–b8 *(Diagramm 136)*

Nun droht b5, und der weiße Königsläufer ist gefangen. Wenn Weiß den Läufer von a6 abzieht, kommt Schwarz zur Rochade. Aljechin hat jedoch weiter voraus gesehen. Mit einer Serie von Einschlägen läßt er Schwarz erst gar keine Zeit, den abseits stehenden Läufer zu schlagen.

20. e3–e4 **b6–b5**
21. Dd2–f4 **Tb8–b6**

136

22. e4xd5 **De6xd5**
23. Th1–e1+ **Ld7–e6**
24. Ta1–c1 **f7–f6**
25. Tc1–c7

Den schwarzen König einzukreisen, ist viel stärker als 25. Tc8+ Kf7 26. Txh8 Txa6.

25. . . **Ke8–d8**

Falls 25. . . Txa6, so gewinnt 26. Te7+.

26. Tc7xa7 1 – 0

Nach 26. . . Tc6 27. Db8+ Tc8 28. Dxc8+ Lxc8 erzwingt Weiß das Matt mit 29. La5+.

16 4. Db3 (Die Spielmann-Variante)

1. d2–d4	**Sg8–f6**
2. c2–c4	**e7–e6**
3. Sb1–c3	**Lf8–b4**
4. Dd1–b3	*(Diagramm 137)*

137

Eine scheinbar logische Antwort, denn der Springer wird mit Tempogewinn gedeckt. Der Zug ist 1929 in Karlsbad von dem österreichischen Großmeister Rudolf Spielmann in die Turnierpraxis eingeführt worden und war in den früheren dreißiger Jahren sehr populär. Heute wird er jedoch so gut wie nicht mehr gespielt. 4. Db3 leidet an den gleichen Schwächen wie 4. Dc2. Auf b3 trägt die Dame zwar mehr zur Unterstützung des Zentrums bei als auf c2, sie kann jedoch auch ernsthafter gefährdet werden. Schwarz erhält ein äußerst befriedigendes Spiel entweder mit 4. . . Sc6 oder 4. . . c5 mit Druck auf die Schwäche d4.

Bogoljubow – Nimzowitsch
San Remo 1930

(1. d4 Sf6 2. c4 e6 3. Sc3 Lb4 4. Db3)

4. . .	**c7–c5**
5. d4xc5	**Sb8–c6**
6. Sg1–f3	**Sf6–e4**
7. Lc1–d2	**Se4xc5**

Der Zug sieht gut aus, denn die weiße Dame wird ja zurückgetrieben. Unangenehme Erfahrungen in seinem Wettkampf mit Stahlberg 1934 haben Nimzowitsch aber schließlich davon überzeugt, daß 7. . . Sxd2 der bessere Zug ist.

8. Dd1–c2	**f7–f5**

(Diagramm 138)

In jenem Wettkampf mit Stahlberg erlebte Nimzowitsch (als Schwarzer) mit 8. . . 0–0 9. a3 Lxc3 10. Lxc3 a5 11. g3 gleich zwei Mißerfolge. In beiden Fällen erwies sich der weiße schwarzfeldige Läufer als äußerst lästig.

9. e2–e3?!

Die beste Variante ist 9. a3! Lxc3 10. Lxc3 0–0 11. b4 Se4 12. Lb2! d6 13. g3 e5 14. Lg2 De7 15. 0–0 Le6 16. Tfd1 Tac8 ± oder 12. . . b6 13. g3 Lb7 14. Lg2 Tac8 15. Sd2 Sxd2 16. Dxd2 Sa5 17. Lxb7 Sxb7 18. Tac1 ebenfalls ± wegen des starken weißen Läufers.
In krassem Gegensatz hierzu muß Weiß 9. a3 Lxc3 10. Lxc3 0–0 11. b4 Se4 12. e3?! b6 13. Ld3 Sxc3 14. Dxc3 Lb7 15. 0–0 vermeiden. Der erste Fehler war, daß Weiß seinen wertvollen schwarzfeldigen Läufer aufgegeben hat und der zweite, daß er kurz rochiert hat, ohne seinen König mit g3 und Lg2 zu schützen. Die Partie Stahlberg – Aljechin ist ein Muster-Beispiel dafür, wie Schwarz

einen Angriff auf den weißen Königsflügel mit seinem weitreichenden Fianchettoläufer führen kann: 15. ..Se7 16. Le2 De8 17. Tfd1 Td8 18. a4 f4! (vgl. die nachfolgende Partie Barczay – Tal) 19. a5 fxe3 20. Dxe3 Sf5 21. Dc3 d6 22. axb6 axb6 23. Se1 e5 24. Ta7 Sd4 25. De3 Td7 26. Ta2 Tdf7 27. f3 Tf4 28. Ld3 Dh5 29. Lf1 Dg5 30. Tf2 h6 31. Kh1 Txf3! 0 – 1.

9. . . **0–0**
10. Lf1–e2 **b7–b6**
11. 0–0–0

Weiß will Druck auf der d-Linie ausüben und einer eventuellen Belästigung durch den schwarzen Läufer von b7 aus entgehen.
Auf dem Damenflügel steht der weiße König aber auch nicht sicher.

11. . . **a7–a5!**

Die positionelle Idee dieses Vorstoßes ist es, die Deckung des weißen c-Bauern zu verhindern, der bald mit Zügen wie. . . La6 und . . . Tc8 angegriffen werden kann. Es steckt jedoch auch eine verborgene taktische Idee dahinter, und die übersieht Bogoljubow.

12. a2–a3 **a5–a4**
(Diagramm 139)

139
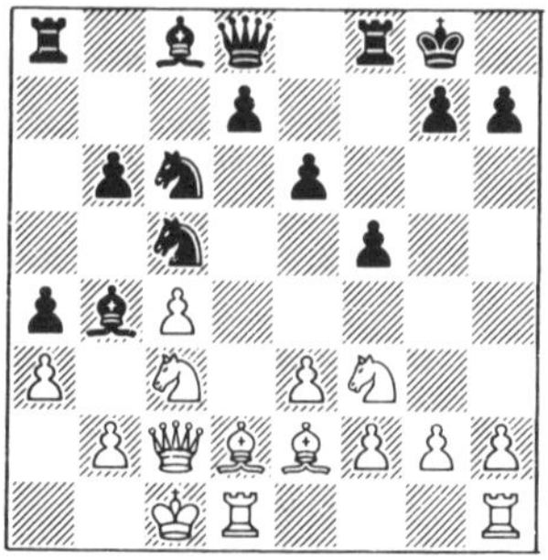

Verwirklicht auf glänzende Art und Weise den Plan der 'Isolation' des weißen c-Bauern, der ja den Hauptschutz des weißen Königs darstellt. Die geistreiche Idee ist 13. axb4 Sxb4 14. Db1 Sb3 matt, eine hübsche Verwertung der zusammengeballten schwarzen Kavallerie auf der c-Linie.

13. Sc3–b5 **Lb4xd2+**
14. Sf3xd2 **Sc6–a5**
15. Le2–f3 **d7–d5**
16. c4xd5 **Lc8–a6**
17. Sd2–c4

Einen Hinweis auf die Gefahren, die dem weißen König drohen gibt 17. Sd4 Tc8 18. Sc6 Txc6 19. dxc6 Ld3 20. Sf1 Sab3+ ∓∓.

17. . . **La6xb5**
18. d5xe6 *(Diagramm 140)*

140
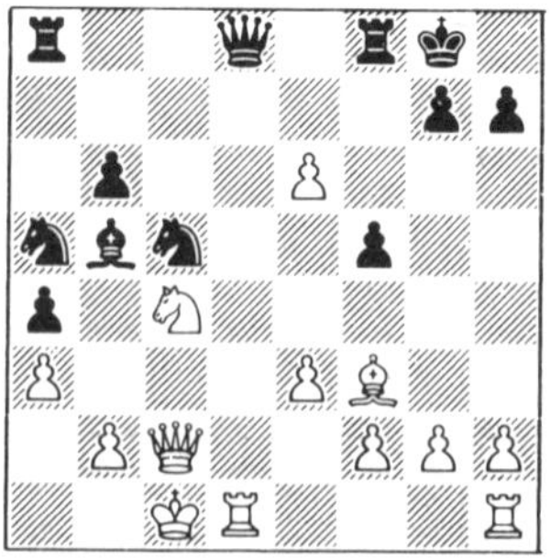

Schwarz sollte nun seinen Angriff mit einem Damenopfer krönen: 18. . . Lxc4! 19. Txd8 Taxd8 20. Td1 (oder 20. e7 Sab3+ und . . . Ld3) . . . Lxe6 ∓∓. Nimzowitsch ließ diese Fortsetzung aus und mußte noch einige Stunden ausharren, bis er schließlich den vollen Punkt einstecken konnte.

18. . . **Dd8–c7?!**
19. Lf3xa8 **Lb5xc4**
20. La8–d5 **Lc4xd5**
21. Td1xd5 **Dc7–c6**
22. e6–e7 **Dc6xd5**
23. e7xf8T + **Kg8xf8**
24. Th1–d1 **Dd5–e5**
25. h2–h3 **h7–h5**
26. g2–g4?!

Der Materialvorteil und der anhaltende Angriff auf den weißen König sollten zum Gewinn ausreichen, der Textzug erleichtert die Sache jedoch. Die Partie endete: **26. . . hxg4 27. hxg4 Sab3+ 28. Kb1**

fxg4 29.Tg1 Dd5 30.Td1 De4 31.Tg1 Sd2+ 32.Kc1 Dd5 33.Dh7 Sde4 34.Dh8+ Kf7 35.Kb1 Dd3+ 0–1. (36.Ka2 Sc3+ 37.bxc3 Dc2+ 38.Ka1 Sb3 matt).

Eine der zurecht berühmten Nimzowitsch-Partien in seiner eigenen Verteidigung, die allerdings von Bogoljubow, der 1929 und 1934 der offizielle Herausforderer von Weltmeister Aljechin war, ungenau behandelt worden war.

Barczay – Tal
Miskolc 1963

(1.d4 Sf6 2.c4 e6 3.Sc3 Lb4 4.Db3)

4... c7–c5

Auch nicht schlecht ist 4...Sc6, worauf Weiß 5.e3 oder 5.Sf3 spielen muß. Es ist offensichtlich, daß diese Variante nicht schlechter für Schwarz sein kann als die Fortsetzungen mit 4.Dc2 Sc6. Sie könnte sogar besser für ihn sein, da nach a5–a4 die Dame angegriffen werden kann und Weiß dadurch ein Tempo verliert. Trotzdem wollen wir ...c5 als aktivste Möglichkeit für Schwarz untersuchen.

5.d4xc5

5.d5?! könnte in Erwägung gezogen werden, aber nur kurz. Nach 5...exd5 6.cxd5 0–0 sieht das weiße Zentrum sehr unbeholfen aus, und die Dame steht auf b3 sicherlich nicht gut.

5... Sb8–c6

6.Sg1–f3

Verwegen ist 6.Lg5 h6 7.Lh4 (7.Lxf6 Dxf6 ist offensichtlich schwach) 7...g5 Lg3 Se4 9.e3 Lxc3+ 10.bxc3 Df6 11.Se2 e5 ∓, Botwinnik – Ragosin, Leningrader Meisterschaft 1932.

6... Sf6–e4

Die aggressivste Fortsetzung. Schwarz will entweder das Läuferpaar für sich gewinnen oder die weiße Dame stören.

7.Lc1–d2

Weiß darf eine Zersplitterung seiner Damenflügelbauern nicht zulassen, da die schwarzen Springer ideal postiert sind, um daraus Kapital zu schlagen: 7.e3? Lxc3+ 8.bxc3 Sxc5 9.Dc2 f5 ±, Euwe – Canal, Karlsbad 1929. Besagter Nachteil hinderte Euwe jedoch nicht, die Partie zu gewinnen.

7... Se4xd2!

Bedeutend vorsichtiger als Nimzowitschs 7...Sxc5 (siehe vorhergehende Partie). Das Schlagen des Läufers war die Modevariante in Karlsbad, wo Spielmann das erste Mal 4.Db3 vorstellte.

8.Sf3xd2 Lb4xc5

(Diagramm 141)

141

Objektiv betrachtet ist diese Stellung ausgeglichen, wir gestehen aber, daß wir die schwarze Stellung etwas bevorzugen. Weiß besitzt nur einen positiven Plan, nämlich Druck auf der d-Linie auszuüben, indem ein Turm nach d1 und ein Springer nach e4 gestellt wird. Schwarz dagegen hat eine weitaus flexiblere Stellung, wenngleich sie im Augenblick noch etwas defensiver Natur ist. Falls Weiß sich für die lange Rochade entscheidet, um schneller einen Turm nach d1 zu bringen, wird sein König nicht allzu sicher stehen. Rochiert er dagegen wie in der Partie kurz, wird der nach g2 zielende schwarze Läufer den weißen König ebenfalls in Schwierigkeiten bringen. Man beachte, daß Schwarz den Abtausch seines Läufers auf c5 gegen einen weißen Springer nicht fürchten muß (Tals Entdeckung!) deshalb muß er auch nicht ...f5 ziehen. Alle Spieler mit den schwarzen Steinen waren 1929 in Karlsbad bestrebt, Weiß an Se4 zu hindern, und sie nahmen es durch vorzeitiges ...f5 sogar schon im 8. Zug in Kauf, all ihre Chancen aufs Spiel zu setzen.

9. e2–e3

Oder 9. g3 b6 10. Lg2 Lb7 11. 0–0 0–0 12. Sde4 Tb8! Diese Fortsetzung hat sehr viel Ähnlichkeit mit dem Verlauf der Partie Barczay – Tal, aber es sollte Weiß schließlich gelingen, den schwarzen weißfeldigen Läufer zu neutralisieren. Eine andere Möglichkeit ist 9. Sde4 b6! 10. 0–0–0 Sa5 11. Da4 Lb7 12. Sd6+ Lxd6 13. Txd6 De7 (Euwe), und Schwarz entwickelt allmählich einen Angriff auf den c-Bauern.

9. ... 0–0

Ebenfalls möglich ist 9. ..b6, z.B. 10. 0–0–0 Lb7 11. Sde4 (11. Le2!?) 11. ...Le7 12. Sd6+ Lxd6 13. Txd6 De7 14. Dd1 Td8 15. Le2 0–0 16. Lf3 Sa5! 17. Lxb7 Sxb7 18. Td4 d6 19. Kb1 Dc7 mit gleichen Aussichten, Euwe – Nimzowitsch, Zürich 1934. Die Partie zeigt, daß Weiß keinen Fortschritt erzielen kann, selbst dann nicht, wenn es ihm gelingt, d6 mit einer Figur zu besetzen.

10. Lf1–e2 b7–b6
11. 0–0 Lc8–b7
12. Sd2–e4 Ta8–b8!

Oder 12. ...Le7 13. Tad1 ±.

13. Ta1–d1 f7–f5

Zur rechten Zeit! Der Abtausch der Leichtfiguren ist erzwungen, und das ist für Schwarz günstig, da 14. Sd6 La8 ein Schlag ins Leere darstellt.

14. Se4xc5 b6xc5

(Diagramm 142)

Nun kann man unmittelbar die Nachteile der weißen Eröffnungsstrategie beobachten. Der einzige aktive Plan von Weiß besteht darin, sich auf der d-Linie aufzubauen und zu versuchen, den

142

Punkt d6 auszunützen. Dagegen hat Schwarz die Bauernmehrheit im Zentrum, sein c-Bauer kontrolliert die halboffene b-Linie, und in Verbindung mit dem Fianchettoläufer kann ein Angriff auf den weißen Königsflügel eingeleitet werden.

15. Db3–a3

Zu optimistisch. Es war Zeit, an die Verteidigung zu denken, 15. f4! verhindert das Vorrücken des schwarzen f-Bauern.

15. ... Dd8–e7
16. Sc3–b5?!

Die vorherige Anmerkung hat immer noch Gültigkeit.

16. ... f5–f4!
17. Sb5–d6 Lb7–a8
18. Le2–f3

18. Dxc5 Txb2 hilft Schwarz.

18. ... f4xe3
19. f2xe3

Die weiße Bauernstellung läßt viel zu wünschen übrig, aber 19. Dxe3 Sd4! wäre schlecht.

19. ... Sc6–e5!

(Diagramm 143)

Entlarvt den Läufer. Zwar wird diese wichtige Figur sofort abgetauscht, doch diese kurze Einmischung genügt, um den weißen König zu beunruhigen.

20. Lf3xa8 Tf8xf1+
21. Kg1xf1

Falls 21. Txf1, so Dxd6 mit Drohungen wie ...Sxc4 und ...Sg4.

143

21. ... **Tb8xa8**
22. Kf1–g1 **Ta8–f8**

In seiner typischen Art konzentriert Tal alle Streitkräfte in der Nähe des weißen Königs.

23. Da3xc5 **De7–g5**
24. Sd6–e4 **Dg5–g4**
25. Se4–f2 *(Diagramm 144)*

144

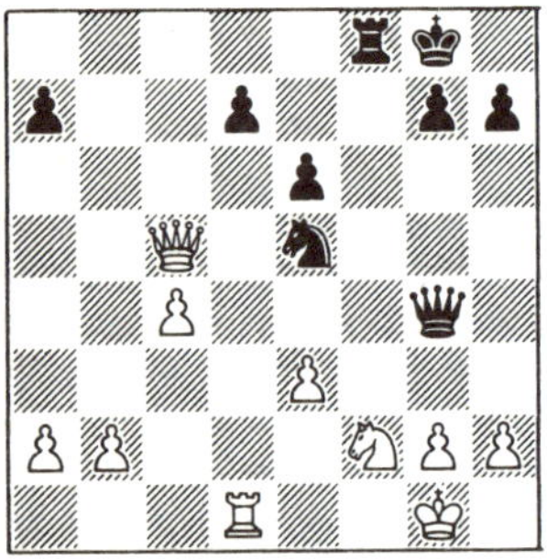

Die einzige Verteidigung, Tal konnte jedoch sofort gewinnen mit 25. .. De2! 26. e4 Txf2! oder 26. Tf1 Sd3! −+. Stattdessen:

25. ... **Tf8xf2!**

Diese 'Kombination' ist völlig unnötig.

26. Kg1xf2 **Dg4–f5+**

Nicht 26. .. Dxd1 27. Dxe5 =. Nach dem Textzug kann Weiß noch Fehler machen.

27. Kf2–e2

Weiß muß natürlich seinen König von den Feldern fernhalten, auf denen ein Springerschach zugleich die Dame kosten würde, z.B. 27. Kg3 Dg5+ 28. Kf2 Sf4+ −+.

27. ... **Df5–h5+**
28. g2–g4!

Der einzige Zug! Tal hat ihn vermutlich übersehen, als er 25. .. Txf2? spielte.

28. ... **Dh5xh2+**
29. Ke2–f1?

Zum Schluß macht Weiß doch noch einen Fehler. 29. Ke1 ist remis, da der weiße König in verschiedenen kritischen Varianten über d2 entkommen kann. Nun aber ist der weiße König gefangen.

29. ... **Dh2–h1+**
30. Kf1–f2 **Se5xg4+**
31. Kf2–g3 **Dh1xd1**
32. Dc5–c8+ **Kg8–f7**
0–1

Obwohl der Schluß unbefriedigend war, Tals Behandlung des frühen Mittelspiels machte diese Partie zu einer der wichtigsten modernen Partien mit 4. Db3.

17 4. Lg5 (Die Leningrader-Variante)

1. d2–d4	**Sg8–f6**
2. c2–c4	**e7–e6**
3. Sb1–c3	**Lf8–b4**
4. Lc1–g5	*(Diagramm 145)*

145

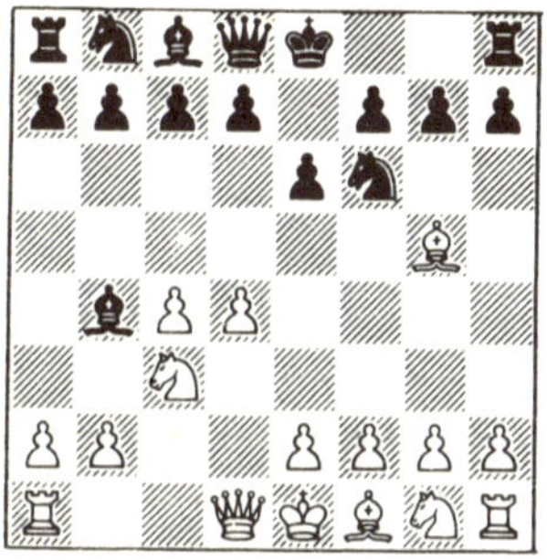

Die Leningrader-Variante ist von Spassky dank des Einflusses seines früheren Trainers V. Zak bekannt gemacht worden. Zur Zeit ersetzt sie aufgrund von Anstrengungen des holländischen Großmeisters Jan Timman 4. Db3, 4. Dc2 und 4. a3 als die weiße Hauptalternative zu 4. e3. Die Leningrader-Variante spricht im allgemeinen risikofreudige Spieler an, die gerne einen scharfen Konflikt provozieren wollen. Es muß jedoch betont werden, daß dieser kühne Läuferzug die weißen Reserven am Damenflügel schwächt und ihn häufig einem frühzeitigen Gegenangriff aussetzt. Die besten Fortsetzungen für Schwarz sind

a) das äußerst scharfe 4 ... h6 5. Lh4 c5 6. d5 b5 und
b) das positionelle 4. .. h6 5. Lh4 c5 6. d5 d6 7. e3 Lxc3+ 8. bxc3 e5.

Spassky – Lee
Hastings 1965/66

(1. d4 Sf6 2. c4 e6 3. Sc4 Lb4 4. Lg5)

4. ..	**h7–h6**

Schwarz kann sich auch ohne ... h6 verteidigen. Doch es gilt allgemein als vorteilhaft, den weißen Läufer sofort nach h4 zurückzutreiben, damit er nicht mehr nach d2 zurückkehren kann, um den gefesselten Springer auf c3 zu unterstützen. Trotzdem haben sowohl Kortschnoi als auch Karpow diese Variante mit Schwarz ohne ... h6 gespielt, und somit verdient sie ganz gewiß Aufmerksamkeit.

a) Timman – Karpow, Amsterdam 1976: 4. .. c5 5. d5 d6 6. e3 exd5 7. cxd5 Sbd7 8. Ld3 (8. Lb5!?) 8. .. Da5 9. Se2 Sxd5 10. 0–0 Lxc3 11. bxc3 c4! 12. Lf5 f6?! (12. .. S7f6 führt laut Timman zum Ausgleich) 13. Sd4 mit enormen Verwicklungen, aber guten Angriffschancen für Weiß, z.B. 13. .. fxg5 14. Dh5+ g6 15. Lxg6+ hxg6 16. Dxh8+ Sf8 17. f4 ±.
b) Timman – Kortschnoi, Wettkampf 1976 (1. Partie): 4 ... c5 5. d5 Lxc3+ 6. bxc3 d6 7. e3 e5 8. f3 Sbd7 9. Ld3 Sf8 10. Se2 Sg6 11. 0–0 h6 12. Lxf6 Dxf6 13. Sg3 (13. f4!?) 13. .. 0–0 14. Dc2 Dg5 15. Dd2 f5 =.

Karpow ließ den weißen Läufer aus taktischen Gründen auf g5 stehen, während Kortschnois Plan darin bestand, den weißen Läufer mit seinem Springer zu fangen. Wie auch immer, beide Partien endeten remis.

5. Lg5–h4	**c7–c5!**

Schwarz drückt sofort auf die schwarzen Felder, die der weiße Läufer im Stich gelassen hat. Andere Züge (wie z.B. 5 ... 0–0 oder 5 ... d5) tragen nichts dazu bei, die weiße Strategie – Beherrschung des Zentrums dank der Fesselung des schwarzen Springers – zu bekämpfen.

6. d4–d5	*(Diagramm 146)*

146

Dies ist die Pointe des weißen Spiels. 6. e3 ist zu passiv und verspricht wenig.

6. . .   Lb4xc3+

Die Verdoppelung der weißen Bauern ist logisch. Hinsichtlich des Gambits 6...b5!? siehe Seite 98. Ziemlich verfehlt ist 6...Da5? 7. Lxf6! gxf6 8. Dc2, und Schwarz hat überhaupt keine Kompensation für die Zersplitterung seines Königsflügels. Er kann nicht einmal das Läuferpaar behalten, denn es ist schwierig den Läufer zurückzuziehen, der nach a3 bald zum Abtausch auf c3 gezwungen sein wird. Ein weiterer verhängnisvoller Aspekt der schwarzen Stellung nach 6. . . Da5? 7. Lxf6! gxf6 8. Dc2 ist, daß der e-Bauer auf e6 stehen bleiben muß. Falls Schwarz . . . e5 oder . . . exd5 spielt, wird das wichtige Feld f5 in die Hände von Weiß fallen und später mit einer Leichtfigur besetzt werden. Falsch ist das Damenopfer 6. . . Sxd5 7. Lxd8 Sxc3 8. Db3 Se4+ 9. Kd1 Sxf2+ 10. Kc1! Sxh1 11. a3 Le1 12. Sf3 Lf2 13. Lc7, und die schwarzen Leichtfiguren sind verhängnisvoll zerstreut; oder 10. . . Kxd8 11. Df3 Sxh1 12. Dxf7 Sc6 13. Dxg7 Te8 14. Dxh6 ±± (Analyse von Zak).

Eine kritische Alternative ist jedoch 6. . . d6 (genauer als 6. . . g5 7. Lg3 Se4 8. Dc2 Df6 9. a3!, und Schwarz kann auf c3 kein Material gewinnen) 7. e3 (7. f3!? könnte gehen, z.B. 7...exd5 8. cxd5 0–0 9. e4 Te8 10. Lb5 Sbd7 11. Se2 a6 12. Lxd7 Lxd7 13. 0–0 ± – Analyse von Kavalek) 7. . . g5 8. Lg3 Se4 *(Diagramm 147).* Der logischste Versuch, aus dem gefesselten weißen Springer Nutzen zu ziehen, dem die Unterstützung seines schwarzfeldigen Läufers fehlt.

147

In der Partie Timman – G. Garcia, Orense 1976, folgte 9. Dc2 Df6 10. Tc1 exd5 11. cxd5 Lf5 12. Ld3 Dg6, was für Weiß sehr unangenehm aussieht. Kavalek schlägt folgendes Gambit vor: 9. Dc2 Df6 10. Dxe4 Lxc3+ 11. Kd1 Lxb2 12. Tb1 Ld7 13. Ld3 oder 12. . . Le5 13. f4 mit unklarer Stellung in beiden Fällen. Als letztes Beispiel noch die Partie Kouatly – Diesen, Groningen 1977: 9. Ld3!? Sxc3 10. bxc3 Lxc3+ 11. Ke2 und laut Kavalek ist am besten für Schwarz 11. . . Lxa1 12. Dxa1 f6 13. h4 Ke7 14. Sf3 g4 gefolgt von . . . e5, und der Materialvorteil sollte entscheiden. In der Partie führte die schwarze Überreaktion 11. . . Df6? zu einem raschen Remis. Die gesamte Variante steckt noch in den Kinderschuhen, deshalb muß sich der Leser ein eigenes Urteil bilden. Wir meinen, daß es eine Frage des Stils ist, ob jemand diese Verwicklungen mit Weiß oder mit Schwarz anstreben will.

7. b2xc3   e6–e5!?

Eine Herausforderung, die Spassky auf der Stelle annimmt. Schwarz könnte mit 7. . . d6 die normale Stellung erreichen.

8. d5–d6!?   *(Diagramm 148)*

148

Zaks Empfehlung. Wird nun der weitvorgepreschte Bauer dem Schwarzen wie eine Gräte in der Kehle stecken bleiben, oder wird er nur eine bloßgelegte Schwäche darstellen? Eines ist sicher: wenn Schwarz den Bauern nicht beseitigen oder sich um ihn herum entwickeln kann, wird er ihn in zwei Stücke reißen.

8. . . **Sb8–c6**

Pachmans Vorschlag für Schwarz ist hier 8. . . 0–0 9. e3 Te8 10. Le2 Sc6 11. Sh3 b6, wir glauben jedoch, daß Schwarz am besten versuchen sollte, lang zu rochieren.

9. Dd1–c2?!

Ein alter Zug, der Schwarz eine sehr befriedigende Stellung gibt. Die neueste Verbesserung ist 9. e3 g5 10. Lg3 Se4 (Schwarz muß den weißen Läufer unschädlich machen) 11. Lxe5 Sxe5 (11. . . Sxf2 12. Dd5! f6 13. Kxf2 Sxe5 14. Sf3 Sf7 15. Ld3 und Weiß ist aufgrund seiner massiven Zentralisierung im Vorteil) 12. Dd5 Df6 13. Dxe4 0–0 14. Td1 (14. Ld3 Sg6). Weiß besitzt einen Mehrbauern und der schwarze Königsflügel ist angreifbar. Schwarz kann sich jedoch mit 14. . . Tb8 mit der Idee . . . b6 und . . . Lb7 gerade noch halten.

9. . . **g7–g5**
10. Lh4–g3 **Dd8–a5?**

In der Leningrader-Variante ist es wichtig, daß Schwarz die Entwicklung nicht vernachlässigt. Der korrekte Plan ist, die Figuren links und rechts vom weißen Bauern d6 zu entwickeln, z.B. 10. . . Sh5 11. e3 Df6 12. Td1 b6 13. Le2 Sxg3 14. hxg3 (14. fxg3!?) 14. . . Lb7 15. Lf3 0–0–0 16. Se2 h5! 17. Txh5 Txh5 18. Lxh5 Sa5! ∓, und Schwarz legt alle Bauernschwächen der weißen Stellung bloß (Bagirow – Keene, Tbilisi 1974).

11. Ta1–c1 **Da5–a3**
12. Sg1–f3 **Sf6–e4**

Dieser taktische Gag, mit dem der Bauer d6 abgeholt wird, war das einzige Ziel des künstlichen schwarzen Damenmanövers. Spassky hatte jedoch eine vernichtende, elegante Erwiderung vorbereitet.

13. Lg3xe5 **Sc6xe5**
14. Sf3xe5 **Se4xd6**
15. h2–h4! **g5xh4**
16. e2–e3 **b7–b6**

Die letzte Möglichkeit, noch eine ehrbare Anzahl von Zügen durchzuhalten, war 16. . . Se4 17. Ld3 Sf6.

17. Tc1–d1 **Sd6–b7**

(Diagramm 149)

149

Oder 17. . . Ke7 18. Txd6 ±±.

18. Se5xf7! **Ke8xf7**
19. Dc2–f5+ **Kf7–g7**
20. Df5–e5+ **Kg7–g8**
21. Th1xh4 **d7–d6**
22. De5–g3+ **Kg8–f8**
23. Th4–f4+ **Kf8–e8**
24. Dg3–g7 1 – 0

Partien wie diese erklären, warum die Leningrader-Variante aus weißer Sicht heutzutage so populär ist.

Kouatly – Petursson
Jugendweltmeisterschaft,
Groningen 1977

(1. d4 Sf6 2. c4 e6 3. Sc3 Lb4 4. Lg5)

4. ... h7–h6
5. Lg5–h4 c7–c5
6. d4–d5

Ziemlich schwach ist 6. Tc1? cxd4 7. Dxd4 g5 8. Lg3 Sc6 gefolgt von ... d5!

6. ... b7–b5!?
(Diagramm 150)

150

Ein scharfes Gambit, das aus zweierlei Gründen berechtigt ist: 1. Der abseits stehende schwarzfeldige Läufer kann den weißen Damenflügel nicht verteidigen, 2. Schwarz hat die Möglichkeit, ein mobiles Bauernzentrum zu errichten. Es drängen sich dabei gewisse Ähnlichkeiten mit dem Blumenfeld-Gambit auf (1. d4 Sf6 2. c4 e6 3. Sf3 c5 4. d5 b5?!), doch die positionelle Begründung ist hier zweifellos überlegen.

7. d5xe6

Alternativen zur Annahme des Gambits zeigt die nächste Partie. Getreu den modernen Prinzipien des Wettkampfschachs (die stark von Psychologie und Praxisnähe beeinflußt sind) versucht Weiß in einem solch zweischneidigen System gar nicht erst den Bauern zu behaupten, sondern gibt ihn im richtigen Augenblick zurück, um die Initiative wieder zu erlangen.

7. ... f7xe6
8. c4xb5 d7–d5

Am kräftigsten! Nach der alten Fortsetzung 8. ..0–0 9. e3 Da5?! (9. ..d5 ist auch hier gut) kann sich Weiß konsolidieren mit 10. Lxf6 Txf6 (damit ist ... Se4 verhindert) 11. Dc1! mit der Drohung a3 und auf 11. ..a6 folgt 12. bxa6 Lxa6 13. Lxa6 gefolgt von Sge2 und 0–0. Dieses Manöver wurde von Euwe vorgeschlagen, und es scheint, daß sich Weiß gut behaupten kann.

9. e2–e3 0–0
10. Lf1–d3

Spassky spielte hier gewöhnlich 10. Sf3. In einer Partie gegen Tal, Tallin 1973, erlitt er jedoch nach 10. ..Da5! 11. Lxf6 Txf6 12. Dd2 a6 13. bxa6 Sc6! 14. Le2 d4 ∓ einen bösen Rückschlag. Der Unterschied zwischen ... Da5 hier und in der vorherigen Anmerkung ist, daß Schwarz bereits ... d5 gespielt hat und deshalb ständig droht, mit ... d4 Material zu gewinnen.

10. ... d5–d4
11. e3xd4 c5xd4

Falls 11. ..Dxd4, so 12. Sf3 Lxc3+ 13. Kf1! Db4 14. bxc3 Dxc3 15. Tc1, und Weiß hat die besseren Aussichten. Die ungeschickte Stellung seines Königs kann noch in Ordnung gebracht werden, ansonsten aber profitiert er von der überlegeneren Entwicklung und dem aktiven Läuferpaar.

12. a2–a3 Lb4–a5
13. b2–b4 d4xc3
14. b4xa5 Lc8–b7
15. Sg1–e2 *(Diagramm 151)*

151

Eine Verbesserung gegenüber 15. Sf3 aus der Partie Spassky – Unzicker, Bath 1973, wo Schwarz sicherlich nicht schlecht stand. Spassky hatte enorme Schwierigkeiten, den c-Bauern auszuschalten. Dies erklärt, warum der weiße Springer besser auf e2 als auf f3 stehen sollte. Den Zug 15. Se2! hat der walisische Internationale Meister John Cooper gefunden und erstmals bei der Olympiade Nizza 1974 in seiner Partie gegen Adamski gespielt.

15. . . Lb7xg2

Der Sinn dieses Zuges ist nicht, einen Bauern zu gewinnen, sondern den weißen Königsflügel aufzureißen. Weiß wird jedoch auf der offenen g-Linie Angriffschancen erhalten. Eine weniger ehrgeizige Methode, das materielle Gleichgewicht wieder herzustellen, ist 15 . . . Dxa5 16. 0–0 Sbd7 17. Lc4 Sd5 18. Le7! Tf7 19. Lb4 Db6 20. Lxc3 Se3 21. Ld4! obwohl die Verwicklungen für Weiß günstig zu sein scheinen, Timman – Unzicker, Haifa Olympiade 1976. Weiß kann den Desperado nicht mit 21. fxe3? nehmen wegen 21 . . . Dxe3+ 22. Kh1 De4 ∓.

16. Th1–g1 Lg2–f3

Falls 16. . . Le4, so 17. Lxe4 Dxd1+ 18. Txd1 Sxe4 19. Tg4! ±.

17. Ld3–c2

In Anlehnung an die Strategie Coopers. Im Turnierbulletin von Groningen empfahl der holländische Internationale Meister Gert Ligterink 17. Tg3 Dd5 18. Lxf6 Txf6 19. Dc2 Sd7 20. 0–0–0 und Weiß steht gut'. Diese Einschätzung ist vermutlich nicht richtig. Wir möchten deshalb Interessenten davor warnen, denn nach 20. . . Dc5!? 21. Lh7+ Kh8 22. Txd7 Lxe2! 23. Dxe2 Txf2 wartet ein Labyrinth von Verwicklungen. Auf jeden Fall ist die Stellung reich an unerforschten Möglichkeiten. Vielleicht ist 20. Td1!? anstelle von 20. 0–0–0 besser, denn der weiße König steht auf dem Königsflügel weniger exponiert.

17. . . Sb8–d7

Falls 17. . . Dxa5?. so 18. Dd3! oder 17. . . Dxd1+ 18. Txd1 Sbd7 19. Td6 ±.

18. Dd1–d6

Und nicht 18. Dc1? Se5 19. Dxh6 Lg4! ∓∓.

18. . . Sd7–e5!!

(Diagramm 152)

152

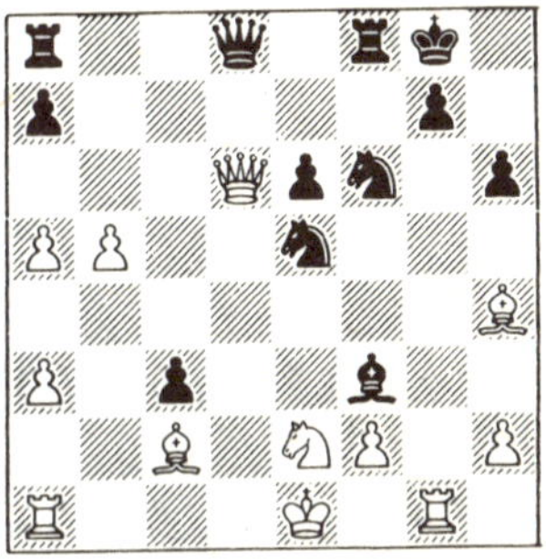

Diesen Zug hat Co-Autor Keene entdeckt, während er sich 1976 in Reykjavik auf eine Partie gegen Timman vorbereitete. Timman durchkreuzte aber Keenes Pläne, indem er 4. e3 (!) spielte. Später verriet Keene (bei einigen Drinks in einer Reykjaviker Bar) dem isländischen Jugendspieler Margeir Petursson seine Entdeckung, und dieser sollte schließlich in der Textpartie die Gelegenheit erhalten, Keenes Zug anzuwenden. Andere Züge sind schwächer: **18. . . Lxe2?** 19. Kxe2 Dxa5 20. a4 Db6? 21. Txg7+! Kxg7 22. Tg1+ (22. De7+ Kh8 23. Tg1 ist schneller) 22. . . Kf7 23. Lg6+ Kg8 24. Lf5+ Kf7 25. Lg6+ Kg8 26. De7 Kh8 27. Lc2 Sh5 28. Dh7 matt, Cooper – Adamski, Olympiade Nizza 1974. Eine Zeitlang ist **18 . . . Sc5** als einziger Zug für Schwarz empfohlen worden, bis man entdeckte, daß 19. Td1! Weiß etwas in Vorteil bringt. 18 . . . Sc5!? und 18 . . . Se5!! unterscheiden sich darin, daß im letzten Falle der schwarze Springer nach f3 gelangen kann.

19. Ta1–d1

Dieser Zug läßt sich dank einer taktischen Finesse widerlegen, allerdings gibt es nicht viele spielbare Alternativen:

a) **19. Dxd8** Taxd8 20. Lxf6 Txf6 21. Sxc3 Tc8 22. Kd2 Tf7! und die weißen Figuren sind in der Brettmitte zusammengedrängt und werden unterliegen.

b) **19. Dxe6+** Kh8 20. Td1 De8! oder 20. Dxe5 Dd2+ 21. Kf1 Tae8. In beiden Fällen wird Weiß im Zentrum niedergemäht.

c) **19. Dxe5** Dd2+ 20. Kf1 Dxc2 21. Lxf6 Txf6 gefolgt von ...Tae8, und Schwarz gewinnt.

19. ... **Dd8xd6**
20. Td1xd6 *(Diagramm 153)*

153

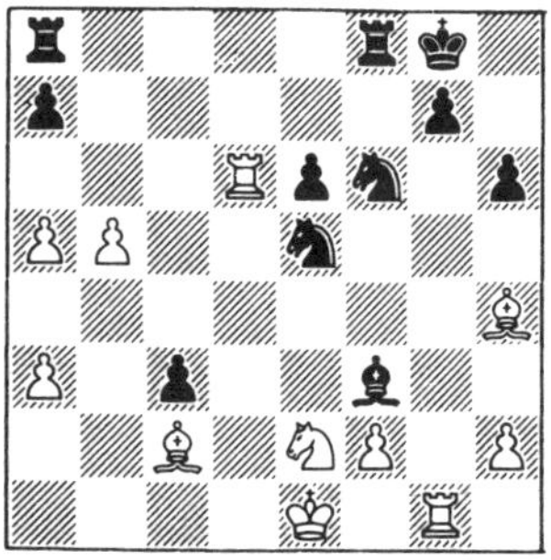

Schwarz gewinnt nun mit 20. ..Lxe2 21. Kxe2 Sf3! 22. Kxf3 Se8+ 23. Ke2 Sxd6 24. Le7 Sxb5 25. Lxf8 Kxf8. Hatte Petursson dies vergessen oder (was eher der Fall sein wird) hatte Keene ihm in Reykjavik nur den ersten Zug der Variante gezeigt?

20. ... **Lf3–d5?!**

Hat das Wesentliche nicht begriffen!

21. Se2–d4

Der Springer verteidigt nun f3.

21. ... **Ta8–c8?**

Nun schwinden die schwarzen Gewinnchancen ganz dahin. 21... Se8! mußte versucht werden mit den Drohungen ...Sxd6 und ...Tf4.

22. f2–f4 **Se5–c4**
23. Sd4xe6!

Der einfallsreiche libanesische Internationale Meister entdeckte eine elegante Rettung. Schwarz kann nun das Dauerschach nicht verhindern.

23. ... **Sc4xd6**
24. Tg1xg7+ **Kg8–h8**
25. Lh4xf6 **Tf8xf6**
26. Tg7–h7+ **Kh8–g8**
27. Th7–g7+ **Kg8–h8**
28. Tg7–h7+ remis

Die Variante ist bei der Britischen Meisterschaft 1978 in der Partie Cooper – Plaskett ebenfalls erfolgreich getestet worden, nachdem Keene zuvor die Analyse in 'Modern Chess Theory' veröffentlicht hatte.

Bronstein – Unzicker
Tallinn 1977

(1. d4 Sf6 2. c4 e6 3. Sc3 Lb4 4. Lg5)

4. **h7–h6**
5. Lg5–h4 **c7–c5**
6. d4–d5 **b7–b5**
7. e2–e4!? *(Diagramm 154)*

154

Eine offensichtlich überzogene Reaktion, die das Erzwingen eines Remis zuläßt. Allerdings sind in jüngsten Untersuchungen neue Wege entdeckt worden, auf denen der Kampf fortgesetzt werden kann. In dieser Partie mußte Bronstein jedoch frühzeitig Frieden schließen und das trotz genialer Ideen.

Eine andere Möglichkeit, das schwarze Gambit abzulehnen (oder besser die

Annahme hinauszuzögern) ist 7. e3!? Lb7 (oder 7. ..0–0 8. Df3! unterstützt das Zentrum und verstärkt den Druck gegen den schwarzen Springer) 8. dxe6 fxe6 9. cxb5 0–0, und Weiß erhält eine 'normale' Stellung, allerdings hat Schwarz seinen weißfeldigen Läufer bereits fianchettiert. In der Partie Timman – Lighterink, Wijk aan Zee 1977, folgte 10. Sf3 Da5 11. Lxf6 Txf6 12. Dd2? (12. Dc1! ist der normale Zug und wäre besser gewesen) 12... a6 13. bxa6 Lxf3! 14. gxf3 Sc6 15. Le2 d5 16. a3 d4. Weiß kann den schwarzen Läufer nicht schlagen (siehe 12. Dd2?), und deshalb besitzt Schwarz volle Kompensation für das bißchen investierte Material. Möglich ist auch 7. Tc1, was eine Falle stellt: 7. ..exd5 8. Lxf6! Dxf6 9. Dxd5 ±. Eine weitere Idee von 7. Tc1 ist es, 7... bxc4 mit dem Gambit 8. e4 g5 9. Lg3 Sxe4 10. Lxc4 zu beantworten, während Weiß nach 7. ..Lb7 wählen kann zwischen 8. dxe6 fxe6 9. cxb5 und 8. e3 bxc4 9. Lxf6! Dxf6 10. Lxc4, wonach Weiß seinen Bauernkeil aufrechterhalten kann.

7... g7–g5?!

Als sicherste Fortsetzung empfiehlt Portisch 7. ..exd5! 8. exd5 0–0. Der Textzug ist insofern logisch, als Schwarz einen Bauern gewinnt und das weiße Zentrum zerstört. Allerdings wird dabei der schwarze Königsflügel durchlöchert.

8. Lh4–g3 Sf6xe4

9. Dd1–f3!?

Mit diesem Zug hat Portisch in den 50iger Jahren sein Glück versucht. Damals war er noch ein waghalsiger junger Meister und kein seriöser Anwärter auf die Weltmeisterschaft. Schließlich ist 9. Df3!? zugunsten von 9. Le5 in den Hintergrund getreten. Die dann folgenden Analysen haben aber 9. Le5 zu einem Remiszug reduziert: 9. Le5 0–0 10. Dh5 d6 11. Ld3 Sxc3 12. Dxh6 Se4+ 13. Kf1 dxe5 14. Lxe4 f5 15. Dg6+ = (Zak).

9... Lb4xc3+!

Vorsichtiger als 9. ..exd5 10. 0–0–0! Lxc3 11. Txd5 mit wilden Verwicklungen. Die weiße Strategie baut dabei auf die Erkenntnis, daß durchaus Material geopfert werden darf (bis zu 2 Bauern).

a) um die gegnerische Bauernstellung dauerhaft zu schädigen; und
b) um das gesamte schwarze Lager als Zufluchtsort für den schwarzen König unbrauchbar zu machen.

9. ..Lxc3+! schlägt auf die gleiche Art zurück: die weiße Bauernstellung soll zerstört und der weiße König gefährdet werden.

10. b2xc3 e6xd5

11. 0–0–0!? *(Diagramm 155)*

155

Eine Neuerung von Bronstein. Sie ändert jedoch nichts an der Tatsache, daß Schwarz ausgleichen kann. Nei hat als aussichtsreiche Methode zur Verlängerung des Kampfes 11. cxd5 0–0 12. Ld3 f5 13. Lxe4 fxe4 14. De3 Df6 15. h4 g4 16. Se2 d6 17. 0–0 vorgeschlagen.

11... Dd8–a5

Beendet den weißen Angriff auf wirkungsvollste Art und Weise.

12. Td1xd5 Da5–a3+

13. Kc1–c2

13. Kd1 Sxc3+ 14. Kc2 scheitert an 14. ..b4, z.B. 15. Te5+ Kf8 16. Dxa8 Da4+ 17. Kd3 Dd1+ 18. Ke3 Dd4+ 19. Kf3 g4 matt.

13... Da3xa2+

14. Kc2–c1 Da2–a1+
15. Kc1–c2 Da1–a2+

Remis (durch Dauerschach)

Timman – Andersson
Tilburg 1977

(1. d4 Sf6 2. c4 e6 3. Sc3 Lb4 4. Lg5)

4. ... h7–h6
5. Lg5–h4 c7–c5
6. d4–d5 Lb4xc3+

6. . . d6 7. e3 exd5 8. cxd5 Sbd7 9. Ld3 Da5 10. Se2 Sxd5 11. 0–0 Sxc3 12. Sxc3 Lxc3 13. bxc3 Dxc3 14. Tc1! (Keene) und falls 14. . . De5, so ist 15. f4! De6 (15. . . Dxe3+ 16. Lf2 Dxf4 17. Lxc5) 16. Lc4 gut für Weiß.

7. b2xc3 d7–d6
8. e2–e3 e6–e5
9. f2–f3 Sb8–d7

9. . . Lf5 ist auch zufriedenstellend, der Läufer kontrolliert die Diagonale b1–h7, provoziert e4 und zieht sich dann nach h7 zurück.

10. Lf1–d3 Dd8–e7
11. Dd1–c2 Ke8–d8

(Diagramm 156)

156

Ein in dieser Variante typisches Manöver. Schwarz will seinen König auf dem Damenflügel in Sicherheit bringen und das Zentrum geschlossen halten.

12. Sg1–e2 g7–g5
13. Lh4–g3 Kd8–c7
14. h2–h4 Th8–g8
15. h4xg5 h6xg5

Nun kontrolliert Weiß die einzige offene Linie, er findet jedoch für seine Türme keine Einbruchsfelder.

16. Th1–h6 De7–f8
17. Th6–h2 Sd7–b6
18. a2–a4 Lc8–d7
19. a4–a5 Sb6–c8
20. Ke1–d2 Tg8–h8
21. Ta1–h1 Th8xh2
22. Th1xh2 Sc8–e7
23. Dc2–b1 Ta8–e8
24. Ld3–c2 *(Diagramm 157)*

157

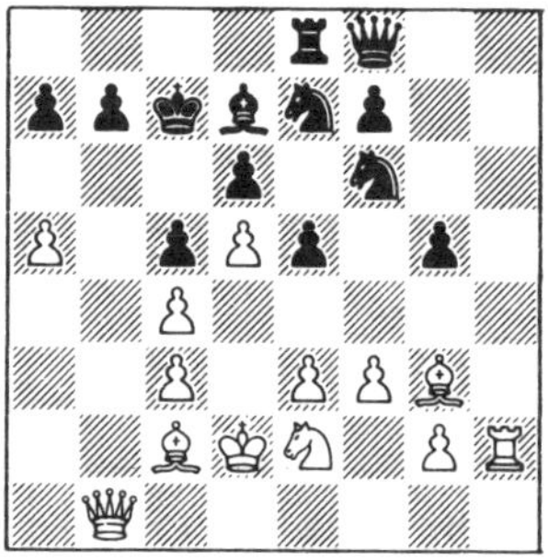

Hier einigten sich die beiden Spieler auf Remis, und da bekannt ist, daß die beiden gute Freunde sind, darf man annehmen, daß keiner von beiden daran interessiert war, auf Gewinn zu spielen. Eine gründliche Prüfung der Stellung zeigt, daß beide Seiten recht beengt stehen. Schwarz kann nicht, was wünschenswert wäre, . . . Sg6, . . . Sf5 oder . . . Lf5 spielen wegen der Position der weißen Dame und des weißen Läufers. Weiß kann auf der h-Linie nicht eindringen, da er für seine Figuren keine Einbruchsfelder findet. Schwarz kann nicht . . . e4 oder . . . g4 spielen, ohne daß Weiß seinen schwarzfeldigen Läufer mit f4 aktivieren kann. Die Kurzpartie ist wegen der von beiden Seiten ausgeführten typischen Manöver sehr lehrreich.

Miles – Iskov
Dortmund 1976

(1. d4 Sf6 2. c4 e6 3. Sc3 Lb4 4. Lg5)

4. . .	**h7–h6**
5. Lg5–h4	**c7–c5**
6. d4–d5	**d7–d6**
7. e2–e3	**Lb4xc3+**
8. b2xc3	**e6–e5**
9. Lf1–d3	

Weiß nimmt sofort die Diagonale b1–h7 in Besitz, deren Kontrolle in dieser Variante besonders wichtig ist. Der Nachteil dieses natürlichen Entwicklungszuges ist, daß Schwarz den Läufer mit e4 zurücktreiben und Raum im Zentrum gewinnen kann. Die Auswirkungen davon sind jedoch nicht so ganz klar.

9. . .	**e5–e4**
10. Ld3–c2	**g7–g5**

10. . . Da5? 11. Lxf6 gxf6 12. Se2 schwächt den schwarzen Königsflügel zu sehr, und ein weißer Springer wird sich bald auf den Weg nach f5 machen.

11. Lh4–g3	**Dd8–e7**
12. h2–h4	**Th8–g8**
13. h4xg5	**h6xg5**
14. Sg1–e2	**Sb8–d7**
15. Lc2–a4	

Eine interessante Idee! Weiß versucht sich von einer Figur zu befreien, die ihm jetzt nicht mehr besonders nützlich ist. Im Gegensatz hierzu bleibt Weiß nach 15. Db1 Kd8 16. a4 a5! ziemlich hilflos – siehe Williams – Karpow Seite 18.

15. . .	**Ke8–d8**
16. La4xd7	**Lc8xd7**
17. Ta1–b1	

Vermutlich stärker ist 17. Db3 Kc7 18. Da3 b6 19. Kd2 Kb7 20. Th6 Th8 21. Tah1.

17. . .	**Kd8–c7**
18. Ke1–d2	**Sf6–g4**
19. Th1–h7	**Tg8–h8**
20. Dd1–b3	**b7–b6**
21. Th7xh8	**Ta8xh8**
22. a2–a4	**Sg4–e5?**

22. . . f5! um dem wachsenden Druck von Weiß am Damenflügel etwas entgegenzusetzen.

23. a4–a5	**Th8–b8**
24. Se2–d4!	*(Diagramm 158)*

158

Falls nun 24. . . cxd4 25. cxd4 Sd3 26. c5, und Schwarz wird auf den schwarzen Feldern besiegt.

24. . .	**De7–e8**
25. Sd4–b5+	**Ld7xb5**
26. c4xb5	**Se5–g6**
27. Tb1–a1	**f7–f5**

Die letzte Chance war 27. . . Tb7.

28. a5xb6	**a7xb6**
29. Ta1–a7+	**Tb8–b7**
30. Lg3xd6+	1 – 0

1. d2–d4	**Sg8–f6**
2. c2–c4	**e7–e6**
3. Sb1–c3	**Lf8–b4**
4. Sg1–f3	*(Diagramm 159)*

159

Dieser Zug besitzt kaum selbständige Bedeutung und kann leicht in die Hauptvariante mit 4. . . 0–0 5. e3 c5 6. Ld3 d5 7. 0–0 etc. oder 4. . . b6 5. e3 Lb7 6. Ld3 überführt werden.
Es gibt jedoch ein Abspiel, das irgendwo zwischen Nimzo-Indisch und Damenindisch angesiedelt ist, bei dem Schwarz sofort am Damenflügel fianchettiert und Weiß 5. Lg5 spielt. Und dieses Abspiel soll in diesem Kapitel behandelt werden *(Diagramm 160).* In dem

160

scharfen und faszinierenden System stehen das Rochieren auf entgegengesetzte Flügel (Weiß rochiert gewöhnlich kurz und Schwarz lang) und daraus resultierende, vernichtende Angriffe häufig auf der Tagesordnung. Schwarz muß genau wissen, wann er seinen Königsflügel mit Zügen wie . . . h6, . . . g5 oder . . . f5 öffnen darf, während Weiß sich mit Doppelbauern auskennen muß, besonders wenn es um die Entscheidung geht, ob nach g3 mit hxg3 oder mit fxg3 geschlagen werden soll. Weiß darf auch nicht davor zurückschrecken, mit d5 oder c5 Bauern zu opfern, um an den schwarzen König herankommen zu können. Schließlich soll noch darauf aufmerksam gemacht werden, daß Kortschnoi mit dem verwandten 1. d4 Sf6 2. c4 e6 3. Sf3 b6 4. Sc3 Lb7 5. Lf4 Lb4 6. Db3!? experimentiert hat.

Ribli – Seirawan
Malta Olympiade 1980

(1. d4 Sf6 2. c4 e6 3. Sc3 Lb4 4. Sf3)

4. . .	**b7–b6**
5. Lc1–g5	**h7–h6**
6. Lg5–h4	**g7–g5**

(Diagramm 161)

161

Ein sehr riskanter Zug. Schwarz schwächt seinen Königsflügel gewaltig, erhält jedoch dafür die Kontrolle über e4. Schwarz muß in dieser Variante praktisch lang rochieren.

7. Lh4–g3	**Sf6–e4**
8. Dd1–c2	**Lc8–b7**
9. e2–e3	**f7–f5**
10. Lf1–d3	**Lb4xc3+**
11. b2xc3	**d7–d6**

(Diagramm 162)

162

In dieser Stellung hofft Schwarz, eventuell aus dem weißen Doppelbauern Kapital schlagen und seinen Bauernvorstoß am Königsflügel fortsetzen zu können. Weiß muß versuchen, das Zentrum zu öffnen und die Schwächen von Schwarz offenzulegen.

12. d4–d5

Der beste Zug, Weiß greift sofort die schwarze Stellung an. In der Partie Kortschnoi – Timman, London 1981, versuchte Weiß 12. a4, aber Schwarz gewann dadurch Zeit, um weiter vorzurücken: 12. . . h5 13. h4 g4 14. Sd2 Sxd2 15. Kxd2 Lxg2 16. Thg1 Lf3 17. d5 Df6 18. a5 mit einer zweischneidigen Stellung, in der Schwarz etwas besser steht. 12. 0–0, wie in der Partie Gligoric – Taimanow, Zürich 1953, stellt Schwarz vor keine Probleme.

12. . .	**e6xd5**
13. c4xd5	**Lb7xd5**
14. Sf3–d4	**Dd8–f6**

Schwarz müßte einen anderen Weg suchen, um den Spielraum des weißen Läufers und der weißen Dame einzuschränken.

15. f2–f3	**Se4–c5**

15. . . Sxg3 16. hxg3 Sd7 17. Lxf5 Sc5 18. Sb5 Dg7 19. Lg6+ Kd7 20. Lf5+ Le6 21. Lxe6+ Sxe6 22. Sd4 Sc5 23. Df5+ mit Vorteil für Weiß, Tal – Dückstein, Zürich 1959. Diese Variante zeigt die Schwäche des schwarzen Königs, der über das ganze Brett getrieben wird.

16. Ld3xf5	**Sb8–d7**
17. Sd4–b5	**0–0–0**

(Diagramm 163)

163

18. Ta1–d1

In der Partie Gheorghiu – Speelman, London 1980, wurde stattdessen 18. Sxa7+ Kb7 19. Sb5 Tde8 gespielt, wobei Weiß etwas Vorteil besaß, die schwarze Stellung aber immer noch spielbar war. Riblis Zug ist unheimlich stark. Die beiden Läufer durchlöchern jetzt die schwarze Stellung.

18. . .	**Ld5–e6**
19. Lf5–e4	**Kc8–b8**

19. . . Sxe4 20. Dxe4 Kb8 21. Txd6 ist gut für Weiß.

20. Td1xd6	**Sd7–e5**

Nicht 20. . . cxd6 21. Lxd6+ Kc8 22. Sxa7 matt.

21. Td6xd8+	**Th8xd8**
22. 0–0	**Le6–d7**
23. Sb5–d4	**Ld7–a4?**
24. Lg3xe5	1 – 0

Nach 24. . . Dxe5 25. Dxa4 Dxe4 26. Sc6+ gewinnt alles. Die weißen Läufer haben in dieser Partie ihre Stärke bewiesen und die Brüchigkeit der schwarzen Stellung offengelegt.

Gheorghiu – Miles
London 1980

(1. d4 Sf6 2. c4 e6 3. Sc3 Lb4 4. Sf3)

4...	**b7–b6**

(Diagramm 164)

164

Diese Stellung kann auch über Damenindisch erreicht werden, deshalb ist es wichtig, daß man auch die Ideen dieser Eröffnung kennt.

5. Lc1–g5	**h7–h6**
6. Lg5–h4	**g7–g5**
7. Lh4–g3	**Sf6–e4**
8. Dd1–c2	**Lc8–b7**
9. e2–e3	**Lb4xc3+**
10. b2xc3	*(Diagramm 165)*

165

Schwarz hat jetzt zwei Alternativen, nämlich 10. ..d6, was in der Partie Ribli – Seirawan gespielt worden ist, und 10... Sxg3, was Tony Miles bevorzugte.

10...	**Se4xg3**
11. h2xg3	**Sb8–c6**

Stattdessen konnte Schwarz auch 11. ..g4 versuchen: 12. Se5 Dg5 13. Th4 f5 14. c5 Sc6 (nicht 14... bxc5 15. Tb1 mit gutem Spiel auf der b-Linie) 15. Sd3 mit leichtem Vorteil für Weiß, Plachetka – Spassov, Nizza 1974.
Nach 11... De7 12. a4 Sc6 13. Ld3 steht Weiß auch etwas besser.

12. Ta1–b1

Ein aggressiver Zug! Weiß will die halboffene b-Linie nutzen, um den schwarzen Damenflügel mit den Vorstößen a5 und c5 anzugreifen. Allerdings könnte der Turm von a1 aus den Vorstoß a5 decken. Als gut für Weiß empfiehlt die „Enzyklopädie der Schach-Eröffnungen" 12. Sd2 De7 13. Sb3 0–0–0 14. a4 a6 15. a5 wonach der schwarze Damenflügel vernichtet ist. Wie so oft, ist dies aber nur die halbe Wahrheit. In der Partie Pinter – Chandler war Weiß nach 12. Sd2 De7 13. Sb3 Da3 in großer Verlegenheit. Da der a-Bauer am Vorrücken gehindert war, konnte Schwarz sicher zum Damenflügel rochieren. Die Partie ging weiter mit 14. Tb1 Da4 15. Ld3 d6 16. c5 0–0–0 17. Db2 Sa5 18. Sd2 Dd7 19. cxb6 axb6 20. f3 Kb8 und guter Stellung für Schwarz, der die Partie schließlich nach 47 Zügen gewann. Angesichts dieser Partie verdient 13. a4, was . ..Da3 verhindert, Aufmerksamkeit. Doch 13... Sa5 14. Sb3 Sxb3 15. Dxb3 c5 16. a5 Dd6! ist immer noch zufriedenstellend für Schwarz.

12...	**Dd8–e7**
13. c4–c5	**h6–h5**

Schwarz plant, mit seinen Bauern am Königsflügel vorzumarschieren, dabei den weißen Springer mit ...g4 zu vertreiben und dann durch Abzug seines Springers von c6, die Diagonale für den Läufer zu öffnen. Weiß hat dann Schwierigkeiten, den g-Bauern zu verteidigen. Schwarz kann auch mit ...g4 und ...h4 auf einen Durchbruch auf der h-Linie spielen.

14. Lf1–e2

14. g4 wäre gut, wenn darauf 14. . . h4 folgen würde, denn dann gäbe es für Schwarz kein Weiterkommen mehr. Schwarz kann jedoch rochieren – 14. . 0–0–0 15. gxh5 g4 16. Sd2 f5 – und eventuell den h-Bauern mit gutem Spiel zurückgewinnen.

14. . . **Sc6–a5**
15. Sf3–d2 **Lb7xg2**
16. Th1xh5 **0–0–0**

(Diagramm 166)

166

Schwarz besitzt nun gute Möglichkeiten, auf der offenen h-Linie einzudringen. Weiß hat Chancen am Damenflügel, aber Miles baut sich dort eine solide Stellung auf, die Gheorghiu keine Gelegenheit zu Gegenspiel gibt.

17. c5xb6 **a7xb6**
18. Th5xh8 **Td8xh8**
19. Lg2–f3

Weiß hat leider keine andere Möglichkeit, als die weißfeldigen Läufer zu tauschen. Doch nun gewinnt Miles die Kontrolle über die weißen Felder.

19. . . **Lg2xf3**
20. Sd2xf3 **De7–f6**
21. Ke1–e2 **Sa5–c4**
22. Dc2–a4 **d7–d5**
23. Sf3xg5

Gewinnt einen Bauern, verliert aber die Partie. Auch 23. Da8+ Kd7 24. Da4+Ke7 25. Db4+ bringt Weiß keinen Vorteil.

23. . . **Kc8–b7**

Schwarz festigt einfach seine Königsstellung. Nicht 23. . . Dxg5 wegen 24. Da8+ mit Qualitätsgewinn.

24. Sg5–f3 **Df6–f5**
25. Tb1–c1 **Df5–g4**

Droht, den gefesselten Springer mit Th5–f5 zu gewinnen.

26. Da4–d1 **Th8–h5**
27. Ke2–f1 **Th5–h1+**
28. Sf3–g1 *(Diagramm 167)*

167

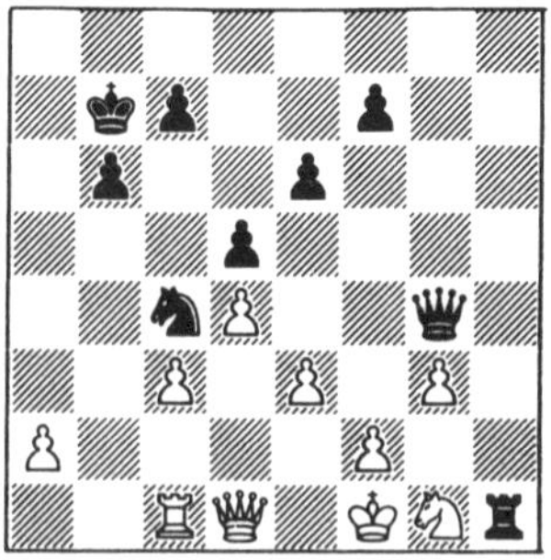

28. . . **Sc4xe3+**
29. f2xe3 **Dg4xg3**
30. Kf1–e2 **Th1–h2+**
0 – 1

Auf 30. Kd3 folgt Dg6+ matt. „Eine herrliche Partie" (Miles).

Tal – Hecht
Varna Olympiade 1962

(1. d4 Sf6 2. c4 e6 3. Sc3 Lb4 4. Sf3)

4. . . **b7–b6**
5. Lc1–g5 **Lc8–b7**
6. e2–e3 **h7–h6**
7. Lg5–h4 **Lb4xc3+**
8. b2xc3 **d7–d6**
9. Sf3–d2 **e6–e5**
10. f2–f3 **Dd8–e7**
11. e3–e4 **Sb8–d7**
12. Lf1–d3 **Sd7–f8**
13. c4–c5 *(Diagramm 168)*

Tal opfert einen Bauern, um Hechts Stellung aufzubrechen. Falls nun 13. . . g5, so folgt 14. Lb5+ c6 15. cxd6 Dxd6

168

16. Sc4 mit Vorteil für Weiß. Auf 13. bxc5 plante Tal 14. d5, und die offene b-Linie hätte gute Kompensation für den Bauern geboten.

13. ...	**d6xc5**
14. d4xe5	**De7xe5**
15. Dd1–a4+	**c7–c6**

Besser war 15. ... Sfd7.

16. 0–0	**Sf8–g6**

16. ... Dxc3 17. Sc4 Dxd3 18. Tad1 b5 19. Txd3 bxa4 20. Sd6+ Ke7 21. Sf5 ist vernichtend für Schwarz.

17. Sd2–c4	**De5–e6**
18. e4–e5	**b6–b5**
19. e5xf6!!	*(Diagramm 169)*

169

Mit einem gewaltigen Damenopfer reißt Tal die schwarze Stellung auf.

19. ...	**b5xa4**
20. f6xg7	**Th8–g8**
21. Ld3–f5	**Sg6xh4**

Nach 21. ... Dxc4 22. Tfe1+ De6 23. Txe6+ fxe6 24. Lxg6+ Kd7 25. Td1+ Kc7 26. Lg3+ steht Weiß auf Gewinn.

22. Lf5xe6	**Lb7–a6**
23. Sc4–d6+	**Ke8–e7**
24. Le6–c4	**Tg8xg7**
25. g2–g3	**Ke7xd6**
26. Lc4xa6	**Sh4–f5**

Besser ist 26. ... Tb8. Weiß beendete die Partie wie folgt: **27. Tab1 f6 28. Tfd1+ Ke7 29. Te1+ Kd6 30. Kf2 c4 31. g4 Se7 32. Tb7 Tag8 33. Lxc4 Sd5 34. Lxd5 cxd5 35. Tb4 Tc8 36. Txa4 Txc3 37. Ta6+ Kc5 38. Txf6 h5 39. h3 hxg3 40. hxg3 Th7 41. g5 Th5 42. Tf5 Tc2+ 43. Kg3 Kc4 44. Tee5 d4 45. g6 Th1 46. Tc5+ Kd3 47. Txc2 Kxc2 48. Kf4 Tg1 49. Tg5** 1 – 0.

Bogoljubow – Monticelli
San Remo 1930

(1. d4 Sf6 2. c4 e6 3. Sc3 Lb4 4. Sf3)

4. ...	**b7–b6**
5. Lc1–g5	**Lb4xc3+**
6. b2xc3	**Lc8–b7**
7. e2–e3	**d7–d6**
8. Lf1–d3	**Sb8–d7**
9. 0–0	**Dd8–e7**
10. Sf3–d2	**h7–h6**
11. Lg5–h4	**g7–g5**
12. Lh4–g3	**0–0–0**
13. a2–a4	**a7–a5**
14. Ta1–b1	**Td8–g8**

(Diagramm 170)

170

Der relativ gemächliche Aufbau von

Weiß in dieser Partie gestattet es Schwarz, seine Figuren zu einem überwältigenden Angriff am Königsflügel zu konzentrieren.

15. f2–f3

Aktiver war 15. De2 mit der Idee, mit c5 einen Bauern zu opfern und dann den schwarzen Fianchettoläufer abzutauschen.

15. . .	**h6–h5**
16. e3–e4	**h5–h4**
17. Lg3–e1	**e6–e5**
18. h2–h3	**Sf6–h5**
19. c4–c5	**d6xc5**
20. d4–d5	**Sh5–f4**
21. Sd2–c4	**Th8–h6**
22. Tf1–f2	**f7–f5**

(Diagramm 171)

171

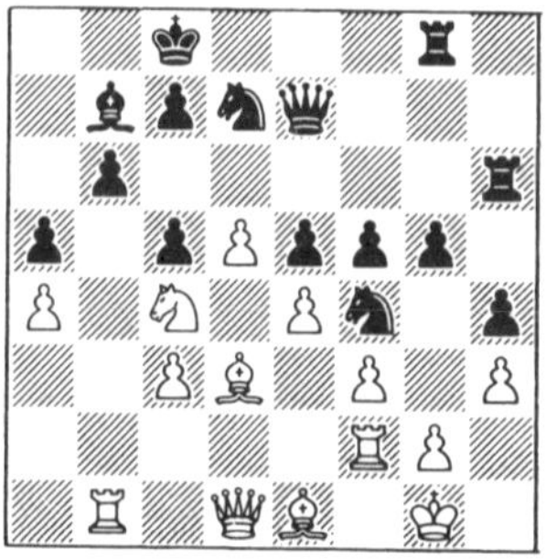

Schwarz opfert die Qualität, um die weiße Stellung aufzubrechen. Falls nun 23. Se3 Tf6 24. Sxf5 Txf5 25. exf5 Lxd5.

23. d5–d6	**Th6xd6**
24. Sc4xd6+	**De7xd6**
25. Ld3–c4	**Tg8–f8**
26. e4xf5	**Tf8xf5**
27. Tf2–d2	**Dd6–e7**
28. Dd1–b3	**Tf5–f8**
29. Lc4–d3	**e5–e4**
30. Ld3xe4	**Lb7xe4**
31. f3xe4	**Dd7xe4**
32. Db3–c2	**Dd7–c6**
33. c3–c4	**g5–g4**
34. Le1xh4	**g4xh3**
35. g2–g3	**Sd7–e5**
36. Tb1–b3	*(Diagramm 172)*

172

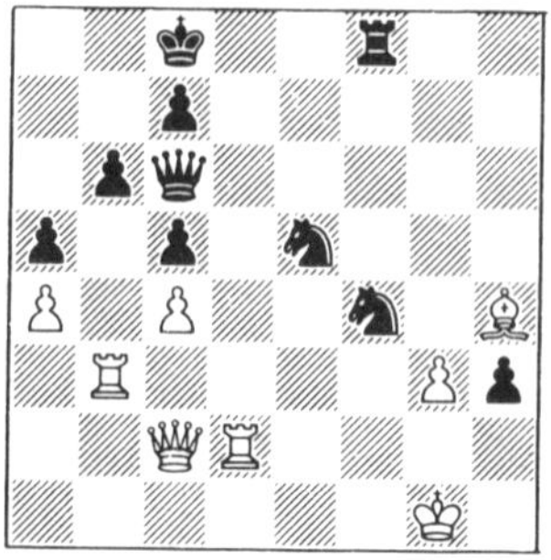

Schwarz nützt nun die schwachen weißen Felder um den weißen König herum mit einer herrlichen Opferkombination aus.

36. . .	**Sf4–e2+**
37. Td2xe2	**Tf8–f1+**
38. Kg1xf1	**Dc6–h1+**
39. Kf1–f2	**Se5–g4** matt

Keene – Burger
New York 1981

1. d2–d4	**Sg8–f6**
2. Sg1–f3	**e7–e6**
3. Lc1–g5	**h7–h6**
4. Lg5–h4	**b7–b6**
5. e2–e3	**Lc8–b7**
6. c2–c4	**Lf8–b4+**
7. Sb1–c3	**g7–g5**
8. Lh4–g3	**Sf6–e4**

Hier kann Weiß das Steinsche Bauernopfer versuchen, das in der Partie Stein – Langeweg, IBM 1969, erfolgreich war: 9. Sd2 Sxc3 10. bxc3 Lxc3 11. Tc1. Anstelle von 11. Tc1 kann Weiß auch 11. Tb1 versuchen, was verhindert, daß der schwarze Läufer über b4 entkommt. Co-Autor Keene hat überraschenderweise sogar 11. h4? versucht und dabei ein Qualitätsopfer angeboten: z.B. 11. . . Lxa1 12. Dxa1 (droht d5) 12. . . d5 13. hxg5 Dxg5 14. cxd5 exd5 15. Lxc7 mit ausgezeichneter Kompensation, da der schwarze König unsicher steht.

9. Dd1–c2 **f7–f5**
10. Lf1–d3 **Lb4xc3+**
11. b2xc3 **Se4xg3**

Am besten ist hier 11... d6 12. d5 Sd7! 13. dxe6 Sdc5 14. Sd4 Tf8 (unklar) oder 13. Lxe4 fxe4 14. Dxe4 Df6 15. 0–0 0–0–0 16. Dxe6 Dxe6 17. dxe6 Sc5 und Schwarz steht ganz ordentlich (Ree – Taimanow, Hamburg 1965 und Hort – Bellin, Hastings 1975/76). Ebenfalls eine Überlegung wert ist 13. Sd4 Sdc5 14. Sxe6!? Sxe6 15. dxe6 Df6 16. f3 Sxg3 17. hxg3 Dxe6 18. Lxf5 Dxe3+ 19. Kf1 oder 17. ..0–0 18. e7 Dxe7 19. Txh6 (Ravi Kumar).

12. h2xg3 **Sb8–c6**
13. d4–d5 **Sc6–a5**
14. g2–g4

Bricht die schwarze Verteidigung auf.

14... **f5xg4**
15. Ld3–g6+ **Ke8–e7**
16. Sf3–e5 **Dd8–g8**
17. Lg6–h5 **e6xd5**

17...Dh7 18. Da4!

18. Se5–g6+ **Ke7–d6**
19. Sg6xh8 **Dg8xh8**
20. c4xd5 **Lb7xd5**
21. Ta1–d1 **Kd6–c5**
22. Lh5xg4 **Ld5xg2**
23. Lg4xd7 *(Diagramm 173)*

173

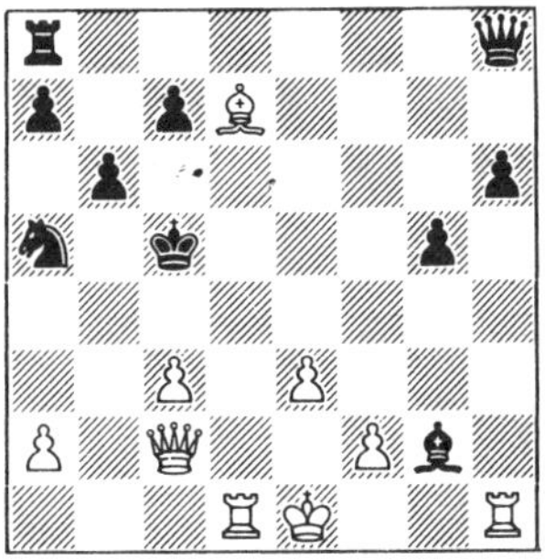

Falls nun 23. ..Lxh1, so 24. Df5+ Kc4 25. Dd3+ Kc5 26. Db5 matt.

23... **Sa5–c4**
24. Dc2–b3 1 – 0

1.d2–d4 **Sg8–f6**
2.c2–c4 **e7–e6**
3.Sb1–c3 **Lf8–b4**
4.f2–f3 *(Diagramm 174)*

174

Diese Fortsetzung ist unserer Meinung nach nicht besonders stark, deshalb wollen wir uns auch nicht allzulange mit ihr aufhalten. Der weiße Plan beruht darauf, bei erster Gelegenheit ein starkes und bewegliches Bauernzentrum zu errichten. Der Plan ist jedoch naiv, da mit 4.f3 dem weißen Springer das beste Feld genommen und gleichzeitig eine markante Schwäche am weißen Königsflügel erzeugt wird. Das Beste, was Weiß sich erhoffen kann, ist ein Übergang ins Sämisch-System.

Portisch – Forintos
Ungarische Meisterschaft 1968/69

(1.d4 Sf6 2.c4 e6 3.Sc3 Lb4 4.f3)
4... **c7–c5**
(Diagramm 175)
Ein natürlicher und guter Zug, der gegen die leicht geschwächten schwarzen Felder des weißen Zentrums gerichtet ist. Alternativen sind:

a) **4. ..Sh5** (ein direkter Versuch, die Diagonale h4–e1 auszunützen) 5. Sh3 f5 6. e4 fxe4 7. Lg5 Sf6 8. fxe4 h6 =.

b) **4. ..d5** (Schwarz etabliert sich im Zentrum und provoziert Weiß, den mit e4 verbundenen Plan auszuführen) 5. a3 (siehe Gheorghiu – Fischer, Seite 33).

Schwarz sollte besser 4. . . c5 spielen.

175

5.d4–d5
Hier könnte Weiß mit 5.a3 Lxc3+ 6.bxc3 etc. in das Sämisch-System übergehen, es gibt aber auch einen anderen Plan für Schwarz, nämlich 5.a3 cxd4 6.axb4 dxc3.
5... **Sf6–h5**
Möglicherweise noch stärker ist 5..Lxc3+ 6.bxc3 Sh5. Auf jeden Fall ist ... Sh5 eine ausgezeichnete Idee, die nicht nur droht, den weißen Königsflügel zu zerstören, sondern auch nach . . . Dh4+ den c-Bauern zu gewinnen.
6.g2–g3
Soll das Damenschach verhindern. Nun ist jedoch ein Angriffsziel für den später vorrückenden schwarzen f-Bauern geschaffen.
6... **f7–f5**
7.Lc1–d2
Oder 7. Sh3 0–0 8. Lg2 d6 und anschließend ... e5 und ... f4 mit Angriff auf den

Königsflügel, ohne daß Weiß d6 spielen kann.

7. ...	**0-0**
8. e2-e3	**d7-d6**
9. d5xe6	**Lc8xe6**
10. Sc3-d5	**Le6xd5**
11. Ld2xb4?	*(Diagramm 176)*

176

Weiß will die d-Linie wieder in Besitz nehmen, um Aktionen gegen den rückständigen schwarzen d-Bauern einleiten zu können, aber nach diesem zu ehrgeizigen Entschluß kann er seine Entwicklung nicht mehr beenden. Nach Forintos ist 11. cxd5 Lxd2+ 12. Dxd2 Sd7 ausgeglichen.

11. ...	**Ld5-c6**
12. Lb4-d2	**Sb8-d7**
13. Sg1-h3	**Dd8-f6**
14. Ta1-b1	**Ta8-e8**

Eine für Nimzoindisch typische Stellung, in der die wirkungsvoll plazierten schwarzen Figuren den theoretischen Vorteil des Läuferpaars aufheben. Man beachte das 'handgestrickte' Fianchetto des schwarzen Damenläufers, der im Endangriff eine wichtige Rolle spielt.

15. Ke1-f2

Oder 15. Lg2 f4! ∓.

15. ...	**Sd7-e5**
16. Lf1-e2	**Se5-g4+!**

(Diagramm 177)

177

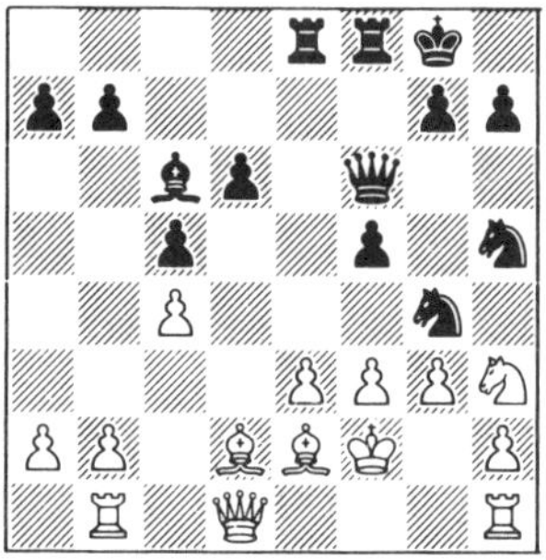

17. f3xg4	**f5xg4+**
18. Sh3-f4	**g7-g5**
19. Th1-g1	**g5xf4**
20. g3xf4	

Falls 20. exf4 Dd4+ 21. Kf1 Sxf4 22. gxf4 Txf4 23. Lxf4 Dxf4+ 24. Ke1 Lf3.

20. ...	**Df6-h4+**
21. Kf2-f1	**Tf8xf4+!**
22. e3xf4	**Dh4-h3+**
23. Kf1-f2	

Falls 23. Ke1, so 23. . . Lf3 ∓∓.

23. ...	**Dh3xh2+**
0-1	

Diese Partie zeigt, daß in den Hauptabspielen nach 4. f3 Weiß genau spielen muß, um überhaupt Ausgleich zu erhalten, und er wenig Aussichten besitzt, Schwarz vor ernsthafte Probleme zu stellen.

1. d2–d4	**Sg8–f6**
2. c2–c4	**e7–e6**
3. Sb1–c3	**Lf8–b4**
4. g2–g3	*(Diagramm 178)*

178

Aljechin hat als erster diese Variante erprobt (und zwar gegen Golombek 1938 in Margate), die in jüngster Zeit eine Art Renaissance erlebt, wenn auch nur in Reaktionen auf die intensiven Analysen von 4. e3. Weiß versucht, einen katalanischen Aufbau zu erhalten, in dem der Läufer auf g2 den schwarzen Damenflügel kontrolliert. Es ist jedoch schwer einzusehen, daß dieser Plan praktikabel sein soll, da Weiß sich in den verschiedenen Abspielen nur langsam entwikkeln kann. Wie soll Weiß z.B. auf das einfache und logische 4. g3 c5 5. Sf3 Lxc3+ 6. bxc3 Da5 7. Db3 Sc6 reagieren, das Schwarz Ausgleich zu garantieren scheint? Und die Hauptvarianten, die auf dem Gegenangriff ... Se4 beruhen, scheinen für Schwarz ebenfalls ausreichend zu sein.

Romanishin – Tal
Tallinn 1977

(1. d4 Sf6 2. c4 e6 3. Sc3 Lb4 4. g3)

4. ...	**c7–c5**
5. Sg1–f3	**Sf6–e4**
6. Dd1–d3	*(Diagramm 179)*

179

6. ...	**Dd8–a5**

Die eine Alternative ist 6... cxd4 7. Sxd4 Da5 und Weiß kann zwischen zwei Zügen wählen:

a) **8. Sc2** Lxc3+ 9. bxc3 Sc5 10. De3 b6 11. Lh3 0–0 12. 0–0 Lb7 13. Sd4 Da4 mit klarem Vorteil für Schwarz, Romanishin – G. Garcia, Caracas 1976.
b) **8. Sb3** Df5 9. De3 Sxc3 10. bxc3 Le7 mit leichtem Vorteil für Weiß, Ljubojevic – Ermenkov, Olympiade Malta 1980.

Die andere Alternative ist 6... d5 (siehe Schmidt – Kuligowski, Seite 123).

7. Dd3xe4	**Lb4xc3+**
8. Lc1–d2	**Lc3xd2+**
9. Sf3xd2	**Sb8–c6**
10. d4–d5	**Sc6–d4**
11. Lf1–g2	*(Diagramm 180)*

180

Bietet ein Bauernopfer an, das von Tal abgelehnt wird. 11...Sb3 12.Td1 Dxa2 13.De5 0–0 14.Dc3, und Weiß besitzt gute Kompensation für den Bauern. Doch dies wäre noch am besten für Schwarz gewesen.

11... **0–0**
12. De4–d3

Weiß will nun einfach den schwarzen Springer mit e3 vertreiben.

12... **e6xd5**
13. Lg2xd5

Der Läufer steht nun sehr gut und zielt auf den schwarzen König.

13... **d7–d6**
14. 0–0 **Lc8–e6**
15. Ld5–e4 **h7–h6**
16. Sd2–f3 **Da5–b4**
16. b2–b3 *(Diagramm 181)*

181

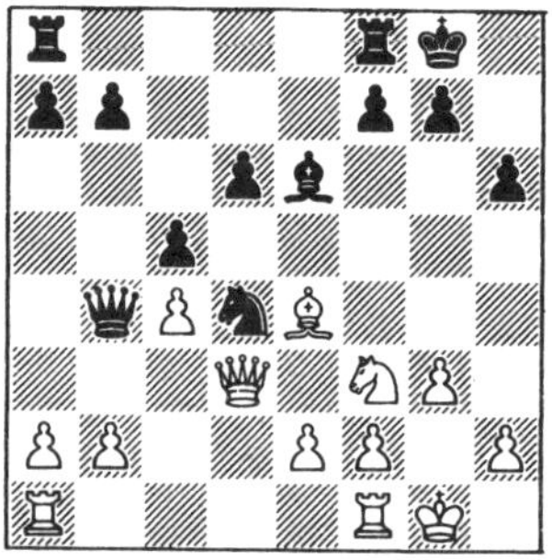

Romanishin deckt lieber seinen c-Bauern und versucht nicht, seinerseits auf Materialgewinn zu spielen. Tal hat nun große Probleme, seine Bauern zu decken.

17... **f7–f5**
18. Sf3xd4 **f5xe4**

18...cxd4 19. Lf3 und Weiß gewinnt einfach den d-Bauern.

19. Dd3xe4 **Le6–h3**
20. De4–d5+ **Kg8–h8**
21. Sd4–b5 **Lh3xf1**
22. Ta1xf1 **Tf8–f6**

(Diagramm 182)

Tal hat die Qualität für einen Bauern ge-

182

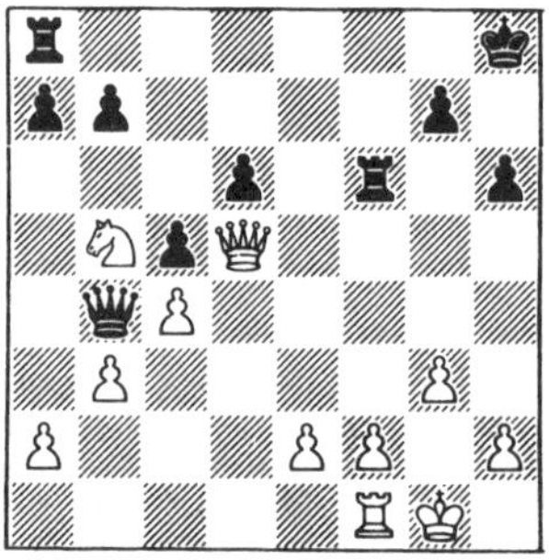

wonnen, Romanishin aber gewinnt nun noch den d-Bauern.

23. e2–e4

Um nach Sxd6 den Springer mit e5 decken zu können.

23... **Tf8–f3**

Auf 23...Taf8 mit der Drohung Txf2 nebst De1+ spielt Weiß 24. f4.

24. Sb5xd6 **Ta8–f8**
25. Sd6–f5 **Kh8–h7**
26. Dd5–d6 **Tf8–f7**
27. Dd6–e6 **Tf7–f8**

Nicht 27...Tf6 28. De7 Tg6 29. Sh4.

28. De6–e7 **Tf8–g8**

(Diagramm 183)

183

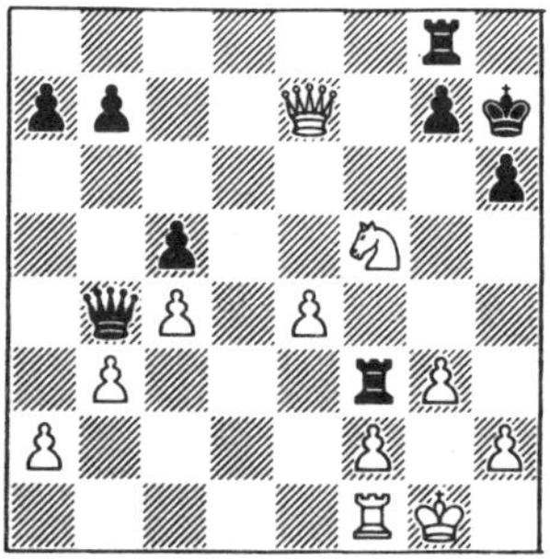

29. Sf5xh6

Falls nun 29. Kxh6, so 30. Dh4+ und 31. Dg4+ gewinnt den Turm.

29... **Tg8–b8**
30. Sh6–f5 **Db4–c3**
31. De7–h4+ **Kh7–g8**
32. Dh4–h5 **Tb8–d8**
33. Sf5–e7+ 1–0

Nach 33... Kf8 34. Sd5 droht Dh8+ und Weiß gewinnt.

Schmidt – Kuligowski
Polen 1978

(1. d4 Sf6 2. c4 e6 3. Sc3 Lb4 4. g3)

4... c7–c5

Dieser Zug drückt sofort auf das weiße Zentrum und droht mit 5... cxd4 6. Dxd4 Sc6 Tempi zu gewinnen. Weiß muß diese Drohung beachten. 5. d5 kann beantwortet werden mit

a) **5. ..Se4** 6. Ld2 Lxc3 7. Lxc3 Sxc3 8. bxc3 e5 9. e4 d6 10. Lg2 0–0 11. Se2 f5 und Schwarz ist im Vorteil wegen des weißen Doppelbauern.

b) mit dem Gambit **5... b5**

Nach 5. dxc5 gewinnt Schwarz den Bauern mit ...Sb8–a6xc5 zurück mit gutem Spiel.

5. Sg1–f3 Sf6–e4

a) **5. ..b6** 6. Lg2 Lb7 7. 0–0 cxd4 8. Dxd4 Sc6 9. Dd3 0–0 10. Td1 11. Sb5 d5 12. cxd5 Dxd5 13. Dxd5 mit klarem Vorteil für Weiß in der Partie Romanishin – Gulko, UdSSR 1975.

b) **5. ..d5** 6. cxd5 Sxd5 7. Ld2 cxd4 8. Sxd4 0–0 9. Lg2 Sb6 10. Scb5 Lxd2 11. Dxd2 a6 12. Sa3 e5 13. Sb3 Dxd2+ 14. Sxd2 und wieder mit klarem Vorteil für Weiß in der Partie Romanishin – Sydor, Dortmund 1976.

6. Dd1–d3

6. Ld2 Lxc3 7. bxc3 Sc8 8. Lg2 0–0 9. 0 – 0 d6 10. Dc2 Sxd2 11. Dxd2 De7 12. De3 mit leichtem Vorteil für Schwarz, (Sharif – Byrne, Olympiade Haifa 1976) wegen des weißen Doppelbauern.

6... d7–d5

(Diagramm 184)

Eine neue Idee. Üblich ist 6... Da5 oder 6. .. cxd4. Schwarz hofft, das Zentrum auflösen und aktives Spiel für seine Figuren erhalten zu können.

184

Schwarz behält zwar einen isolierten d-Bauern, doch seine aktiven Figuren sollten ihn dafür entschädigen.

7. d4xc5

Die Alternative ist 7. cxd5 exd5 8. Lg2.

7... Dd8–a5

8. Sf3–d2

Besser ist 8. cxd5 Dxc5 9. Le3 Dxd5 10. Dxd5 exd5 11. Tc1 mit gleicher Stellung.

8...	**Se4xc5**
9. Dd3–e3	**0–0**
10. c4xd5	**e6xd5**
11. Sc3xd5	**Sb8–c6**
12. Lf1–g2	*(Diagramm 185)*

185

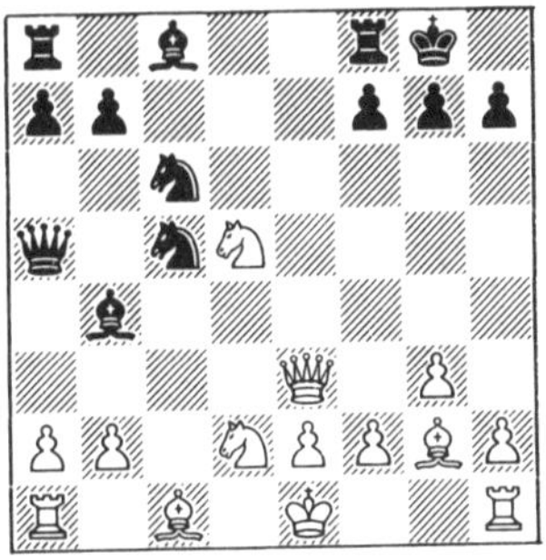

Schwarz findet nun einen verblüffenden Zug, der die Partie gewinnt. Weiß steht wegen der Fesselung seines Springers unter Druck, doch wenn es ihm gelingt zu rochieren und den Springer abzuziehen, wird er das bessere Spiel haben. Kuligowski gibt ihm jedoch nie die Möglichkeit, sich von der Fesselung zu befreien.

12. ... Lc8–h3!
13. Lg2xh3

Weiß hat keine Wahl. Nach 13. 0–0 Lxg2 14. Kxg2 Tae8 15. Dg5 f6 gewinnt Schwarz eine Figur und falls 13. Se7+, so 13. .. Sxe7 14. Lxh3 Sd5 15. Dd4 Tad8 mit tödlichen Drohungen.

13. ... Ta8–e8
14. De3–g5 Te8–e5
15. Sd5–f6+ Kg8–h8
16. Dg5–h4 g7xf6
17. Dh4xf6+ Kh8–g8
18. Lh3–f5 *(Diagramm 186)*

186

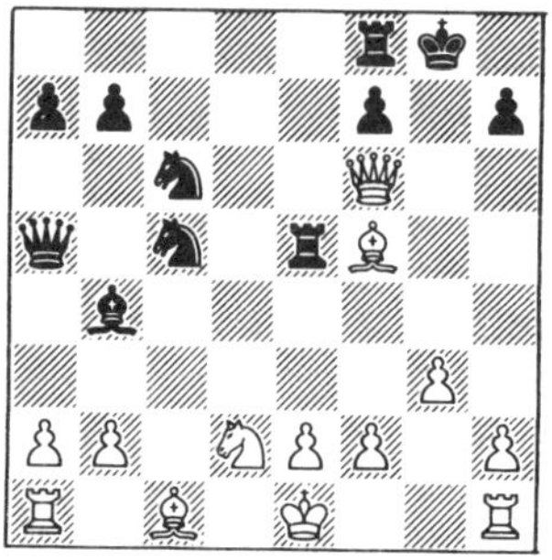

Droht Dauerschach und Remis.

18. ... Sc5–e6
19. Lf5–d3

19. Lxe6 Txe6 20. Dh4 Td8, und Weiß kann sich nicht mehr verteidigen.

19. ... Tf8–d8
20. Ke1–d1 Td8xd3
21. e2xd3 Lb4xd2
22. Lc1xd2 Da5–d5
23. Th1–e1 Te5xe1+
24. Ld2xe1 Dd5xd3+
25. Le1–d2 Sc6–d4
26. b2–b3

26. De5 Dc2+ 27. Ke1 Sf3+ mit Gewinn.

26. ... Dd3–f1+
27. Ld2–e1 Df1–e2+
0 – 1

Auf 28. Kc1 setzt 28. .. Dc2 matt. Eine sehr eindrucksvolle Partie von Kuligowski.

Aljechin – Golombek
Margate 1938

(1. d4 Sf6 2. c4 e6 3. Sc3 Lb4 4. g3)
4. ... d7–d5

Eine interessante Idee ist 4. .. c5 5. Sf3 Lxc3+ 6. bxc3 Da5 oder 6. .. Sc6.

5. Lf1–g2 0–0
6. Sg1–f3 c7–c5
7. c4xd5 Sf6xd5
8. Lc1–d2 Sb8–c6
9. a2–a3 Sd5xc3
10. b2xc3 Lb4–a5
11. 0–0 c5xd4
12. c3xd4 La5xd2
13. Dd1xd2 *(Diagramm 187)*

187

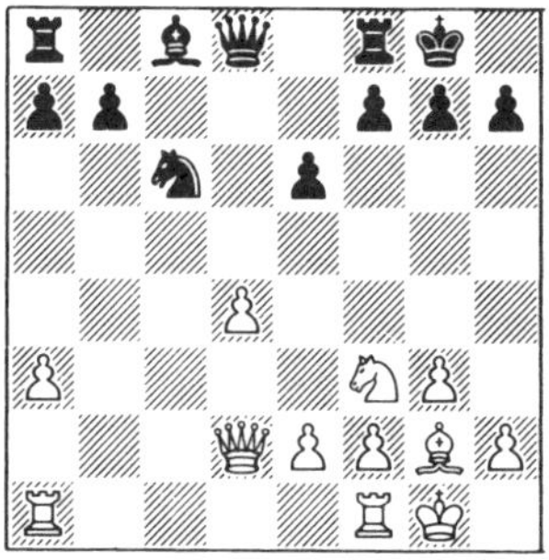

Die weiße Strategie triumphiert. Weiß kann auf der b- und c-Linie Druck auf die schwarze Stellung ausüben. Der weiße Läufer ist seinem schwarzen Kontrahenten weit überlegen.

13. ... Dd8–e7
14. Dd2–b2 Tf8–d8
15. Tf1–c1 De7–d6
16. e2–e3 Ta8–b8
17. Sf3–g5 Lc8–d7
18. Db2–c2 f7–f5

18. .. g6 19. Se4 Dc7 20. Sc5 mit der Idee Sxb7.

19. d4–d5 *(Diagramm 188)*

Zerstört die schwarze Stellung, denn auf 19. .. exd5 folgt 20. Lxd5+ Dxd5 21. Td1 und Weiß gewinnt, da die schwarze Dame wegziehen muß und Db3+ oder Da2+ möglich wird.

19. . .	**Sc6–e7**
20. d5xe6	**Ld7xe6**
21. Tc1–d1	**Dd6–e5**

188

22. Lg2xb7	**h7–h6**
23. Sg5xe6	**De5xe6**
24. Dc2–c7	**Td8xd1+**
25. Ta1xd1	**Ta8–e8**
26. Lb7–f3	**a7–a6**
27. Td1–d6	**De6–e5**
28. Dc7–c4+	**Kg8–h7**
29. Td6xa6	**Te8–c8**
30. Dc4–f7	**Tc8–c1+**
31. Kg1–g2	1 – 0

Partien

Aljechin-Euwe 95
Aljechin-Golombek 124
Aljechin--Pachman 94
Awerbach-Panno 72
Barczay-Tal 100
Bernstein-Nimzowitsch 11
Bogoljubow-Monticelli 116
Botwinnik-Capablanca 39
Botwinnik-Keres 17
Botwinnik-Reshewsky 23
Botwinnik-Smyslov 24, 79
Botwinnik-Tal 22
Botwinnik-Tolush 69
Bronstein-Najdorf 34
Bronstein-Szabo 36
Bronstein-Unzicker 108
Browne-Ljubojević 61
Chandler-Andersson 71
Cooper-Adamski 107
Diez del Corral-Kortschnoi 26
Donner-Euwe 24
Donner-Portisch 64
Farago-Groszpeter 13
A. Geller-Cherepkov 41
E. Geller-Euwe 36
E. Geller-Petrosian 22
E. Geller-Smyslow 29
Gheorghiu-Fischer 33
Gheorghiu-Miles 114
Gligorić-Andersson 48
Gligorić-Fischer 88
Gligorić-Larsen 85
Gligorić-Taimanow 58
Golz-Rellstab 44
Gutmann-Levchenkov 28
Hollis-Kauranen 18
Janowski-Nimzowitsch 11
Johner-Nimzowitsch 13
Keene-Ardiansyah 34
Keene-Burger 117
Keene-Langeweg 52
Keene-Rantanen 57
Keene-Toth 40
Keres-Botwinnik 91
Keres-Spassky 86
Kouatly-Petursson 106
Lilienthal-Najdorf 30
Mattison-Nimzowitsch 13
Miles-Iskov 111
Nemet-Vaganian 19
Niklasson-Iskov 29
O'Kelly-Parma 70
Petrosian-Ivkov 19
Petrosian-Spassky 17
Portisch-Fischer 81
Portisch-Forintos 119
Portisch-Spassky 45, 77
Portisch-Timman 66
Quinteros-Ribli 92
Reshewsky-Donner 54
Ribli-Seirawan 112
O. Rodriguez-Olafsson 46
Romanishin-Tal 121
Rubinstein-Nimzowitsch 16
Schmidt-Kuligowski 123
Spassky-Fischer 63
Spassky-Lee 103
Spassky-Smyslow 21
Stahlberg-Aljechin 98
Taimanow-Browne 60
Taimanow-Karpow 53
Tal-Hecht 115
Timman-Andersson 110
Tisdall-Taulbut 27
Torre-Peters 74
Toth-Cosulich 21
Uhlmann-Botwinnik 25
Williams-Karpow 18

Ludek Pachman
Moderne Schachstrategie

Band 1: 128 Seiten, 171 Diagramme, Broschur
Band 2: 140 Seiten, 194 Diagramme, Broschur
Band 3: 134 Seiten, 191 Diagramme, Broschur

Ohne ein strategisches Konzept kann keine Partie gespielt werden. Aus ihm ergeben sich die das Geschehen auf dem Brett bestimmenden Ideen, Pläne und Zugfolgen. Strategisches Planen setzt Einsichten voraus in das Wesen und die Eigenart der Steine, Gespür für die Harmonie ihres Zusammenspieles oder die Schwierigkeiten, die es zu überwinden gilt. Pachman versteht es, vom Elementaren aufzubauen, die charakteristischen Merkmale einer Stellung und Zusammenhänge aufzuzeigen und zu deuten. Der Schachspieler gewinnt hier einen tiefen Einblick in das schachliche Kalkulieren und lernt, es praktisch auszuwerten.

Ludek Pachman
Moderne Schachtheorie

Band 1: Offene Spiele
224 Seiten, 192 Diagramme, Broschur

Ludek Pachman gilt nach einstimmiger Meinung der Fachleute als der führende Schachtheoretiker. Diesen Rang stellt er hier erneut unter Beweis. Die »Moderne Schachtheorie« wird in vier Bänden das gesamte Gebiet der Eröffnung behandeln: Offene, Halboffene, Geschlossene Spiele, Damengambit. Das Werk ist auf dem neuesten Stand der theoretischen und praktischen Erkenntnisse, alle Meisterpartien von Belang bis in die jüngste Zeit wurden ausgewertet. Der jetzt erschienene erste Band behandelt »Offene Spiele« von Spanisch bis zu den selteneren Partien. Die Spanische Partie ist ihrer Bedeutung für die Spielpraxis entsprechend besonders umfassend und gründlich analysiert worden.